La corónica

de Adramón

Juan de la Cuesta
Hispanic Monographs

Series: *Ediciones críticas,* Nº 4

La corónica de Adramón
Part I

edited by
GUNNAR ANDERSON
Wake Forest University

Juan de la Cuesta
Newark, Delaware

CONTENTS

v

Acknowledgements

I would like to thank Wake Forest University for Research and Creative Activities funding which enabled me to conduct necessary research at the Bibliothèque Nationale in Paris, as well as in Italy.

G. A.

Introduction

THIS IS THE FIRST critical edition of *La corónica de Adramón*, a
Spanish book of chivalry whose date of composition I place at
around 1492. The only known copy of the manuscript is 191
Espagnol in the Bibliothèque Nationale, Paris. The only two
previous references to this manuscript date from last century;
the first, a few lines in Amador de los Ríos's *Historia crítica de*
la literatura española, (1861-65) v. VIII, pp. 381-82; and the
second, Morel-Fatio's *Catalogue des mss espagnoles...*, (1892)
p. 236, which provides a brief bibliographic description. The
entry on *Adramón* in Daniel Eisenberg's *Castilian Romances*
of Chivalry in the sixteenth century; a bibliography (1979) is
based solely on these two sources.

PALEOGRAPHIC DESCRIPTION
Ms 191 Espagnol (Classement de 1860) consists of 189 folios [of
paper]. The manuscript measures 297 millimeters by 206. The
leather binding is not original, and appears to be less than two
centuries old. The misleading title on the binding—which
appears nowhere in the manuscript itself—is *Chronique de*
Pologne. I have assigned the work the title *La corónica de*
Adramón because the table of contents identifies the text as a
"corónica" and Adramón is the protagonist. This anonymous
work is divided into six books, each containing between fifteen
and forty chapters.

The copy was produced by a single scribe, in black ink in
a cursive hand. Amador de los Ríos describes it as a "letra del
siglo XV declinante," while Morel-Fatio describes the manuscript as sixteenth-century. The scribe proofread and corrected
his own copy from the exemplar, crossing out scribal errors and
adding material in the margins. Pagination appears on the upper
right corner of every folio and is in the scribe's hand. This copy
of the text seems to have been made in the early sixteenth
century. The inclusion of original pagination suggests that this

manuscript was produced after widespread diffusion of incunables, from where modern pagination originated. The several different watermarks appearing in the manuscript belong to the very common "glove" or "gauntlet" family that enjoyed a long popularity from the fifteenth well into the sixteenth century. However, none of those seen in the manuscript are specifically included in Briquet's listing. The hand itself is inconclusive, as this type of cursive can be seen in the late fifteenth century as well as the sixteenth.

My assignation of circa 1492 for the date of composition of at least part of the text will be discussed at some length in part VII of the introduction.

AUTHORSHIP

The work, while anonymous, does bear indications that it was originally composed in Spanish: "quien esto leyere será español, pues en lengua castellana está" (XCVIIIᶦ). Proverbs and plays on words appear quite often. Since they are idiomatic by definition, and difficult to translate, they also support Spanish authorship. The style of the work seems uniform enough to suggest that this text is the work of a single author, although he certainly may have used varied source material [see the sections on Hussite heresy, Pilgrimage, and Precursor]. Two characters in the last chapter refer to the author in a tantalizingly familiar way, noting that "todo lo pasado está escryto y puesto en memorya por un muy vuestro servydor, y pues lo sabés, no cunple nombrallo, ny daros las señas, pues syn ellas mucho le conosçés: baste ser honbre de edad y reputacyón (CLXXXVᵛ). This description is too brief to even permit a guess at the author's identity.

CLASSIFICATION AS A BOOK OF CHIVALRY

La corónica de Adramón fits most of the possible characteristics of the genre of Spanish books of chivalry listed by

Eisenberg in his chapter "A Typical Romance of Chivalry."[1] Eisenberg specifies that the work must be set in the past; *la corónica de Adramón* begins in 1232. The protagonist, as a child, must be separated from his true noble family, and brought up in a foreign land, ignorant of his own royal identity; Adramón is spirited away from Poland by his tutor during a murderous *coup d'etat*, and is raised in exile as the tutor's son. The protagonist will have unusual birthmarks or freckles that will later serve to establish his identity; Adramón has "en el morzillo del braço derecho un castillo y en el morzillo del braço isquierdo un león, y en medyo de los pechos una flor de lys" (CLXXII^v). The foundling must show special abilities at an early age; Adramón is fearless as a youth, and tames a fierce horse as well as chasing fire and lava back into the volcano that had spewed it forth. The knight must lead a peripatetic life, constantly seeking adventures, and this is most certainly the case with Adramón, who travels from Venice to Sicily to England to Poland. He must have supernatural agents as helpers; and indeed, Adramón is aided by the twelve Sybils (see the section Sybils). As Eisenberg observes, women tend to have secondary importance in these works, even when they serve as a love-interest, which fully applies to Adramón, who is seduced before becoming a knight, but after his dubbing remains devoutly chaste. Finally, "Women in need of assistance... are the basis for many of the knight's deeds" (Eisenberg *Spanish* 71). This is, indeed, Adramón's principal motivation, as his tutor and protectoresses often remind him of the oath that he took to this effect.

These characteristics place the work fully into the tradition of books of chivalry. Tournaments, battles, magic and portents are to be seen from beginning to end. Several atypical character-

---

[1] Daniel Eisenberg, *Romances of Chivalry in the Spanish Golden Age* (Newark: Juan de la Cuesta, 1982) Reference is made excusively to Eisenberg in this section, since he is the leading authority on the Spanish books of chivalry.

istics of this text, however, deserve special mention: most unusual among these exceptional features is the inclusion of an imbedded pilgrimage account through Italy, a description of the an anti-Hussite crusade and detailed descriptions of monetary transactions. In spite of these varied elements, the work is primarily chivalric.

Distinctive characteristics

The text presents numerous exceptions to the rather rigid and stylized format associated with Spanish books of chivalry. A concern for minutiae seen throughout *La corónica de Adramón* is a most distinctive feature of the work. Often using varied terms and eschewing a set vocabulary, the author provides scrupulous descriptions of clothing, food, and financial transactions. Regarding clothing, we often see rich ceremonial dress presented in detail: "...una rropa luenga de altybaxo carmesy forrada de tela de oro con muchas cuchilladas y una gruesa y gran cadena y una gorra con muchas cosas de oro..." (XXXIII'). Other descriptions of clothing vary widely:

> En llegando el rrey, luego se vystyeron aljubas de grana colorada a su usança y chapeletes de una manera, con taragetas doradas, pintadas de una hechura. Las veletas de las lanças de damasco carmesy con trenças y cordones, franjas y borlas de oro; las cymytaras guarnecydas de tercyopelo verde y doradas. El mayordomo mayor llevava una rropa de tercyopelo carmesy y una gran cadena y una cofya con muchas pyedras y perlas. (XXVI')

The details that the author provides, such as the chains, pearls, and jewels worn on the hat, and elsewhere, clothing lined with *armyño* or even *gato* are early Renaissance fashions. Indeed, most of the styles described are Italian innovations of the late fifteenth century, soon copied elsewhere.

Descriptions do not neglect noblewomen's clothing, detailing "unos chapines, de hechura de pantufas baxas, con capelladas largas, con pyedras y perlas de gran valor..."

(XXXXVIII'). The manuscript also includes descriptions of such varied garb as page's outfits, a peddler's disguise, the typical stark black Venetian clothing, also noted by the fifteenth-century traveler Pietro Casola, (143) as well as armour.

Ceremonial banquets are depicted in detail, when Adramón orders the purchase of foodstuffs for a party: "...datyles—costales llenos; almendras, nuezes y avellanas—muchas cargas. Frutas verdes—quantas pudyeron aver. Vynos gryegos y rromanos y candyotas y bastardos—botas llenas conpraron" (CXIIII').

The author details less formal suppers, which, in one case, consist solely of "botes de conservas y una caxa de dyacytrón." We also see more humble fare offered to a penniless Adramón by peasant girls after supernatural robbers take all his possessions: "...sacó de la fruta que llevavan y vyscochos y vyno y... un pedaço de tocyno y otro de çecyna... " (CXXXIX').

Money plays a substantial role in the work. The author often shows financial negotiations, in this case concerning the price of coach fare into Italy:

"Señor, la usança es dos ducados por persona, mas el hijo es chiquito pague uno, y por la rropa—pues es poca—pagá lo que querrés."

"Yo soy contento de os dar IIII ducados" (LXXIIII').

The price of a banquet, ship passage, purchase of a horse, are all duly listed. When noting the presentation of gifts, usually to a nobleman, the author always includes the value of the item. Interest charged on loans is also a concern in this work. In one passage the nobles of the court of Poland must resort to a loan, as a procurador describes:

Queremos servyr a la señora infanta con trezientos myll nobles de la rrosa, de los quales haremos toda oblyga-cyón y segurydad de los pagar byen y llanamente en el tienpo que será vysto que los podemos pagar, con los intere-ses de vanco y torno de feryas. Mas, pues estos honrrados consules y mercaderes, en nonbre de su ayuntamiento los quieren prestar al rreyno syn interese alguno ny costa...

hazen mucho provecho y byen... (XXXXVIIIʳ)

The manuscript includes mention of eight different coins: ducados de Siena, ducados de Lucca, ducados de Milán, ducados de Nápoles, florynes de Labala, nobles de la rrosa, escudos de Francia, and romanos de la barqueta. This overriding pecuniary concern forms an exception to Don Quijote's observation that knight errants didn't use money, or concern themselves with it.

HISTORICAL FIGURES

La corónica de Adramón is notable for the conspicuous presence of real historical figures throughout the work. Sigis-mondo Pandolfo Maltesta, the Italian condottiere (1417-1468) appears several times, not merely mentioned in passing, but as a character in the work. The same treatment is accorded to Anthony, the Bastard of Burgundy, son of Philip the Good, (1421-1504) and to Pope Innocence VIII (elected 1484-died 1492). There are less detailed references to many other figures, such as Pedro González de Mendoza, the Castilian statesman and archbishop (1428-1495), and the Pazzi and Medici families of Florence, as well as the Colonna family of Rome, the Palla-vicini family of Milan, etc. The presence of historical figures in a fictional work is not unknown in late fifteenth-century literature—*Tirant lo Blanch* or *Le Petit Jehan de Saintré* come to mind—however, this does not occur elsewhere in a Spanish book of chivalry. In this respect *La corónica de Adramón* may owe something to non-fictional Spanish writings such as *El Victorial* and *Andanças y viajes* as well as to Catalan sources.

THE HUSSITE HERESY

Not only historical figures, but actual fifteenth-century events are also seen in the text. A striking, historically-inspired episode in the work concerns a group of *cysmátycos* and *herétycos* who initially appear in the work as mere troublemak-ers and gradually develop into a threat so great that the Pope himself must send a military force against them. This quite lengthy episode, which takes place before the protagonist's birth, occupies most of Book I, and several chapters into Book II as well. The themes of loyalty and Christianity, the locations, and even the heretics themselves, both begin and end *La corónica de Adramón*, lending a nice unity to the work. The inspiration for this episode is the series of anti-Hussite campaigns initiated at the Council of Constance between 1415 and 1418, during the absence of the rival Popes, John XXIII, Gregory XII and Benedict XII. The word "crusade" is actually used in the text, undoubtedly in reference to the two crusades ordered by Martin V (Pope from 1417 to 1431) and later, a third crusade authorized by Eugene IV in 1431 ("Martin V" and "Hussite Wars"). While *La corónica de Adramón* never uses the term Hussite to describe these heretics, there are enough references to specific incidents and places to render the identification positive.

In the text this heresy is based in Tabor, in Bohemia, which was, of course, the Hussite's stronghold. There are references in the text to a town called Brendanya, which corresponds to a Brandys nad-Laben located near Prague. The work gives multiple references to a place called Rojena in *La corónica de Adramón*, referred to as Rochecza by Silvio Piccolimini in his *Historia Bohemica*. (n.p.) which is the modern day Rockycany (Heymann 221, 227).

In one specific episode in the text the heretics shout across the river at the crusaders, insulting and reviling them, but avoid an open battle with the opposing superior forces. This corresponds to a true incident at the Battle of Vitkov during the anti-Hussite battles (Heymann 137).

The description of the heresy itself is quite vague, and certainly does not apply specifically to the Hussites—whose main doctrine was Utraquism, the advocation of the general use of both sacraments—but rather seems to be a blanket condemnation of any and all heresies: "Ay en ella (Tabor) alguna manera de heregyas... todas ellas son conformes a vycyos y apartadas de buenas costumbres y virtud... byven a su plazer bestyal y suziamente a su voluntad...no se castyga otra cosa syno rrobar o dever algo..." (XIIʳ).

The extremely general nature of the charge against the heretics is probably due to the fact that the Hussite heresy was eradicated in 1434, many years before the composition of this text. I believe that the author simply consulted a work describing the Hussites, as being representative of heresy, and culled some specific details from it, letting his imagination provide the rest.

THE SYBILS

As Eisenberg has stated, the presence of supernatural agents is a requisite of the Spanish book of chivalry. Their function is to aid the protagonist on his mission. In a typical book of chivalry—*Amadís*, for example—witches and warlocks both help and hinder the knight. *La corónica de Adramón* provides the *novel* Adramón with the Sybils as helpers, a most remarkable choice, although not without precedent. María Rosa Lida de Malkiel describes a fifteenth-century Italian book of chivalry, *Guerino Meschino*, in which the protagonist consults a Sybil (Lida de Malkiel 166-9). The Sybils—all twelve in *La corónica de Adramón*—are pagan and yet also foresaw the birth of Christ "... las quales profetyzaron del advenymiento de Xpo... "(XXXXVIʳ), putting them in rather the same position as Virgil in *La Divina Commedia*. Their unusual status allows them to acknowledge God indirectly, and to be subject to His will: "es la voluntá del alto Señor, contra la qual ny vale rresystencya ny contradycyón alguna" (XXXXVIᵛ) all the while maintaining their status as pagan sorceresses. They confess that "por nuestra voluntá, d'Él nos apartamos," (LXXXVIIIʳ) implying that they actually could have believed in God had they so chosen.

The reason that the Sybils have decided to aid Adramón in his travails is that he is the only one who has the power to draw them fully back into the world, where they would then be damned on Judgement Day. They hope to appease Adramón, so that he will choose to favor them, and not cause their damnation. This is certainly a deeper and more meaningful supernatural presence than we see in *Amadís*, and brings into the text the question of free will and determinism. God's overall plan is to restore Poland's throne to its rightful heir and suppress the evil heresy. [The Sybils—free agents *par excellence*, as they do not accept God, or even dwell in the world—form a part of God's plan, not to serve God willingly, but to save themselves, at the same time tacitly acknowledging His omnipotence.] Adramón, his tutor and even the Pope are all manipulated by the Sybils without realizing it—e.g. when their possessions are stolen at the inn, or by the Roman urchin's election of the gonfalonier—yet even Sybils themselves, in turn, are being controlled ultimately by God.

HUMOR

Humor appears with some frequency in *La Corónica de Adramón*—a most exceptional feature in this genre. The humor ranges from earthy and obvious jokes—à la *La Celestina* or *La lozana andaluza*,—to rather subtle nuances in the text. This feature is surely not foreign to late fifteenth-century literature, but the sheer quantity found here is notable.

A recurring comic figure in the first part of the text is the duke of Tala, cousin of the king of Poland. He is presented as a *gracioso*-type figure, a court fool. At one point the king proposes a joust, with the condition that all the contestants abandon their fine garb in favor of plain damask. "Vea vuestra señoría," dyxo el duque, "que sy no llevamos syno damasco, será asco" (XXXI'). Several pages later, there is another reference to this projected joust. Says the king:

"Callá, primo, que ordenaremos justas y torneos...y haremos maravyllas, y los que allá van estarán myrando."
"Sy," dyxo el duque de Tala, "mayormente sy avemos de sacar mucho damasco" (XXXVIII').

Later, the king pretends to put the duke of Tala in charge of the tournament, to make sport of him. The incompetent Duke, amazed at this appointment, bewails his plight:

"No me dyga vuestra señoría eso, que me daré al dyablo. ¿Quién so? ¿Señor, cómo me llaman?—que no es posyble que me conosçés," y buelto a los señores que en la sala estavan, dyxo: "Señores, ¿conoscésme quién soy? ¿Soy alguna fantasma o espyryto malyno, que asy m'a desconocydo el rrey y todos vos de su consejo? "...(Y) salyó de la sala dando bozes y dezya a quantos topava: "¡O qué gran mal!"

Preguntavan: "¿Qué es, señor?"

"Que el rrey {h}a perdydo la vysta, que ya no conosce, y los del consejo el seso" (L͏ʳ).

The duke serves as the butt of frequent jokes, usually cruel or mean-spirited, which reflect the medieval sense of humor.

Perhaps the most grotesquely comic incident involves the queen, who feels the onset of childbirth while in the country-side. She takes refuge with her handmaidens in the humble shack of a peasant woman, who refuses to believe that she is in the presence of the queen.

"Amyga mya, ayudáme por Dyos."

"¿A qué?" dyxo la hortelana.

"A paryr—que me muero."

La hortelana la myró y le dyxo: "¿Allá donde os caval-gastes no pudystes yr a paryr, syno después de hechos vuestros malos rrecaudos, salys os a paryr por los campos, y myentra estarés mala que os den de comer de mogollón? Vyllana soys vos y vellaca—que venys a paryr los hijos por los campos: que par Dyos, sy tomo un palo yo os doy a todas tres tantos de palos quantos podrés llevar."

La dueña le dyxo: "¡Hermana mya, no os enojés, que quando sabrás quien es esta señora, os ternés por byen aventurada que sea venyda a vuestra casa!"

"¡Sy, par Dyos," dyxo la ortolana, "vos otras son las primeras rrameras y alcauetas que aquí an venydo!" (LXVᵛ-LXVIʳ).

The concept of an ignorant peasant squabbling with royalty was seen as rife with comic possibilities.

Many puns and plays on words are evident throughout, as in this exchange:

> "Señor, aún *estás en vuestras treze.*"
> "Marçelo, Marçelo, en más estoy que en veynte y cynco" (LXXʳ).

Another play on words comes when the mayordomo is invited to sing after a dinner party:

> "¿Pues cantar? La cabeça está tan llena de umores que del estómago suben que la b. quadrada se me hará b. mol." (XXXXIʳ).

A sexual joke occurs when, at one point a woman issues a jousting challenge. Adramón's young protegé wants to accept, but Adramón dissuades him, saying: "...vos muy moço soys para le dar donde le duele" (CXXXIIʳ).

Humor plays an important role in the work, as it allows for comic reversals and irony. Ynaryo, who later in the work usurps the Polish throne, is hit in the face with afterbirth in the Queen's chamber (LXIIIIᵛ). All those present laugh, however the scene is presented not merely as crude humor, but also as a portent of the bloodshed that Ynaryo will incite.

AUTOREFLEXIVITY

Autoreflexivity is featured to some degree in most Spanish books of chivalry. This is often limited to a preliminary discussion of the provenance of the text usually ascribed to an arcane foreign manuscript, discovered by chance, and later translated. In *Amadís* we also see the famous metatextual reference to the original, primitive text which claims that Amadís did indeed sleep with Briolanja after Oriana gave her permission, realizing that this was a matter of life and death.

La corónica de Adramón, however, is intriguingly constructed in a way that is, to my knowledge, autoreflexive to a degree unseen in any other Spanish book of chivalry.

After a strange apparition at the English court, mention is
made of how the king ordered that this book be written: "que...
hizies' un libro—haziendo éste que veys" (LXI^r). In fact, the
Sybils themselves requested the composition of *La corónica de
Adramón*:

> ...las vezes que hemos venydo y vendremos a servyros sean
> puestas en escryto y en qué tienpo y a qué, mescladas con
> algunas cosas plazibles de buenos rrazonamientos y dotry-
> nas y amores, cosas de cavallerías y grandes hazañas dynas
> de memorya, y de las grandes cosas que por el mundo ay
> dinas de notar, y de todas se haga un libro: el qual sea inpri-
> mydo... (LXI^r)

Later, a copy of this work comes into the hands of young
Adramón himself, who is mesmerized, while his tutor, tongue
in cheek, says that this chronicle is full of lies[2]: "¿De mentyras?" dyxo el infante. "Antes parescen ser muy verdaderas y yo
por tales las tengo; porque no ay cosa que no aya podydo ser y
no como otras estoryas que matan X de un golpe... " (LXXVIII^v).
The author struggles, at another point, to describe the
emotions of two of the characters, and confesses to the reader
his shortcoming:

> ...sería inposyble dezillo... Pues llamemos a la señora
> infanta Valerya y a madona Paulyna quevengan a dezyr lo
> que syntyeron, lo que dyxeron y lo que hizieron, y lo dygan
> que lo oyamos porsus bocas. O letor, ¿qué tal? quieres y
> preguntas—¿cómo dyrán lo que syntyeron, que ya ny
> oyenny ven? [the story is supposed to have occurred in the
> thirteenth and fourteenth centuries] Quedygan lo que
> dyxeron—¿cómo será, que ny hablan ny tyenen lengua y
> están mudas y traspasadas? Dezyr lo que hizieron—¿cómo

---

[2] This recalls Ayala's criticism of books of chivalry in *Rimado
de Palacyo*.

lo dyrá un muerto? Mandaste que vengan—¿cómo vernán sy estántendydas en el suelo syn nynguno de los sentydos corporales? (CXXIʳ)

This autoreflexive passage is surely unique in fifteenth-century Spanish literature. Perhaps the crowning touch, however, is seen at the end of the last book, when the "author" himself visits Adramón, and clumsily asks to be paid for his efforts. As Adramón neglects to pay him, he sets off, penniless, rejecting the idea of writing sequels about Adramón's progeny in favor of wandering the earth "como el corcho sobre el agua" (CLXXXVIʳ).

PILGRIMAGE

Perhaps the single most unusual element of this work is its incorporation of an extended and detailed pilgrimage through Italy. This imbedded pilgrimage serves many purposes within the narrative strategy of the text, and lends unity to the episodic nature of that portion of the work [principally LXXXIII -XCVII] as well as providing us with fresh, verifiably correct descriptions of late fifteenth-century pilgrimage and sightseeing destinations. Even when the Italian pilgrimage proper is concluded and chivalric adventures are in the forefront, the text, throughout, insists on the motif of pilgrimage. For example, Adramón states "vyne en romeria a Santiago" (Cᵛ), he later adopts a pilgrim disguise (CXXXIʳ), visits San Antonyo's relic in Vienne (CXLIIʳ), and learns of a secondary character undertaking a *romería* for nine days (CCLVʳ).

The description of the Italian journey is remarkable in that it resembles closely the style adopted by writers of accounts of pilgrimages of this period such as Georges Lengherand (1485-6), Arnold Von Harff (1496), Pietro Casola (1494), and also the guidebooks of Rome by Capgrave (1450) and Brewyn (1477).

There are three types of works that describe Italy in the fifteenth century. Travel books, like *Andanças y viajes de Pero Tafur* (1436-1439), which primarily recounts exotic travel in Turkey, Egypt and the East, but does contain a description of

To Innsbruck

To Avignon

Milano • Brescia
1. • Lodi • Verona • Venezia
Asti • Piacenza • Padova
Allessandria • Mantova
Tortona 2. • Parma
Reggio • Ferrara
Modena • Bologna
Ravenna

3. Rimini

Firenze •
Urbino
Siena • Perugia • Gubbio
Assisi • Foligno
Montefiascone • Spoleto
Viterbo •
Civitavecchia •
Roma •
Marino
Terracina • Gaeta
Pozzuoli • Napoli
Castellamare • Salerno

1. Binasco
   Pavia

2. Castel San Giovanni

3. Imola
   Faenza
   Forli
   Cesena

Adramón's Routes
TRIP I — Venice-Rome-Sicily-Asti · · ·
TRIP II — Asti-Rome-Innsbruck ·········

Cosenza

Palermo   Messina
Monreale •
Mungibel •
Agrigento • Catania

Italy and especially Rome. The *libri indulgentiarum*, which are succint descriptions of churches and the indulgences to be gained therein, are of early origin and enjoyed sustained popularity. The fifteenth century saw them recast into their new form as guidebooks like Capgrave's and Brewyn's, dealing with Rome in more detail: the churches, indulgences, and sometimes a bit of local history. The final fifteenth-century source consists of pilgrim's accounts, which describe towns, relics and churches along the route to Rome, as well as physical layouts of the towns, fortifications, government, local women, folklore and other matters of interest. *La corónica de Adramón* is most similar to these late fifteenth-century pilgrim's accounts, in both tone, content, and general outlook.

Figure A shows the route followed by the protagonists in *Adramón*. The sheer number of towns described in the course of the journey is impressive. In many fictional works of this period, such as *Tirant Lo Blanch*, we see adventures in foreign countries, but normally only a city or two is mentioned, and little or no specific information is provided on the city. Here, however, the text operates within a more factual orientation. Many of the more insignificant towns are only a short distance apart and nonetheless we see them mentioned; in fact, the text often states that the protagonists merely passed through a town without stopping. If the author included this trip through Italy merely to establish a foreign exotic flavor it certainly would not require this kind of specific detail. The possibility remains that the author merely copied a pilgrim route and detailed descriptions from elsewhere. This hypothesis does not appear tenable because the author does not depict the standard pilgrim route. The journey undertaken and details provided are, however, not only plausible, but verifiable.

A comparison between *La corónica de Adramón* and pilgrim accounts reveals that both share the same style and basic content: *La corónica*: "...llegó a Folyño, que es una cibdad pequeña del papa, adonde estuvo aquella noche" (LXXXVIᵛ). While *La corónica* is very brief, Lengherand's full entry is even shorter: "Nous allàmes... couchier en la ville de Foligne qui est

au pape" (55). Von Harff is still more succinct: "(We went from)
Spolijt to Folinio, a papal town" (46).

An examination of the descriptions of Spoleto given by all
three sources reveals the same tendency towards brevity. *La
corónica*: "Otro dya se partyó camyno d'Espolito, que es una
cibdad del papa, en la qual ay una especyal fortaleza, de las
mejores que el papa tenga. Está sobre un montezillo y la cibdad
junto con ella parte en lo llano y parte en cuesta pasa por ella
un gran rryo" (LXXXVI'). Lengherand's full entry is rather
shorter on specifics: " allàmes disner en la ville d'Espolette"
(55).Von Harff's full description is similary brief: "Spolijt [is] a
town hanging on a mountain with a castle, the Pope's, up a
stony mountain" (46).

The following is a typical, longer description from *La
corónica de Adramón* that exactly fits the style of these pilgrim
accounts. Some, but not all of this information can also be seen
in Pero Tafur (17-18). Notable here is the impersonal style that
the author adopts when describing these places. We are not
shown the city through the eyes of the protagonist, but rather
in a more objective way:

"Boloña es una gran çibdad del papa, de gran poblacyón.
Govyérnase como Florencya {o} Sena en todo; tyene un
palacyo donde byven los que govyernan—bueno. Çerca dél
está la yglesya mayor,que se llama San Petrony: para en
aquellas partes harto buena. Ay un estudyo—dygo, letores,
queno ay escuelas ordenadas como acá—de muchos estudyantes y muchos dotores con grandes partydos.Ay algunas
casas muy buenas: en especyal unas de Bentenollo; ay
buenos monesteryos: en especyal Santo Domyngo, adonde
está el cuerpo de nuestro padre Santo Domingo. Ay buenos
ospitales y muchos. Pasa por casy en medyo de la çibdad un
rryo, en el qual ay muchos molinos. Dentro de la çerca ay
un colegyo bueno que llaman el palacyo d'España, porque
lo hizo el cardenal Albornos, gran honbre en la corte
rromana [this is the Colegio d'España founded in the
fourteenth century]. En el colegyo no pueden estar syno

españoles, los quales an de ser presentados por los prelados adonde el cardenal tuvo la dynydad y llevó rrentas. (XCVI^v-XCVII^r)

This description is so close in style that it is virtually indistinguishable from the other pilgrim accounts, which by the late fifteenth century had come to concern themselves with more than religious sites. The government of the town is referred to—a standard observation by fifteenth-century travellers in Italy—the main palace is mentioned, the main churches, monasteries and relics; hospitals; the university, and finally we see the general geographic layout. Lengherand, Von Harff, and Tafur comment on these features, wherever germane. The similarity between *La corónica de Adramón* and pilgrim manuals and accounts is evident; however, one of the most interesting features of this pilgrimage is the description of sites not seen in other sources of this period.

The liquefaction of some blood relics is well known; St. Gennaro's blood in Naples is the best-known example. The relic of Christ's blood at Mantova, however, is not associated with liquefaction—at least, not in any common source. Gabrielli, in *Saints and Shrines of Italy* (24), describes it as being contained in two gold vials, which disagrees with the present text; however, a transfer of the relic to these vials may be a more recent development.

> ...pasaron por Mantua donde les fue hecho gran rreçebymiento y mucha fyesta. Fueles mostrado un vaso de crystal de grandeza de medyo quartyllo en el qual estan tres gotas de la sangre de Nuestro Señor Jhu Xpo: tamaño cada gota como una avellana, las quales es muy provado y cyerto que el jueves santo, dos horas antes del dya, están deshechas y hierven y están deshechas hasta dos horas después del sol salydo el vyernes, y se tornan a hazer como estavan de antes. (CLXII^r)

A unique description of the removal of the XIVth-century,

bust-shaped reliquary of Santa Agata during an eruption of Mt.
Etna follows:

> Partyóse para Catanya, que es una cibdad pequeña—
> antygua. No ay en ella cosa qué dezyr sea, sy no es el
> cuerpo de Santa Agata, que es de gran devocyón y haze
> muchos mylagros, en especyal que muchas vezes los fuegos
> que por la boca de Mungybel salen: son en tanta abundan-
> çya que vyenen por la cuesta abaxo, hazia la çibdad, que
> paresçe un rryo. Ay en la subyda desde la çibdad—hasta
> arriba una legua—tyenen puestas guardas y atalayas para
> que, salyendo el fuego hazia la çibdad, luego tañen una
> campana, y con mucha priesa sacan el cuerpo de aquella
> precyosa santa, la qual llevan derecha adonde el fuego
> vyene, y como llega, el fuego—a vysta del cuerpo de aquella
> bendyta santa—se torna, syn pasar adelante. Van tras el
> fuego hasta que se torna a entrar en la cueva, por la boca
> donde salyó. La çenyza—un tyro de vallesta de la boca—es
> tan alta como una pica y va dymynuyendo hasta baxo. Las
> piedras y peñas por donde pasa el fuego quedan tan quema-
> das que byen se vee aver pasado gran fuego sobre ellas.
> Entrado el fuego en la boca, tornan la santa a su yglesya.
> (XCIIIᵛ)

Santa Agata is the patron saint of Catania, and is invoked
against earthquakes and eruptions (Gabrielli 129). While I have
not seen any similar medieval descriptions concerning the
removal of the reliquary for the purpose of quelling an eruption,
Cardinal Benedetto Dusmet did remove the relic from the
church last century in a similar fashion, and successfully
quieted the volcano. In a modern-day procession the reliquary
is removed from the cathedral and paraded about the town on
February 3 for the Feast of Sta. Agata (Thomson 59, 238).

Hospitals begin to acquire a touristic value of their own in
the fifteenth century. Von Harff describes the Spedale Sta.
Maria della Scala in Siena:

We came then to a great hall where on both sides one hundred and fifty beds were arranged for the disposal of the sick, and six women were employed to keep the beds neat and clean. We were then taken to the kitchens, of which the sick have one, the poor but healthy people one, the pilgrims one, and one for the master... There were at this time quite seven hundred foundlings, all of whom were brought up there with food and clothing. (14)

La corónica de Adramón also contains a similarly detailed, but different description of the same hospital at Siena, (XCVI^r) as well as a unique description of the hospital at Florence, which corresponds to information collected by Philip Gavitt from archival records:[3]

Junto con el monesteryo está un espital: que dezyr los enfermos y heridos que contynuamente en él están no se creerya. Los bastardos que tyenen que maman, y los que ya son grandezillos y grandes, asy onbres como mugeres— quando menos tyenen pasan de III myll. Los que maman están con las amas; los mayores en un ospital de honbres que les cryan, y las nyñas en otro espital de mugeres— ençerrado—adonde les enseñan todas las cosas que a mugeres perteneçen. En llegando los nyños a XII años les ponen con quien les aministre ofycyo; después les ayudan para casar; lo mysmo hazen a las mugeres, syendo de hedad para casar. Del espital sacan las medecynas para qual quier enfermedad—pues que la trayan fyrmada de medyco o cururgyano, syn preguntar para quién es. Deste ospital proveen otros IIII espitales harto grandes y buenos—que en otra parte serían tenydos en mucho. (XCVI^v)

---

[3] Philip Gavitt, *Charity and Children in Renaissance Florence: The Ospedale degli Innocenti, 1410-1536.* (Ann Arbor: University of Michigan Press, 1990)

This interest in visiting hospitals no doubt stems originally from their function as pilgrim hostels. It seems that even those that stayed at inns would visit hospitals and bestow alms to the institution and to individual stranded destitute pilgrims. Gradually, judging from this text, a visit to the hospital began to be considered meritorious in itself, as it was seemingly considered a pious action.

The Norman cathedral at Monreale—which incorporates Byzantine and Moorish elements—is, and was famous for its splendid mosaics. Pero Tafur describes the site perfunctorily: "Tiene la yglesia catedral fuera del pueblo, quanto dos millas, é en ella se coronan é se entierran los reyes de allí; es magnífica yglesia, é ricamente labrada, é del mejor musayco que yo e visto entre los latinos; á ésta llaman Monrreal" (300). The description in *La corónica de Adramón* is much more detailed but also notes the neglected and decayed condition of the cathedral. Three possibilities exist: either Pero Tafur did not actually visit the cathedral and merely scribbled a few well known commonplaces about this famous site, the destruction never took place, and the anonymous author fabricated his description, or perhaps both descriptions are true, and the decay described here, severe indeed, took place between the 1430's and the 1490's.

Supieron que una legua de ally estava Monreal, que solya ser una cibdad muy grande y de grandes edefycyos, de lo qual ya no queda syno la yglesya mayor, que hera y es arzobispado. Fueles dycho aun en el yglesya avya cosas de ver; fueron allá y no hallaron syno solo el cuerpo del yglesya en pye, que lo demás, todo hera caydo; en el qual hallaron muchos marmores y alabastros y jaspes y porfides, tantos y tales que no se podrán creer, y dellos hechas colunas y pylares muy grandes, y por las paredes puestas mesas y tablas de porfydes y jaspes: unas verdes, otras coloradas, otras pardyllas, otras de muchas colores y otras salpicadas de infynytas colores. Están tan luzientes y bruñydas que se veen en ellos como en espejos. Ay por el techo y por las paredes y encyma de los altares muchas lavores y ymagynes de santos, hechos de musayco—que es lavor tan costosa que no se podrá dezyr—la qual agora no se usa por la mucha costa y tienpo que en ello se gasta. El suelo del iglesya, solado de los dychos porfydes y jaspes, aunque ya pocos quedan; que todos los hurtan. Muchas lavores del musayco están por las paredes, que agora quedan de fuera de la yglesya; estuvyeron todo un dya myrando estas cosas, que muy poco les parescyó aver estado. (XCV^v-XCVI^r)

These previous descriptions are pilgrim—oriented, either concerning relics, churches, or a pious hospital tour. We also see several more tourist-oriented descriptions; comparable material can be found in the other pilgrim accounts of this period, although the majority of descriptions in this text are unique. A passage concerning the Palazzo Ducale at Urbino seems to have been written by someone with first-hand knowledge of the site. It is curious that Lengherand, barred entry from the town, passed within a few kilometers of the palace in 1485-6, and simply recorded: "Et avec la ville il y a très beau chastel et beau palais. Laquelle terre tient par le pape" (54). The very detailed account from *La corónica* surpasses, in length and detail, any pilgrim or travel account of this period.

...verés la casa, que es la mejor del mundo. Sy no, ¿creáys que bastara el padre del duque a hazella con toda la rrenta que tenya?—mas avyendo grandes dyferencyas en toda Ytalya y grandes guerras, acordaron de hazer una liga todos juntos y de hazer al duque—que está en glorya—capitán general, y asy le hizieron, el qual hera jues de todas las dyferencyas que entre todos los estados y señoryas avya; y sy uno querya hazer guerra y no la querya dexar, salya el duque con su exércyto y destruya al desobedyente, de manera que todos estavan muy contentos y en paz. Delybró hazer una casa, y sabydo de todas las potencyas, acordaron de hazer cada una su parte: el rrey de Nápoles hizo una

parte, el papa otra, el duque de Mylán otra, venecyanos
otra, florentynes otra: que fue un estudyo, en el qual ay
muchas figuras de honbres y tanbyén de anymales y de aves
y de rríos y de peces y de hiervas y de árbores, con todos los
synos y planetas y estrellas notables del cyelo, de talla en
madera de nogal, tan perfecta y de tantas colores que sería
inposyble ser más perfectas y naturales de pynzel: que
dyzen que costó más de XXV myll ducados seneses y
luqueses. Otra{s} son cosas de no se poder creer. Syete
sobrados tyene; uno sobre otro, que todos son de bóvedas de
ladrillo, sy que en toda la casa aya un palmo de madera
syno son puertas y ventanas; y sobre estos syete sobrados
ay otros dos de aposentamiento de la gente y ofycyales de
la casa. Debaxo de las primeras bóvedas—que toda la casa
tyenen—ay cavalleriza para D cavallos; sobre la cavalleriza
lugar para tener feno y paja para todo el año. Sobre este,
lugar para tener trigo y cevada para toda la casa. Sobre esto
ay otras estancyas para la{s} vanderas, hornos y horneros, y
monycyón de leña y carbon y de haryna y de todas las cosas
de provysyón que son menester. En otra estancya está
artyllerya—mucha y buena—y pólvora y pelotas infynytas,
y un patyo donde están los maestros que hazen el artyllerya; y herreros, fraguas y hornos y sobre todo esto está el
patyo principal de la casa. Y en aquel llano, a otra parte de
la casa, un hermoso jardyn, el qual está sobre quatro
bóvedas, sobre la cavalleriza, que rresponde con el llano del
patyo de la casa y de la placa que está delante de palacyo.
Toda la piedra dél—de puertas y ventanas y la delantera—
son mármores tan duros que pareçe inposyble podellos
labrar. Todas las lavores hechas del rrelyeve a la rromana—
pues ver las chimyneas es cosa de no se poder creer.
Muchas d'estas cosas se labraron aquy y muchas se traxeron de Rroma y de Venecya, labradas en sus caxas, y tan
byen de Genova, que hizo una loja muy grande y sobervya
y rrica cosa. (LXXXIV^v-LXXXV^r)

The features that the author includes range from the

library, which is an amazing example of fifteenth-century *trompe l'oeil*, to the amount of hay that can be stored in the stable. Such a variety of details can only have been gleaned from an actual visit to the site.

Descriptions of women are a standard feature of fifteenth-century pilgrim accounts. The customs, dress and usages of Italian women were sufficiently outlandish to merit a few lines from even the most sober pilgrim. Lengherand, Casola, and Von Harff describe women in Italy, as does *La corónica de Adramón* in a few places:

> D'ally fueron a Palermo—que es la mejor cosa de Çeçy-lya—donde ay muy buenos tenplos y algunas cosas buenas para la tierra; ay muchos mercaderes naturales y muchos y más rricos forasteros: es lugar de mucho trato. Mugeres medyanamente hermosas, y pocas précyanse, de cabellos negros a la morysca—tyenen por mal ser rruvyas. Déxanse ver de buena gana, aunque son los maridos muy çelosos y las tengan ençerradas y guardadas—son amygas de foraste-ros. (XCVᵛ)

By way of comparison Von Harff here describes the women of Venice:

> At that time I saw some very young women beautifully attired with splendid dresses and jewels... Item these women paint their faces with colours so that at night they look ugly when the heat makes the colours run. The maidens go covered with a clear black transparent cloth over their faces. Further, the women walk on great high soles covered with cloth, three of my fists high... (64-5)

A final characteristic of fifteenth-century pilgrim accounts is the occasional inclusion of folkloric material: legends and popular beliefs, such as the several mysterious caves described, located near Naples, or the multiple references to the popular folk legend of the magic mountain of Nores, and the witches who dwell therein, mentioned in Von Harff as well (46-7).

Two possibilities exist regarding the inclusion of pilgrimage material in this work: either the author of *La corónica de Adramón* visited these places on a pilgrimage, or he is copying from a now lost, historically correct source. I posit that he actually visited these sites himself. His description of Rome, while lengthy and fairly accurate, is not well ordered (XCIV—XCIIIr and CLXXVv—CLXXVI'). While Von Harff indisputably went on his pilgrimage, for his description of the city of Rome he copied directly from a book of indulgences; Brewyn, in spite of his first-hand knowledge of Rome, also used the *libri indulgentiarum* for basic source material. Most authors felt compelled to quote from older, more established texts in order to include all possible material on all possible sites. If the author of the present text had copied from a book of indulgences, his description would most likely have been more complete, as well as more organized and detailed. As it stands, this description of Rome more closely resembles personal free-hand notes based on first-hand experience. Also, the author provides a lengthy description of Easter festivities in Rome, which include the festival of Agone, triumphal processions, and human *palios*—which usually featured Jews, old men, and prostitutes—all of which can be verified by Italian sources of the late fifteenth and early sixteenth centuries (Stinger 57-9). These festivities [such as the launching of pig-laden carts off Monte Testaccio, and the subsequent butchering of the unfortunate animals] were never described in the *libri indulgentiarum* or fifteenth-century pilgrim accounts, possibly because they were of obvious pagan origin. Regardless of the ultimate source of this pilgrimage material, it has thus far proven to be accurate in almost every particular, and the few exceptions are explicable as medieval hyperbole.[4]

---

[4] The text mentions 3000 children being attended to by wetnurses at the hospital in Florence. According to a conversation with Gavitt, this number is at least ten times too high.

The final question to be answered concerns the motivation for grafting a pilgrimage account onto a book of chivalry. The overall work is a typical fifteenth-century mixed *cajón de sastre*, incorporating elements such varied elements as the didactic "education of the prince" current, courtly love, the sentimental novel, anti-Hussite heresy material, etc. The author chose as a partial framework a pilgrimage which serves as a long-running thematic motif, serving to unify the work. Many independent episodes spring out from the pilgrimage, but we always return to it. The pilgrimage leads us thrice to Rome, the caput mundi, in a manner similar to Cervantes' relentless progression toward Rome, the symbol of perfection, in *Persiles y Sigismunda*. The protagonist, Adramón, meets the Pope, and still on a pilgrimage, continues up to Santiago de Compostela. He later returns to Rome as a famous knight, again meeting the Pope. The defeat of the Hussite heresy in Bohemia is the climax of the work, after which the protagonist returns one last time to Rome, to be crowned King of Poland by the Pope. Church and State are seen to be one and the same, and the different story threads are all tied up neatly by the triumph of the forces of the Pope, under Adramón, over the heretics. Christian ideals are reinforced—ideals that were instilled in the protagonist by his tutor, the Sybils and the Pope, on the pilgrim road.

COURTIER CHARACTERISTICS

La corónica de Adramón reveals a previously unseen stage in the evolution of the literary depiction of the *caballero*. As well as being a knight/pilgrim—a not unusual device in medieval literature—he is also an early prototype of the Renaissance courtier. We are shown a mixture of traditional chivalric ideals and self-serving courtier characteristics, a mixture that is, at times, irreconcilable and contradictory. The genre of Spanish books of chivalry begins to gather momentum immediately after the first extant edition of *Amadís* in 1508. Many sequels and imitations were written, and we see numerous continuations that enjoy popularity for a full century.

These works, however, are all rigidly stylized, and follow an anachronistic mould. Even in the mid-sixteenth century, well after Boscan's 1534 translation of Castiglione, the genre remains resistant to any adoption of current literary and historical material. *La corónica de Adramón*, however, reveals a lesser degree of stylization and a less anachronistic depiction of the *caballero* with more stress on Renaissance attributes.

There is, of course, never an abrupt break between knight and courtier, but rather an evolution based on technological and sociological advances. As White observes, what used to be knightly skills, in the face of changes such as the widespread use of gunpowder and rise of large mercenary armies became merely "means to entertain. They became plays and games... These [chivalric] forms, and the virtuosity required to captivate the admiration of onlookers gained an importance beyond their vital value. They were no longer judged from the viewpoint of reality but from the point of view of aesthetic effectiveness" (23).

A full assessment of the depiction of the knight in medieval literature would certainly be beyond the scope of this introduction; however, a valid source of material on the knight, even through the fifteenth century, is Raimundo Llull's *The Book of the Ordre of Chyvalry or Knyghthode* written between 1279 and 1283.[5] Llull claims that he knight's primary duty is towards God:

> The offyce of a knyght is to manteyne and deffende the holy feyth catholyque. ...in lyke wyse God of glory hath chosen knygtes/by cause and by force of armes they vaynquysshe the mescreauntes. which daily laboure for to destroye holy chirche. (B iii^v-book 3)

The knight's second duty is to defend his earthly lord:

---

[5] Raimundo Llull, *The Book of the Ordre of Chyvalrye or Knyghthode*. Trans. William Caxton 1484

"The office of a knight is to manteyne and deffende/his lord worldy" (B vi^v-book 3), while a third duty is toward:

> ...wymmen/wydowes and orphanes/and men dyseased and not puyssant ne stronge/for lyke as customme and reason is/that the grettest and moost myghty helpe the feble and lasse... /ryght soo is thordre of chyvalry/by cause she is grete/honourable and myghty/be in socoure and ayde to them that ben under hym and lasse myghty/and lasse honoured than he is thenne as it is soo that for to doo wrong and force to wymmen wydows that have need of ayde/and orphelynes that have need of governaunce/and to robbe and destroye the feble that have nede of strengthe-(these things are not done by knights). (C i^r- book3)

A knight's principal attribute is courage, which is cited many times, and is described to be the most important quality of the knight. This courage must be tempered with: "werkes of myserycorde and of pyte" (C i^v-book 3). Other characteristics are, of course, honor, followed by the typical list containing humility, loyalty, charity, hope, etc. (B vi^r-book3). Finally, we see that a knight must not boast, rely on words or appearances in any way. Only his actions count:

> Seche not noblesse of courage in the mouth/for everyche mouth sayth not trouthe/ne seche it not in honourable clothynge/for under many a fayr habyte hath ben ofte vyle courage ful of ...wyckednesse/ne seke it not in the hors/for he may not answere/ne seche it not in the fayr garnements ne in the fayr harnoys/for within fayr garnements/is oftyme a wycked herte and coward (Cvii^v-book 4)

We see the same injunction in Christine de Pizan: "the good knight... guards himself from speaking too much" (50).

The use of words is equated with lies, and Llull says that the knight must not be " a flatterer/prowde/ evylle taught/ful of vylaynous wordes/and of vylayne courage/avarycious/a lyar/untrewe/periured" (D iiiʳ-book4). Christine de Pizan similarly notes: "the good knight should not be long or long winded" (56). Pride and vainglory are sins that knights, above all others, must avoid, for Llull declares:

> yf by beaute of facion/or by a body fayr grete../or by fayr here/by regard/or for to holde the myrrour in the hand [-if these were important, then] for by the thynges to for sayd/ thou myghtest chose wymmen to be knyghtes/ whiche oft have the myrrour in the hande... (C viiiᵛ-book 4)

The characteristics of the ideál medieval knight summarized in this brief overview come into play often in this work. At the same time, the protagonist often exhibits self-serving, opportunistic tendencies usually associated with the figure of the Renaissance courtier.

Adramón is a noble child who is being brought up by his tutor in exile. A good deal of emphasis is placed on how he was taught "a leer y a escrevyr y gramátyca y arte oratorya y poesya; a cantar y tañer, dançar y cavalgar a la gyneta y a todas syllas; boltear, jugar toda manera de armas" (CLXXIIʳ). The utilitarian purpose behind this instruction is made clear by his tutor: "querrya... que supiésedes tantas cosas, por las quales cupiésedes en qualquier corte" (LXXXIʳ).

Clearly these are the very ideals being set forth by Castiglione: "So in jousts and tournaments, in riding, in handling every kind of weapon, as well as in the festivities, games and musical performances, in short all the activities appropriate to the well born gentleman..." (Castiglione: Bull 42). In his introduction to *The Courtier*, Bull comments on the "preoccupation with social distinction and outward forms of polite behaviour (which) creates an intense atmosphere of artificiality and insincerity" (15). Today this is certainly the main impression that the work inspires. We see opportunism and career advancement being pushed to the forefront, rather than any real martial prowess, in spite of Castiglione's claims that arms are, indeed, the principal concern of the courtier.

This is not to suggest that there is any direct connection between *La corónica de Adramón* and Castiglione's work, which was first published in 1528. The new "courtier spirit" had certainly been in the air for a long time—Castiglione began his work in 1508, and indeed the evolution of this new "creature of the court" has its roots as far back as the early fifteenth century, as Woodhouse demonstrates, with such works as *Della familia* of Leonbattista Alberti and Leonardo Bruni's *De studiis et litteris liber* of the early fifteenth century. (Woodhouse 50) What is noteworthy about the following examples from *La corónica de Adramón* is that the presence of "courtier-like" characteristics in this work is unique; in other texts of this genre these ideas are totally ignored until the second half of the sixteenth century, when a few new ideas begin to make an appearance. John O'Connor, in his chapter "Amadis as a courtesy book" talks about some Renaissance elements in the Amadís line. He, however, finds nothing to say about education or the study of music until we get to books XV (1563) to XXI (1568), and these are in fact Italian independent continuations of Amadís material by Mambrino Roseo de Fabriano (O'Connor 72/ Thomas 189-9).

While there are many tournaments and jousting scenes, the most outstanding quality of the protagonist and other nobles is not martial prowess but rather his *conversacyón*. The nobles of Ferrara observe, concerning Fedrique, Adramón's tutor: "Quantos estamos en esta corte tan contentos están de vuestra buena conversacyón" (LXXX^r). At the court of Urbino, Octavyano predicts that the putative father and son will leave because "estarés enojado desta tierra y de nuestra mala conversacyón" (LXXXIIII^r). At a premature eulogy for Fedrique he is called "la más noble, franca y sabya y honesta persona del mundo y la mejor conversacyón que jamás vy" (CII^v).

This preoccupation with conversation is not understandable from Llull's medieval viewpoint; however, if we look at the courtier tradition, it makes sense. Castiglione claims that the courtier will not win favor "unless he also has a gentle and amiable manner in daily talk" (Castiglione Trans. Opdycke II.92). Elsewhere, Castiglione describes the ultimate goal of the type of broad education that he espouses: "These studies will make him fluent... confident and assured in speaking with everyone" (Castiglione Trans. Opdycke I. 59). The important point is speaking and thus letting ones' knowledge show in a conspicuous manner. Indeed, Covarrubias, in his1611 dictionary (influenced, no doubt, by the Italian Renaissance meaning), defines *conversar* as "dealing urbanely and communicating with others." The Italian archaic definition for *conversazione* is *rapporto sociale* as well as *comportamento* (Battaglia). We see these archaic meanings in the prologue of the *Galateo* of Della Casa—published in 1558, although written earlier—where the work is described as addressing the topics and matters pertaining to conversation, meaning deportment. A further example of the archaic sense of the word is in Stefano Guazzo's *La Civil Conversazione* of 1574, which deals with social comportment. The depiction of the courtly atmosphere in which the protagonist thrives is clearly spelled out in the text repeatedly: "Estuvo Venturyn un año en la corte do muy querido y estymado hera—syenpre entendya en cosas de gentyleza, rregozijo y alegrya. Hera su conversacyón tal que a todos rregozijava" (CVᵛ).

Another term used in *La corónica* to describe the cavallero is *gentyl* or *buena dyspusycyón*." The Diccionario de Autoridades defines *disposición*—in an archaic sense—as "la proporción y symetría de las partes del cuerpo, gallardía o gentileza" The archaic Italian sense is similar: *inclinazione*, *morale*, *abito*, *qualità*. In *La corónica* we see a princess "tan vencyda estava de los hechos y dychos de Venturyn y de su gentyl dyspusycyón" (CXXXIIᵛ). At one point in the work knights are to be dubbed based on "edad, dyspusycyón y abylidad y fuerças" (CVI ᵛ). Finally, *hermosura* and *buena dyspusycyón* (CXXVIIIᵛ) are given as synonymous.

Both of these aforementioned terms, *conversacyón* and *dyspusycyón*, reflect an emphasis on public behaviour, speaking and appearances, rather than action and physical prowess—the hallmark of the medieval knight. It is true in romances of chivalry that knights are almost without exception handsome, but the particular wording and descriptions given in the text set it apart from the purely physical *fermoso* that we see as a frequent description of Amadís, for example.

Another term with a specific Renaissance flavor is seen in a description of the protagonist: Valerya, the princess of England, fell in love with him after "viendo la gentyl dyspusycyón de Venturyn y su liberalidad y franqueza, sus fuerças, mañas y lygerés que en todas las cosas tenya" (CVᵛ).

The word *lygerés*—lightness—is in this specific case a precursor of the term that Della Casa used in *Galateo* : *leggiadrìa*, a gracefulness or effortlessness. Battaglia's definition of *leggiadrìa* is a "rara finezza o compostezza accompagnata e sostenuta dal pregio della spontaneità e referibile soppratutto all'armonia," which closely relates to Castiglione's *sprezzatura*: a purposeful nonchalance, a studied casualness.

These three expressions are noteworthy, and not seen in Amadís, or other fictional works of this period with this meaning, to my knowledge. Other more common courtly descriptive words that appear with great frequency are "*cortés*," "*palancyano*," "*lymytado*" [meaning *mesurado*], "*byen comedydo*" [meaning *bien criado*, anticipating needs] and "*vergonçoso*" [anticipating the *vergogna* of Castiglione].

Another Renaissance feature of the text concerns the protagonist's adoption of disguises for jousting. This was certainly seen in the medieval period (Barber and Barker 52), but the way in which it is done by Adramón, and the intention behind it, prefigures a passage in *The Courtier*. My attention was drawn to this passage by an article by Eduardo Saccone-"Grazia, Sprezzatura, Affetazione."[6] In chapters 9 through 11 of Book II Federico Fregoso talks about the courtier's participa-

---

[6] Eduardo Saccone, "Grazia, Sprezzatura, Affetazione" in *Castiglione: The Ideal and the Real in Renaissance Culture*. Ed. Robert W. Hanning and David Rosand. (New Haven: Yale U.P., 1983)

tion in public festivities as being acceptable only under the proviso of the adoption of a disguise. The courtier must not be seen in such unseemly surroundings:

> ...unless he be masked, when it is not displeasing even though he be recognized by all... Because disguise carries with it a certain freedom and license, which among other things enable a man to choose a part for which he feels himself qualified, and to use care and elaboration upon the chief point of the thing wherein he would display himself, and a certain nonchalance as to that which does not count,- which geatly enhances the charm: as for a... cavalier in the guise of a rustic shepherd, or some other like costume, but with a perfect horse, and gracefully bedecked in character; because the mind of the spectators is quick to fill out the image of that which is presented to the eyes at first glance; and then seeing the thing turn out much better than the costume promised, they are amused and delighted. (Castiglione trans. Opdycke 87)

The device of disguise fools no-one, nor is it supposed to; the courtier is playing to a general public, "socially inferior to the actor" (Saccone 64).

The previous passage is made to order for an interpretation of the disguises that Adramón adopts for his public jousts. We see Adramón adopting a series of disguises for public tournaments and jousts, especially in Paris. Adramón, however, does not disguise himself when honor is at stake: in a duel, for example. The masquerade is adopted only for spectacle when he is in the full public eye. As in the passage from *The Courtier*, no one is deceived: the public cheer him, and when they cheer for the *buhonero*, *flayre* or *pelegryno* one can see from the enthusiam generated that they do not believe he is one. Furthermore, the duke who sponsors the joust in Brittany addresses Adramón, disguised as a *flayre* as cavallero. The disguises actually serve to draw more attention to his exploits.

As previously mentioned, disguises were not unknown on the
jousting field. Unlike the courtly "theme" jousts described by
Barber, (passim) Adramon is disguised for public and open
jousts; the fact that he is always disguised, and goes so far as to
adopt a rule of anonymity, is merely to establish added interest
in his true identity. The disguise operates as a public relations
scheme, executed in a cunning and deliberate Renaissance
fashion, just as described by Castiglione. It calls added attention
to his prowess, all the while maintaining an illusion of *sprezzatura*, carefreeness, a mere lark done in anonymity.

We also see the idea of *sprezzatura*, a studied nonchalance,
in a description of Adramón's abilities. In a passage where he
has just been learning horsemanship, the author notes: "en
quantas cosas ponya mano parescya que mucho tienpo avya que
las usava" (LXXX^v). The idea of an affected effortlessness and
ease is underlined here- the very definition of *sprezzatura*, for
the text previously recounted how he practiced long and hard
to achieve this skill.

We further see this feigned disregard for reputation, as he
arrives at a new court: "...cómo fue hecho cavallero—que gelo
dyrya otro dya, y fue por no dezyr de su boca las cosas que avya
hecho" (CXLV^r). Noteworthy in this passage is the suggestion
that he would indeed boast of his exploits, but not immediately
upon his arrival, which would appear too unseemly. Even
Castiglione approves of self-praise in Book I : "We surely ought
not to form a bad opinion of a brave man who praises himself
modestly" (Castiglione trans. Opdycke 27).

The Courtier must actively work to shape public opinion
in his favor in order to win this praise from others, as Castiglione observes:

> I would have our Courtier set off his worth with
> cleverness and skill, and wherever he has to go where he is
> strange and unknown, let him take care that good opinion
> of him precedes him, and see to it that men there shall
> know of his being highly rated in other places, among other
> lords, ladies and gentlemen; for that fame which seems to

spring from many judgements, begets a kind of firm belief in a man's worth, which, in minds thus disposed and prepared, is then easily maintained and increased by his conduct: moreover he escapes that annoyance which I feel when asked who I am and what my name is. (Castiglione trans. Opdycke II-110)

The seeming disregard he has for reputation, evidenced by his jousting in disguise and postponment of boasting, significantly disappears when he speaks to his escudero:

Callá, Sylvestre—que myentra más pelygrosas son las cosas mayor honrra y fama se gana. ¿Hera yo tenydo ny estymado ny nonbrado hasta que he enpeçado a hazer esto poco que aves vysto?—que ya veys que syn mereçello, adonde quiera que llego, en sabyendo que soy el caballero de las damas me honrran y precyan y tyenen en algo. (CXLVIIʳ)

The self-consciousness exhibited here seems more appropriate to the courtier than to the knight. We see the caballero aware of his status, and savouring his reknown.

We certainly see an opportunistic moment when Adramón finds out that he will not be knighted among the select caballeros at a court in London. He is disappointed and dejected, until his advisor suggests that he throw a lavish banquet for the new knights. He borrows money, and exhausts all his resources, to conspicuously show that he does not mind being rejected by the court. His confidant and servant urges "Ganá, ganá honrra, pues tenés con qué; que trás la honrra corre el provecho" (CXIIIIʳ). What is notable is that we are clearly allowed to see his purpose: to impress the court enough that they will knight him later. He wants to put on a display of nonchalance in order to sway public opinion in a deliberate, calculated fashion.

We see an example of false spontaneity—akin to *sprezzatura*—when at the first Italian court, Fedrique instructs

Adramón to follow a signal to cut a good figure to impress a
nobleman, a potential patron. Everything must appear extempo-
raneous, hence the secret signal:

> En llegando—que llegue más aquella gente que ally
> vyene—venyos detrás de my, y sy vyerdes que yo hablo a
> alguno con el bonete en la mano, o os señalo o os llamo,
> saltá del cavallo lo más lygero que podrés y llegá a besalle
> la mano con mucha cortesya y rreverencya, y no os dexéys
> de lo porfyar sy yo no os señalo que lo dexés. (LXXX^r)

The notable aspect here is that this must appear impulsive,
and *ligero*, while it has all along been prearranged and is being
coached.

Archaic elements in the text certainly predominate: in
many places Adramón is depicted as an old-fashioned knight,
possessor of all the appropriate attributes. A description is given
of a king who wants to resuscitate the institution of knights-
errant, and intends to

> ...armar cavalleros andantes como solyan ser en los tienpos
> pasados, los quales fuesen guarda y anparo de dueñas y
> donzellas socorro y defensyón de byudas y pupilas y
> seguridad de los camynantes y castigo de los malos/y a
> quien corriesen los pobres y que poco pudyesen syendo
> agravyados para alcançar justycya y rremedyo. (CVI^r)

At several points Adramón is reminded that his oath is to
protect and succour damsels, widows and children. These and
other descriptions conform closely to the rules listed in
Raimundo Llull. We also see an old knight giving advice to a
novel; this device is seen originally in Llull, and was copied in
Tirant lo Blanch, as well as the *Book of the Knight* by Don
Juan Manuel. The weary veteran warns the young protagonist,
who would become a knight "sy supyesedes los trabajos y
fatygas y pelygros que tyenen los que quieren mantener la fe y
juramento que hazen quando son armados... huyryades myll

leguas" (CXVʳ).

The goal of a knight is somewhat divided in this work between reconciling the religious orientation of the knight with the courtier's search for fame and reputation: knights must be:

> ...pyadoso, especyal con mugeres y personas que en neçesidad estarán, para les ayudar con vuestra persona y hazienda, ponyendo por ellas la vyda sy menester fuere porque de tales cosas Dyos es servydo y el alma rrecybe el galardon y al cuerpo y honbre que tal haze/queda fama y memorya perpetua dél. (LXXXʳ)

This passage is indicative of the problem posed by this manuscript: reconciling fame and reputation, the new paramount goals of the courtier, with the Christian orientation of the knight. In this passage we see both goals being satisfied. In another battle the protagonist remarks "en caso tan honrroso [a battle] byve vyda perpétua con los de las gloryas famas" (CLXVᵛ). Again the fulfillment of both goals is achieved. However, elsewhere in the text we often see the medieval emphasis on *contemptus mundi*—martial exploits and earthly fame being dismissed as ephemeral: "un poco de humo de fama y memorya que en breve pasa y buela y es olvydada" (XXXXVIʳ).

Both Renaissance and Medieval elements are again freely mixed in the description of fight scenes. In *La Corónica de Adramón* they are very much like those seen in *Amadís* and other books of chivalry:

> "Amadís, que gran yra levava, no le respondió, mas herióle en el yelmo so la visera, y cortóle dél tanto que la espada llegó al rostro, assí que las narizes con la meytad de la faz le cortó, y cayó el cavallero, mas él, no contento tajóle la cabeça..." (Amadís: I 225)

The fight is described in primitive violent terms, a battle of brute force. There are indeed passages like this in *Adramón*, stylized and repetitive, frozen in form, but with a significant difference: actual sword blows are named, as in a scene where he fights the palace guards: "Le tyró un hendiente—tornó con un tajo rredondo... le tyró un rrevés" (CXᵛ). This is significant, because it is more *palancyano*, more like a duel—although this is not one. The language used confers more etiquette and structure on the battle, creating a more courtly overall effect, whereas *Amadís* actively seeks to create an archaic feel.

Regarding the inclusion of Renaissance elements, the manuscript *La corónica de Adramón* represents something of a literary curiosity. I believe that it may well be the earliest extant complete Spanish book of chivalry, with portions of it dating from 1492. Paradoxically, it also seems to be the most modern, in that it tries to incorporate actual late fifteenth-century social developments, such as the evolution of the courtier, into its fictional framework. The manuscript, however, does more than pay lip service to the archaic code of chivalry, as codified by Raimundo Llull. The protagonist is a full-fledged knight whose main duty is to protect helpless women, and to defend Christianity against those evil-doers that would oppose it.

Notable in this manuscript are the many episodes and descriptions where the new "courtier sensibility" defined by an opportunism, a careerism, come to the forefront, based on guile and deceit. As a summary of characteristics of the Courtier we can do no better than to see Guicciardini's derogatory comment on the role of the courtier from *Political and Civil Remembrances*:

> "I ridiculed the importance of learning how to perform music, to dance, to sing, and similar frivolous things; also of writing well, of knowing how to ride a horse, of being dressed according to fashion, and all other things which give Man ornament rather than substance." (White 14)

This is the opposite pole of the figure of the knight in many ways. We see a progression from loyal warrior towards the opportunistic, ornamental court fixture, who must be constantly aware of the image he projects. The arena of the knight—the battlefield—becomes the palace setting of the courtier. The battles of the knight evolve into the courtier's *palios* and mock tournaments with gilded pasteboard armour and blunted swords. The genre of books of chivalry prefers to ignore this progression and project a gloriously anachronistic, full-blown depiction of the ideal knight, even into the seventeenth century. The portrayal of Adramón in this text stands as an exception to this excessive stylization, a work of chivalry attempting to update itself with the inclusion of courtier characteristics.

MALOS CONSEJEROS

Throughout the work one can detect a didactic subcurrent in the form of repeated harangues against false advisers. The first is seen in the encomium of King Máximo which opens the work:

> Abry los ojos, los que açeys y perdonays grandes hyerros por pocas palabras de mugeres y damas y privados, halagueñas y falsas, que os dizen: 'Pues, señor, esto' o 'Señor, estotro.' Myrad que os llevan arrastrando a los infyernos, y os rroban vuestra fama y honrra... pues es cyerto y cosa provada que quien mal aconsejo, mal ama y quiere. Pues, ¿por qué querés creer a quien malos ama, dexando traer al rretortero, y obedecelles y ser su syervo? Quando Aquel que os hizo y encomendó el estado grande en que os puso os demandará la cuenta de lo que os encomendó, ¿escusaros és en dezyr: "Éste me lo mandó"—"estotro me lo aconsejó?" (IIʳ)

The king alone is responsible for the power he wields, and will answer to solely to God.

Elsewhere, the usurper of the throne of Poland, Ynaryo, is manipulated by his servant and confidant, Marçelo, who cajoles him into treachery, against his better judgement, with these words: "Dyos os dyo estado y no pequeño, y poder para mandar y vedar, ¿y querés andar donde soys mandado?" (LXIX^v). The ramifications of these manipulations by Marçelo are far-reaching, and eventually cost Ynaryo his life.

In a separate episode, Vyterno, a slanderous knight, reckless-ly insults Adramón, who demands satisfaction, either in the form of an apology, or in combat. "Todos sus parientes [of Vyterno] le dyxeron '¿Agora os falta lengua? Aceptá, aceptá el canpo, que algún rremedyo se terná" (CXXXV^r). This ill-considered advice leads the boastful Vyterno to the brink of death.

When Adramón captures the tyrant of Rimini, settling a past score, he also immediately orders the imprisoment of the despot's advisers. They are subsequently tortured, confess their complicity in many previous atrocities, and are executed.

A final appearance of this leitmotif of *malos consejeros* comes during the final siege against Ynaryo, when Veltrrán condemns both Ynaryo and the "traydores que le aconsejaron la traycyón" (CLXV^r).

The obvious source of these harangues against bad advisers would seem to be the relationship between Juan II and Alvaro de Luna, who was seen as the archetypical manipulator of the throne. De Luna became something of a stock figure in later fifteenth-century literature, finding both detractors and supporters.

DATING

The assignation of a date of composition for this text is based solely on textual evidence. As previously stated, the manuscript itself appears to be an early sixteenth-century copy of the work.

There are many references within the text to historical events and personages. The hazy and vague references to the early Hussite heresy alone lead me to believe that this text was composed in the late fifteenth century. An earlier date of composition would presuppose more accurate information about the heresy while a later date of compostion would have provided richer, newer heretical sources to mine for material.

Almost all of the identifiable historical figures mentioned died in the late fifteenth century: Pope Innocence the VIII (d.1492), Sigismondo Pandolfo Malatesta (d.1468)—the text refers to his voluntary exile to Venice after being excommunicated in 1461 by Pope Pius II. Federico da Montefeltro of Urbino is referred to (d.1482), as well as his Palazzo Ducale, completed the in mid 1460's. He is also referred to in the text as having been elected general of the allied forces of the Pope and King of Naples against Lorenzo de Medici—which actually took place in 1478. Elsewhere we see a character named Galeazzo Sforza—reminiscent of the duke of Milan of the same name who died in 1476. There is another character named Hércoles who is from Ferrara, evoking the Duke of Ferrara, Ercoles d'Este, who died in 1505. Pedro González de Mendoza, a statesman of Castilla who held many offices including that of archbishop of Calahorra (1454), bishop of Sigüenza (1465), as well as archbishop of Sevilla (1474), died in 1495, but in the text is portrayed as an active crusader and military leader, so the depiction would seem to depict his early career. A character called "el Gran Bastardo de la Rrosa" appears in the text, described as "pariente del rrey y muy rrico con CCCC honbres d'armas. No cale dezyr sy el confalonyer (Adramón) y el Bastardo se vyeron con amor y buena voluntad—es escusado dezillo—que grandes amygos y conpañeros heran" (662). This is Anthony, the Bastard of Burgundy (d1504), illegitimate son of Philip the Good, who jousted at the wedding of Charles the Bold in 1468. Significantly, his name, Anthony, is not given, but he is identified by his nickname: "el Gran Bastardo de la Rrosa," actually de la Roche (Vaughn *Bold* 235). This sketchy description implies that the audience was supposed to identify him immediately and know of his reputation. Given that the author describes this work as being written for Spaniards, it is doubtful that the Bastard of Burgundy's youthful reputation as a jouster, figure of action and martial prowess, and member of the Order of the Golden Fleece (Calmette 229) lasted long after the 1470's or 80's. In fact, his biggest exploits seem to have been quite early: leader of the failed Burgundian crusade against

the Turks in 1464 (Vaughan *Good* 370-2) and participation in
the Battle of Montléry of 1465 (Vaughn *Good* 386-7). Finally,
there is a reference to the Medici and Pazzi houses in Florence.
After the Pazzi family was destroyed in 1478 their name was
virtually obliterated, and even scratched out of documents. It
is possible that after this date the house was still referred to as
the Pazzi palace, but given the scorched earth policy mandated
by the Medici, this seems unlikely.

The sheer detail seen in describing tournament armour and
etiquette set this work apart from the other books of chivalry,
where we normally see set vague and general descriptions of
battles and tournaments—vague, because they were describing
anachronistic practices no longer in use. In *La corónica de
Adramón* these descriptions are laden with verifiably correct
information, because even in the late fifteenth-century tournaments had not yet totally degenerated into show. We see a
knight described as "un cavallero de la bastarda y estradyota"
(LXXVIIII^v) which refers to long and short stirrups on these two
types of saddles. Reference is made to specific pieces of armour,
such as the *musequí*, a piece of armor that covered the back.
Permission to post *autos* concerning the results of tournaments
is sought from the king, consistent with true medieval protocol.
A few tournaments are specified as being fought with *armas
blancas*,- referring to full body armour (Riquer *Arnès* 97). We
also see a tournament of *torneo mesclado*, with teams on
horseback, armed with lances. The very rare verb *bohordar*
appears in the text, which is discussed by Barber (164-5), who
suggests that the term becomes archaic past the fourteenth
century. Elsewhere it is noted that the knights have their
swords tied to the wrist: a true practice, designed to prevent
loss in battle. At one point Adramón decides to fight in bare
armour without the *sobreveste* as it would prove too tangle-
some in combat. At one courtly joust it is noted that there
were "cadahalsos llenos de damas y donzellas" (CXXV^r) at a
tournament; this is an accurate picture of a medieval tournament but was no longer the case when tournaments evolved
into harmless fun. Finally, we see a priest's sermon against

jousting where he denounces it as one of the "locuras y vanagloryas del mundo" (CXXIIII^r), and likens it to suicide, as one seeks death for no valid reason. This was indeed the position of the Church—from time to time—on jousting, but only in the Middle Ages.[7]

The fact that a few modern innovations and developments are mentioned in the text paradoxically bolsters the case for late fifteenth-century composition. *Escopetas* are seen briefly in one scene—a seemingly jarring detail. Firearms, however, were developed in the late fourteenth century, and Corominas has found the word *escopetero* as early as 1480. Since I posit that *La corónica de Adramón* was composed before the crystallization and stylization of the genre of books of chivalry, this detail would not have appeared anachronistic. In point of fact, firearms and jousting were coetaneous. I am quite certain that firearms are never again seen in this genre, as the conventions later became quite fixed. A similar modern detail is the mention of printing (LXI^r) which arrived in Spain in the 1470's. In a like manner this detail would seem out of place only when the anachronistic conventions of the genre become rigid.

Another modern development comes in a pejorative reference to the women of Guinea, where the speaker suggests that they are outlandish. Guinea was discovered in the 1450's under Prince Henry the Navigator, of Portugal. This modern detail would appear strange—certainly no mention is made of such a recent development in any other books of chivalry—unless *La corónica de Adramón* had been composed before the conventions of the genre became fully set. We do see the characters musing about the possible existence of undiscovered lands as they approach Finisterra:

Porque ya somos llegados al cabo del mundo, que no

---

[7] see Richard Barber and Juliet Barker, *Tournaments, Jousts, Chivalry and Pageants in the Middle Ages* (passim)

más podemos andar de XV o XX leguas, que es hasta
Fynysterra-que todo lo de ally adelante es agua syn jamás
hallar tierra, byen que Tolomeo dyga que allá es lo más
poblado y la mayor y mejor parte del mundo, y la más rrica
y de más gente... (XCVIIII^v)

This passage suggests that the New World had not yet been
discovered as of the date of composition. If the author did not
hesitate to mention the existence of Guinea—a recent development—it is not likely that he would have omitted mentioning
the discovery of the New World. Likewise, we see a passage
where Adramón is chided for fighting fellow Christians in
tournaments : "¿Quiçá vays contra moros o contra turcos en
defensyón de nuestra santa fe católica?" (CXXIIII^v) suggesting
that the Moors might yet be in possession of Granada.

The description given of music, dances and instruments
appear to be unusual in a book of chivalry. All these details,
however, are not helpful in dating the work in other than a
general way. Of the several dances mentioned, the only one
that is easily identifiable is the *basse danse* which has its
origins in the mid-fifteenth century and continues up to Pierre
Attaingnant's *Dixhuit basses danses* for lute from 1529, by
which time the dance had become very archaic. The instruments mentioned likewise enjoy popularity from the late
Middle Ages into the sixteenth century: *laud, dulçemela,
clarín, harpa, salteryo, hórgano.*

Many of the themes seen in this work are prevalent in
fifteenth-century literature. The theological point of free will
reconciled with God's omnipotence is addressed at more than
one point:

No ay cosa que en este mundo se haga ny las hojas de
los árboles no se mueven syn la voluntá de Dyos: que todas
las hizo y él solo sabe qual es mejor para el alma y para el
cuerpo; que en este mundo tan poco a de durar—y eso poco
tan lleno y aconpañado de trabajos enojos dolores y fatygas.
Yo por cyerto tengo que vyendo Nuestro Señor tomar las

cosas y trabajos que a los suyos vyenen, con alegre cara—
pues de su mano vyenen o al menos las permyte que
vengan—que syendo El fuente de mysericordya y de pyadad,
que mudará los trabajos en plazeres consolacyón y alegrya.
(LXXVI')

Related to theology is the mention made of stars and
astrology as controlling human behavior: "la yra y odyo a que
su planeta le ynclyna..." (LXXXVIII'). "My costelacyón y
planeta hera muy amyga y conforme con la suya y aquella me
tyró y apretó que yo lo amase en la tierra" (CVIII'). As previously mentioned, we see the topos of contemptus mundi throughout: "Fue un sueño como son todas las cosas de este mundo"
(LXXVI'). Another medieval feature is a *bestiario*-influenced
glosa on the nature of dolphins (CII'), where the author explains
how dolphins have a propensity for saving shipwrecked sailors.

The mention of two relics on display in Rome, however,
are most useful in ascribing a specific date to the work. The
protagonists see Longinus' lancehead—the weapon that pierced
Christ's side: this was obtained by Innocence VIII in 1492, and
put on display that year (Stinger 39-40). The sign from Jesus'
cross "Jhu Nazarenus rex Judeorum" (Stinger 40), which was
officially discovered and put on display in 1492, is also seen by
the protagonist. Brewyn, however, claims to have seen this sign
in Rome in his pilgrim account of 1477 (53). This is explicable
due to the not unusual existence of multiple versions of relics.
There is no doubt that there was a 1477 "Jhu Nazarenus" sign,
since we have other witnesses than Brewyn testifying to its
display in Rome. The existence of a pre-1492 lance of Longinus
copy is unlikely, but remotely possible, as the lance's existence
was known—it had already been in Europe prior to its removal
to Constantinople, from whence Innocence VIII obtained it.
Another Roman fifteenth-century event described is the "palyo
of bárbaros y turcos" (XCI') This was described as early as 1466
in Rome (Hibbert125).

All of the aforementioned details suggest a late fifteenth-
century date of composition. The dated exposition of the

Roman relics allows me to assign a date of 1492 to the manuscript; as I have suggested, there exists the possibility of an
earlier copy of the lance of Longinus, but that is mere conjec-
ture on my part. Most of the historical figures alluded to in the
manuscript would have been dead or very old by 1492, but that
certainly does not bar their inclusion in a fictional work.
Certainly, some parts of the parts of the work could predate
1492.

I have found only one reference that could possibly call into
question the date here assigned to the text. A courier twice
mentioned—-once as Olmerán and the second time as Palmerán—suggests the name Palmerín, who first appears in
Palmerín de Olivia, in 1512 (Eisenberg 39). As Grace Williams
has demonstrated in "The Amadis Question" most of the
names in *Amadís* derive from early Arthurian sources (52-8).
She does not mention the name Palmerín, but I suggest that in
a similar fashion the anonymous author of *La corónica de
Adramón* and the author of *Palmerín de Olivia* both based this
name on previous independent sources, or, indeed, possibly a
common one. If a complete index of Arthurian proper names
were available—West's, unfortunately ends in 1300—it seems
likely that such a name, or a close variant, would appear.
Furthermore, the spelling variance appearing in the text
suggests the scribe's unfamiliarity and lack of recognition of the
name, unlikely if the popular work *Palmerín de Olivia* had
already come into existence.

No attempt has been made here to date the manuscript
based on linguistic evidence, as I see no conclusive evidence
that would allow any observations other than a few generali-
ties. The language is very archaic, and certainly was partially
intended to be so. Obviously, within this genre, reproduction of
anachronistic language was seen as a desirable goal even well
into the sixteenth century. *La corónica de Adramón* , however,
is archaic not only in direct discourse, but in narrative passages
as well. The split future and split conditional are also seen very
often: "hablar nos eys" (LXXXIX^v) and "¿sacallas yades?"
(XCIII^v) but the new synthetic combined form is seen as well.

Syntax is often archaic: "mejor guya tenés que no seremos nos otras" (LXXXIX^r). The archaic possessive form is also used at times: "un su sobrino" (XCVII^v), but not with great frequency. Unusual forms and constructions are dealt with in footnotes.

PRECURSOR TO THE GENRE

If the text was indeed composed in the late fifteenth century, it is then either earlier or coetaneous with Montalvo's modernization and adaptation of earlier Amadís material. This explains the work's unusual character, as suggested in the Courtier and Dating sections. This attempt at combining archaic and modern material seems to have been ignored by later writers of books of chivalry, who took Amadís and its self-consciously archaic form as a model. There is no evidence that La corónica de Adramón had any literary impact or was ever printed. As for models that the author drew inspiration from, the previously mentioned Guerino Meschino, with its use of a Sybil, and Tirant Lo Blanch or a similar work with a historical component, may have been read by the author. As a work composed in Spanish, however, it seems that La corónica de Adramón fills a unique position as a predecessor to the excessive stylization of the book of chivalry, a work that explores many literary avenues and is less confined to the strictures of a single genre.

PREPARATION OF THE EDITION

This edition has been prepared following very conservative standards. The original orthography has been respected throughout. I have added the letter "h" to distinguish the verb "ha" from the preposition "a," but these additions have always been set in brackets.

Regarding word division: the most common problem arising in the text concerns "mente," which is sometimes connected to, but often detached from, the related adjective. I have joined the two components in every case.

All accents in this text are my editorial intervention, as the manuscript has none. The only possible conflict arises when the "vos" form is not clearly labeled. "Callá, Sylvestre," could, of course, also be seen as "calla." I believe that my readings are justified, being based on an overview of common usage throughout the work.

Regarding punctuation, the manuscript uses two ambiguous marks: the period, and the slash. (/) They suggest a pause, but in modern usage must be expanded alternatively as colons, semicolons, commas, periods, dashes and even quotation marks. At times they fulfill no useful function whatsoever; however, I have tried to respect them in every case, when possible. The manuscript suggests that longer sentences, even though somewhat clumsy, be adopted. This is certainly the case with punctuated works of this period, such as *Cárcel de Amor*.

All paragraphing is likewise my own intervention. I hesitated at this division at all, since it imposes a modern organization on the work, but the original text is otherwise simply too cumbersome.

In the text, I use ( ) to set off material added by the scribe in margins or between lines.

[ ] sets off material crossed out by the scribe, which I believe should remain a part of the text.

{ } sets off material which I have added to the text, e.g. {h}a.

WORKS CITED

Amador de los Ríos, José. *Historia crítica de la literatura española*. Madrid, 1861-5; VII vols., Madrid: Editorial Gredos, 1969.

Barber, Richard, and Juliet Barker. *Tournaments: Jousts, Chivalry and Pageants in the Middle Ages*. New York: Weidenfeld & Nicolson, 1989.

Battaglia, Salvatore. *Grande dizionario della lingua italiana*. XV vols.; Torino: Unione tipografico-Editrice turinense, 1981.

Brewyn, William. *A XVth Century Guidebook to the Principal Churches of Rome*. Trans. C. Eveleigh Woodruff. London: The Marshall Press, 1933.

Calmette, Joseph. *The Golden Age of Burgundy*. London: Weidenfeld and Nicolson, 1962.

Capgrave, John. *Ye Solace of Pilgrimes*. Ed. C.A. Mills. London: Oxford U P, 1911.

Casola, Pietro. *Canon Pietro Casola's Pilgrimage to Rome in the Year 1494*. Trans. M. Margaret Newett. Manchester: University Press, 1907.

Castiglione, Baldesar. *The Book of the Courtier*. Trans. and foreword George Bull. 1967. New York: Penguin Books, 1978.

——. *The Book of the Courtier*. Trans. Leonard Eckstein Opdycke. New York: Charles Scribner's, 1902.

Corominas, Joan. *Diccionario crítico etimológico castellano e hispánico*. 5 vols. Madrid: Gredos, 1984.

Covarrubias Horozco, Sebastián de. *Tesoro de la lengua castellana o española*. 1611. Ed. Martín de Riquer. Barcelona: n.p., 1943.

Díaz de Gámez, Gutierre. *The Unconquered Knight*. Trans. Joan Evans. New York: Harcourt Brace, 1928.

Diccionario de autoridades. 3 vols. Madrid: Gredos, S.A., 1964.

Diccionario de la lengua española. 2 vols. Real Academia Española. Vigésima edición, 1984.

Eisenberg, Daniel. *Castilian Romances of Chivalry in the Sixteenth Cemtury: A Bibliography*. London: Grant + Cutler Ltd., 1979.

——. *Romances of Chivalry in the Spanish Golden Age*. Newark, Delaware: Juan de la Cuesta, 1982.

Gabrielli, Aldo. *Saints and Shrines of Italy*. Rome: Holy Year 1950 Publishing Co., 1949.

Gavitt, Philip. *Charity and Children in Renaissance Florence: The Ospedale degli Innocenti, 1410-1536*. Ann Arbor: The University of Michigan Press, 1990.

Harff, Arnold Von. *The Pilgrimage of Arnold Von Harff, Knight*. Ed. Malcolm Letts. Liechtenstein: Hakluyt Society, 1967.

Heymann, Frederick G. *John Zizka and the Hussite Revolution*. Princeton: Princeton U P, 1955.

Hibbert, Christopher. *Rome, the biography of a city*. New

York: W.W. Norton, 1985.

"Hussite Wars." *New Catholic Encyclopedia.* 1967.

Lengherand, Georges. *Voyage de Georges Lengherand.* Ed. Le Marquis de Godefroy Ménilglaise. Mons: Masquillier & Dequesne, 1861.

Lida de Malkiel, María Rosa. *Estudios de literatura española y comparada.* Buenos Aires: Editorial Universitario de Buenos Aires, 1966.

Llull, Raimundo. *The Book of the Ordre of Chivalrye or Knyghthode.* Trans. William Caxton. Amsterdam: Walter S. Johnson Ltd, 1976.

"Martin V." *New Catholic Encyclopedia.* 1967

Martorell, Joanot & Martí Joan de Galba. *Tirant Lo Blanc.* Trans. and foreword David H. Rosenthal. New York: Schocken Books, 1984.

Morel-Fatio, Alfred. *Catalogue des mss espagnols et des mss portugias de la bibliothèque nationale....* Paris: 1892.

O'Connor, John J. *Amadís de Gaule and its influence on Elizabethan literature.* New Brunswick: Rutgers University Press, 1970.

Pizan, Christine de. *The Letter of Othea to Hector.* Trans. Jane Chance. N.P.: Focus Library of Medieval Women, 1990.

Riquer, Martí de. *L'arnès del cavaller: armes i armadures catalanes medievals.* Barcelona: Ed. Ariel, 1968.

———. *Cavalleria fra realtà e letteratura nel quattrocento.* Bari: Adriatica Editrice, 1970.

Rodriguez de Montalvo, Garcí. *Amadís de Gaula.* 4 vols. ed. Edwin B. Place. Madrid: Consejo Superior de Investigaciones, 1959.

———. *Amadis of Gaul.* Trans. Edwin B. Place and Herbert C. Behm. Lexington: University Press of Kentucky, 1974.

Romani, Mario. *Pellegrini e viaggiatori nell'economia di Roma dal XIV al XVII secolo.* Milano: Vita e Pensiero, 1948.

Saccone, Eduardo. "Grazia, Sprezzatura, Affetazione." *Castiglione: The Ideal and the Real in Renaissance Culture.* Ed. Robert W. Hanning and David Rosand. New Haven: Yale University Press, 1983.

Stinger, Charles L. *The Renaissance in Rome.* Bloomington: Indiana University Press, 1985.

Sumption, Jonathon. *Pilgrimage: An Image of Medieval Religion.* London: Faber and Faber Ltd., 1975.

Tafur, Pero. *Andanças e viajes de un hidalgo español.* Ed. Marcos Jiménez de la Espada. Barcelona: Ediciones El Albir, 1982.

Thomas, Henry. *Spanish and Portuguese Romances of Chivalry.* Cambridge: Cambridge U P, 1920.

Thomson, Ian. *The Harper Independent Traveller: Southern Italy.* New York: Harper and Row, 1989.

Vaughan, Richard. *Charles the Bold.* New York: Barnes and Noble, 1974

———. *Philip the Good.* London: Longmans Green and Co., 1970/

West, G.D. *An Index of Proper Names in French Arthurian Verse romances: 1150-1300.* Toronto: University of Toronto Press, 1969.

White, John S. *Renaissance Cavalier.* New York: Philosophical Library, Inc., 1959.

Williams, Grace. "The Amadís Question." *Revue Hispanique.* 21, 1909, pp. 1-167.

Woodhouse, J.R. *Baldesar Castiglione: A Reassessment of* The Courtier. Edinburgh: Edinburgh U P, 1978.

La corónica

de Adramón

Jhesu

La corónica siguyente tyene seys libros y cada libro dividido en capítulos como en las tablas dellos paresçe.

Tabla del primer libro

TABLA DEL SEGUNDO LIBRO.

TABLA DEL TERCER LIBRO

TABLA DEL QUARTO LIBRO.

TABLA DEL QUINTO LIBRO.

Las condiciones de la justa muy por

Laus Deo

Capítulo primero en el qual se trata de la genolosía y descendencya de los rreyes de Polonya contenydos en este libro.

Mill y dozientos y treinta y dos años y meses después del nascimiento de Nuestro Salvador y Rredentor Jhesu Xpo, en el rreyno de Polonya huvo un noble y valeroso príncipe, que Máximo se llamava: fue único hijo del magnífico y noble rrey Odon de Polonya y de la rreyna Brígida, su muger, la qual hera hija del rrey de Dacya.

Fueron estos nobles rreyes muy honestas y valerosas personas de muy esclarecydas famas y vydas, en quyen florecyan todas virtudes y bondades; que cyerto heran espejo y dechado para que los otros rreyes y señores tomasen enxemplo. No me alargaré en dezillas, pues sus virtudes, bondades y merecymiento mucho tiempo y papel sería menester, y otro saber y pluma mejor que la mya. Y por esto sus muy virtuosas vidas y esclarecydos hechos dexaré en aquella grandeza y nombradya que sus obras merecyeron alcançar, las que en estos rreynos y en los comarcanos, que son Ungrya, Alemaña, Boemya, Dyna Marcha, Dacya—de los quales este rreyno no está lexos—son muy manyfyestas y conoscydas; y son tales qu'ellas por sy mysmas hablan y rrecuerdan a las gentes que dellas tengan memorya, como se haze y hará para siempre.

Después de aver rreynado estos nobles y magníficos rreyes XLII años partyeron desta presente corta y dolorosa vyda para la que sienpre (h)a de durar, por la muerte de los quales fue alçado, jurado, y coronado por rrey su húnico hijo Máxymo. Dexaré de contar el sentymiento que este noble y nuevo rrey y todo el rreyno hizieron por la muerte de sus rreyes y señores, que muryeron en el tiempo de seys meses: la rreyna primero, y después el rrey Odon—que muy grande fue—porque muy queridos y amados heran. Tanbyén dexaré de contar de las grandes fiestas que en la coronacyón de Máxymo, nuevo rrey, fueron hechas, por abrevyar.

Este noble rey Máxymo heredó de hedad de XXI años y V meses y tres dyas; casó dos años después que el rrey Odon muryó—en los quales muchas cosas acaecyeron—con Costancya, hija del duque de Borgoña y de la duquesa Margarita—la qual duquesa hera hija del rrey Felype de Francya y de la rreyna doña Blanca su muger, la qual hera hija del rrey don Alonso IX de Castilla.[8] Costancya, la nueva rreyna, hera muy virtuosa, pyadosa y noble señora, muy devota lymosnera, hermosa, de gentyl cuerpo y gesto, dyscreta, cortés y muy rrecogida y byen cryada, humyllde y muy rreposada.

Pasó un año entero que la rreyna no fue preñada, por lo qu'el rrey, rreyna y todo el rreyno muchas oracyones, ayunos y devocyones {y} procesyones se hizieron; dieron ynfynitas lymosnas a pobres y a byudas y húerfanos y a monesteryos, a catyvos y pobres vergonçantes y obras pyas. Plugo a Dyos que de ay a pocos dyas la rreyna se syntyó preñada. Venyda /I**v**/ la hora del parto paryó un hijo, muy hermosa criatura.

Con mucha alegría luego lo batyzaron en la capylla de palacyo; pusiéronle nonbre Dyonis. De allí a XXX dyas lo batyzaron públicamente en la yglesya mayor de Rrogena, que es una muy noble y gran vylla y la advocacyón del yglesya San Pedro y San Pablo. Dezyr con la pompa y tryunfo que fue batyzado y las fyestas que se hizieron sería para dexar lo empeçado al medyo camino—asy en la corte como en todo el rreyno—porque muy deseado hera tener un príncipe heredero.

─────────────

[8] The genealogy given here contains mostly fictional elements; however, Philip the Bold, Duke of Burgundy (1342-1404) was married to Margaret of Flanders. The reference could equally be to his son, John the Fearless, Duke of Burgundy (1371-1419) married to Margaret of Bavaria. Felipe VI of France (1293-1350) was married to Blanche of Navarre. Alonso IX of León (1171-1230) had two daughter, Sancha and Dulce, but no Blanca.

Sy al príncipe fue proveydo de aya, ama, governador, ayo y de los ofycyales que a los tales príncipes se suele dar, es escusado dezillo. Pues la rreyna—avés de creer que muy servyda y proveyda hera—dexémosla estar con su príncipe heredero.

Capítulo II que habla de la vida y costunbres del rrey Máximo[1]

Este noble rrey Máximo hera muy buen cristiano: temeroso de Dyos, obydyente y guardador de Sus santos mandamientos, mantenedor de justycya syn aver rrespeto a deudo, cryança, amor ny interese; pospuesta toda enemystad, odyo ny mala voluntá que tener deviera por algunos insultos, delytos y poco comedymiento que algunos, hinchados de los byentos del favor que de tales rreyes y señores suelen acometer. Mas puesto delante sus ojos ser mortal, y querer cumplyr el segundo mandamiento, que es amar al próxymo[2] y hazerle las obras que él querrya que le fuesen hechas, syn nyngún rrespeto dava la justycya cevyl o crymynal a quien la tenya, según las leyes y hordenamientos de sus rreynos lo mandavan y querryan. Cumplya largamente aquel dycho santo y bueno que dyze *ama la justicya los que jusgáys la tierra*. Las quales leyes heran breves y syn nyngunas glosas ny dotores que las aplycasen y declarasen a su plazer y propósyto.

Este noble rey hera muy magnífico: hazía muchas y grandes mercedes a sus parientes cryados y vasallos; fue muy amygo, allegador y honrrador de forasteros, dándoles muchos dones, haziéndoles muchas mercedes y favores—tanto más a uno que a otro—quanto su byvyr y bondad y su persona y estado lo rrequerya. Amygo en estremo de pobres, y quanto más lo heran, mejor cara y más alegre les mostrava, socorriéndoles a sus

---

[1] This sermon against weak kings and bad counselors was probably inspired by Alvaro de Luna's bad example.

[2] The Biblical commandment given here sets the religious tone for the first part of the work.

necesidades según la calidad de las personas; largo en hazer
mercedes y lymosnas y muy presto y con brevedad en lo que
avya de dar, por que su dádyva fuese doblada y más sabrosa y no
penosa de sacalla dél y de sus ofycyales—syn que la desmasen
ny apocasen—porque en esto tenya mucho cuydado por que
fuese hecho, y cómo lo mandava, syn que faltase nynguna cosa,
para lo qual traya espyas muy fyadas por su corte y rreyno por
saber cómo se cunplya su mandado. No los traya para que le
vynyesen con chysmes[3] /IIr/ ny nuevas en prejuyzio de nadye—
que quien con ellas le venya tornava tal que otra vez no se le
osava poner delante—mas trayalas por saber cómo hera obedecydo, porque a tuerto o a derecho querya ser señor y ser
obedecydo, y lo que mandava fuese hecho syn falta nynguna. Y
al oficial que en falta hallava, aunque en poco fuese, lo castigava muy cruelmente en la persona y byenes, privándolo para
syempre jamás de los oficyos rreales, a lo que nyngún rruego ny
favor bastava para que quedase syn cruel castigo. Y los príncipes
mucho deven esto hazer, porque *quien una castiga cyento
hostyga*, que los señores son como el toro, que si es mansejón,
muchas garrochas[4] le echan y quienquiera se le atreve; sy es
bravo y quando le echan garrochas, arremete tras el uno y
entropella otro, todos s'apartan y se guardan: el toro está con
menos heridas y más sosegado y descansado.

Sabyendo cómo castigava no avya nynguno en toda su corte
y rreyno que publyco ny secreto, direte ny indirete, osase
inpedyr ny procurar que lo que el rrey mandava no ovyese
entero efecto, aunque contra su padre fuese. Y hablando en esto
el rrey dezía publycamente que los rreyes y señores que no se
hazen obedecer devrían ser privados de sus rreynos y señoryas
por la ingratytud y poco conoscymiento que muestran contra
Dyos de la merced que les ha hecho: elegillos entre tantos
números de honbres y quiçá de otros que mucho mejor que
ellos lo merecyan, ponyéndolos en grandes estados para que

---

[3] ms=chismes (excised que) ny
[4] *garrocha* : "goad stick."

manden—no para ser mandados—y algunos de⁵ gente vyciosa, inorantes y de poca virtud y espyriencya y de vyl sangre y lynaje, por satisfazer a sus apetytos y vycyos.

Dezya este rrey que todos los chicos y pobres señores que en el mundo son devryan tomar enxemplo de aquel gran Señor, Hazedor y Cryador del cyelo y de la tierra, que syendo tan manso, tan humyllde, tan pyadoso, mysericordyoso, justo y justicyero no quiso que en el cyelo nynguno se le ygualase y fuese su ygual ny que se hiziesen conventyculos contra él ny congregacyones, mas echándolos de su rreyno les dyo pena y castigo que para siempre les durará,⁶ a la qual ny ay rredencyón ny rremedyo para que no aya entero efecto.

¡Abry(d) los ojos los que (h)açéys y perdonáys grandes hyerros por pocas palabras de mugeres y damas y privados— halagueñas y falsas—que os dizen: "Pues, señor esto," o "señor, estotro!" ¡Myrad que os llevan arrastrando a los infyernos y os rroban vuestra fama y honrra!—¡y qué más mal y daño os pueden hazer que quitaros que no seáys señores, mas peores que syervos, y de tal gente? Pues es cyerto y cosa provada que quien mal aconseja, mal ama y quiere. ¿Pues, por qué querés creer a quien malos ama, dexando traer al rretortero⁷ y obedecelles y ser su syervo? Quando Aquél que os hizo y encomendó el estado grande en que os puso os demandará la cuenta de lo que os encomendó—¿escusaros és en dezyr: "Éste me lo mandó, estotro me lo aconsejó?" ¡No, a la fe, /IIᵛ/ que vos lo pagarás⁸ y no con los dyneros mal atesorados! ¡Pagallo és con vuestra alma, y será con dolor y pena syn par, la qual os turará para syempre, y della no os sacarán vuestros malos consejeros, a los

---

⁵ y algunos de : the sense is "y algunos de estos rreyes, mandados de aconsejeros vyciosos..."

⁶ This reference seems to be a condemnation of Jews.

⁷ ms= rre(excised postero) tortero. Covarrubias defines "traer al retortero" as "devanecer a un honbre con embelecos," and the Diccionario de Autoridades gives "Traher à uno a vueltas."

⁸ ms=pares

que obedecyades y hérades dellos sujecto, porque heran sabydores de vuestros males y vycyos!

Este noble rrey traya un mote en lengua gryega que tornado en la nuestra castellana[9] dyze:

«AMOR HONRRA Y SEÑORÍA
NO QUIERE CONPANYA»

Capítulo III en que cuenta de una gran enfermedá y otras cosas que a estos rreyes acaecyeron

En las cosas que acaescyeron, así prósperas como adversas, a estos nobles rreyes en el tiempo que rreynaron, pondremos sylencyo, porque ellas solas bastaryan—aunque yo las enpeçase—buscar quien las acabase. Dexado esto, dyré de un gran don y merced que de Nuestro Señor alcançaron en su muerte.

Estando un dya estos magníficos y nobles rreyes hablando con mucho plazer delante muchos señores y cavalleros en un jardín, que muy hermoso y deleytoso hera, a XVI dyas del mes en junyo, a las V horas después de medyo dya, se syntyeron muy lasos y fatygados y con tan mala dyspusycyón que apena pudyeron llegar al aposentamiento del rrey.

La rreyna dixo: "Señor, aquy querrya que en esta cámara me hiziesen my cama—sy *vuestra merced* manda—y quitaremos de fatyga a los mensajeros de yr y venyr con nuevas de uno a otro, y a nosotros de pena y cuydado, estando esperando de sabellas."

"Señora mya," dyxo el rrey, "rrecybo tanta consolacyón en[1] ello que el medyo mal se m'a quitado."

Luego fue hecha: echados cada uno en su cama vynyeron los físicos del rrey y después que los vyeron y preguntaron algunas (cosas), partyéronse muy descontentos de su mal y tan presta enfermedad, syn poder alcançar ny entender qué hera ny de dónde procedya. No por eso dexaron de hazerles todos

---

[9] Indication of Castilian origin of text.
[1] ms=en (excised esto) ello

rremedyos que pensaron que les aprovechasen.

Avyendo byvydo juntos XXXIII años quisyeron estar [tanbyén juntos] lo que de su vyda les quedava en conpanya. Todos los años ya dychos byvyeron con tanto amor, paz y concordya que jamás entrellos uvo dyferencya ny dyscordya, porque el primero que algo mandava, el otro lo confyrmava. Nunca pensavan syno cómo alegrarya y contentarya el uno al otro. La rreyna Costancya mucho allegava y favorecya a las personas con que el rrey, su señor, holgava y pasava tienpo; pues el rrey a las señoras y dueñas a quien la rreyna mostrava amor y con quien holgava, mucho las honrrava y acatava quanto le hera posyble, no se le olvydando de les dar presentes[2] muy a menudo, por que más alegres y gozosas con la rreyna estuvyesen, a quien más que a sí propyo amava.

Escusado sería dezyr sy al príncipe, su hijo; paryentes y cryados y vasallos, les quedó de hazer todo lo que vyeron que para la salud de sus rreyes y señores hera menester; /IIIʳ/ mas como fuese la enfermedad mortal y no se hallase rremedyo— porque nada que les hiziesen aprovechava—los sabyos y devotos rreyes tuvyeron más cuydado de la salud de las almas que del rremedyo de los cuerpos: que luego se confesaron muy larga- mente y con gran devocyón de todos sus pecados con muchas lágrymas y contricyón, con dos obispos que sus confesores heran.

Mandaron a la hora, en su presencya, rrepartyr y descargar con cryados y deudos mucha cantidad de oro y plata; hizieron dar muchas lymosnas a pobres y monesteryos y obras pyas y en otras muchas partes que heran secretas. Luego tomaron el cuerpo de Nuestro Señor con mucha contrycyón y devocyon, acusándose de sus pecados con razones y palabras que a todos los que las oyan ponyan gran dolor y trysteza, pidyendo perdón de sus pecados, acusándose por muy grandes pecadores. Juntos en una cámara estuvyeron todo el tienpo de su enfermedad, rrecordándose el uno al otro de las cosas pasadas para descargo

---

[2] ms=presentar

de sus concyencyas, consolándose y esforçándose el uno al otro
con mucho coraçón y gestos alegres, yr a dar cuenta al alto
Señor, Nuestro Cryador y Hazedor, dyziendo muchos dychos de
santos y de cosas de la sagrada escrytura que sus confesores
tanbyén les rrecordavan y trayan a la memorya—la qual nunca
perdyeron hasta el punto que las almas les salyeron de las
carnes—al tiempo que el rrey, muy fatigado y al cabo se vyo,
myró a la rreyna y dyxo:

"Señora rreyna, mya alma y coraçón myo: Dyos, Nuestro
Señor, me os dyo por me hazer señalada merced por muger y
compañera. Esme forcado dexaros, de lo qual más dolor (y pena)
syento que en gustar el dolor amargo de la muerte. El consuelo
que llevaré para la pena[3] que de vuestra soledad y partyr
m'aconpaña es que dexo en vos, my señora, quien de my alma
se rrecordará para ayudalle con lymosnas oracyones y devocyones, para que menos pena sienta y Dyos le[4] perdone tantos
deservycyos y ofensas como a su magestad tengo hechas. Y
junto con esto voy, señora mya, muy descansado en dexaros,
byen myo, en poder de nuestro único hijo muy amado Dyonys—que presente está—que soy muy cyerto que, señora, os
obedecerá y servyrá muy mejor que hasta agora y aunque
sienpre nos ha sido muy obydyente, agora lo será mucho más.
Hijo myo, muy amado, llegaos acá, hijo. Yo os ruego y os
mando que seáys muy obydyente a la señora rreyna, vuestra
señora y madre y my muger y conpañera, en todo y por todo,
como hasta agora a ella y a my lo avés sido. Haziéndolo asy, de
Dyos y de my seáys bendyto."

Alçó la mano y echóle la bendycyón, y después de dada, le
dyo la mano. El príncipe y sucesor ge la besó, llorando syn
poder palabra rresponder. Besada la mano, el rrey le besó
muchas veces en la cara, y le dixo: "Hijo myo, cunplyendo my
mandamiento en ser obydyente a la señora rreyna y vuestra
señora y madre, mucho os aprovechará para con Dyos y para

---

[3] ms=pena (excised de) que
[4] le : the antecedent is *alma*.

con el mundo. No lo cunplyendo, como os he mandado, my maldycyón os conprenda para que syenpre /III^v/ biváys en trabajos y fatygas."

El príncipe estava tal que del gran dolor que sentya no podya rresponder. Cerrada la garganta—que la salyva tragar no podya—abyertas las fuentes y alas del coraçón y todas las venas del cuerpo, sus ojos hechos arroyos de agua, aconpañado de sospyros, turbado del gran dolor, traspasado, en tierra cayó amortecydo syn nyngún sentydo. Luego de muchos señores que ally estavan, fue alçado y llevado a su aposentamiento, donde con mucha fatyga y trabajo algo lo tornaron en su acuerdo; mas no fue tan presto que quando ovo tornado en su sentydo ya no hera huérfano de sus queridos y amados padres que en este mundo lo engendraron.

Capítulo IIII. De las cosas que a estos reyes acaecyeron en su enfermedad y de su muerte

La rreyna no pudo rresponder al rrey, a lo que oystes, por el demasyado dolor que syntyó de lo que el rrey le dyxo, y por la mucha flaqueza que tenya; mas vysto el caso que a su únyco hijo avya acaecydo delante sus ojos, sacó fuerça de lo flaco, que el gran dolor la esforçó, dyziendo al rrey: "Señor myo y my coraçón y conpañya, ¿qué tal se syente vuestra merced?"

El rrey, del dolor del hijo y tanbién que ya sentya llegarse la hora de la partyda, no pudyendo rresponder, la rreyna le dyxo: "Del mal de nuestro hijo no rrecyba vuestra merced fatyga ny turbacyón; que del dolor de veros, señor, fatygado, se amortecyó. Moço es; presto tornará en sy y yo tengo confyança en Dyos que El será su guarda y defendymiento: lo uno por rrespeto de *vuestra merced*, que tanto le teméys, amáys y servys; l'otro por que Dyonys es bueno y de buena pasta y temeroso de Dyos. El le guardará y ayudará; lo otro, que Nuestro Señor avrá conpasyón y pyadad deste rreyno, que tanto su syervo es, porque sy nuestro hijo muryese tal muerte, mucho daño se le seguyrya de los rreyes comarcanos por señorearlo, non quedando otro heredero. Asy que, my señor y conpañero, no tenga vuestra merced pena desto, que pues todo es de Dyos—a él lo encomendemos que lo guarde, ampare y defyenda. Agora, señor, no es tiempo de pensar en más de la jornada que nos está aparejada, en la qual gran mal serya que a quien tanto me ha amado, honrrado y precyado y guardado tanta lealtad, que en camyno tan escuro y pelygroso yo lo dexase yr solo y syn my conpañya—sy ella plazible os será, señor, y agradable—que gran consuelo será para entranbos. Por ende, my señor, pásenme a vuestra cama cabe vos, pues que juntos byvimos tantos años, justo es que juntos vamos a dar cuenta de nuestras culpas y pecados al alto Señor que nos hizo y rredymyó con su muerte y con su precyosa sangre. Nuestro únyco hijo ya tyene y le queda la bendycyón de Dyos y de vuestra merced. Yo le doy la mya—que no será a tiempo que yo ge[1] la dé." Alçando la mano, dyxo: "Hijo myo, Dyos Todo Padre poderoso, Hazedor y Da /IIIIʳ/ dor de todas las cosas te dé su bendycyón; que yo te doy la mya: el qual te guarde y aconpañe," y alçando la mano ge la dyo; y luego dyxo al rrey: "Señor, mandad que me pasen a vuestra cama."

El rrey, no pudyendo hablar[2] por el gran dolor que sentya de oyr las cosas que la rreyna avya dycho, y del mal y dolor que mucho lo apretava y aquexava, señaló que la pasasen, lo que luego fue hecho. Puesta en la cama del rrey lo mejor que pudo, se hyzo poner de rrodyllas y besó las manos al rrey muchas vezes; el rrey la tomó entre sus braços y la besó tres vezes, llorando entranbos muy amorosamente. Luego les echaron el uno cabe el otro. Pydyeron la estrema uncyón, la que con mucha solenydad les dyeron, y los nobles rreyes con mucha devocyón la rrecybyeron, rrespondyendo ellos por sus bocas a todo lo que era menester de rresponder. Acabada de rrecebyr, el rrey ya muy aconortado y esforçado estava; enpeçó a hablar con algunos grandes y señores que ally estavan, encomendándoles

---

[1] *ge* : the archaic form of *se* appears often in the text.
[2] ms=hablar (excised de) por

mucho a su hijo y aquel rreyno: que myrasen por la paz y justycya dél y por el byen y ányma de su hijo. Acabado de dezyr esto, preguntó sy su hijo hera tornado en acuerdo. Rrespondyéronle que sy, mas no del todo.

La rreyna dyxo: "Señor, no curemos dél, pues acá [h]a de quedar en manos y entre tantos leales parientes, amygos y vasallos como, señor, le dexáys—sygamos nuestra jornada."

El rrey, que consolado y alegre estava, dyxo: "Señora mya, muy contento devo de yr con tal conpañya. Dadnos sendas candelas benditas y ponednos en las manos[3] cruzes en las quales esté la figura de nuestro Señor Jhesu Xpo," lo que luego fue hecho.

Y con todos sus sentydos y rreposo, sus caras encendydas como fuego de color de rrosas, empeçaron a rrezar el salmo de *miserere mey deus* a la par hasta *tiby soly pecavy et malum coram te fecy* etc.[4] Juntamente dyeron el alma a Dyos, el qual por su infynyta bondad y myserycordya las rrecyba y coloque en su santa glorya, amén.

Capítulo V. De lo que acaecyó al príncipe después de amortecydo

Dadas las ánimas a Dyos estos nobles rreyes, fue tanto el llanto en palacyo y por toda la çibdad, de grandes y pequeños, que inposyble sería dezillo, haziendo muchos estremos de lloros y trysteza. Mas dexado de los contar porque muy luengo y enojoso sería, dexemos a toda la corte y pueblo en dolor incomparable, que escrevyr no se podrya. Tornemos al príncipe, que amortecydo, syn nyngún sentydo, fue llevado a su aposentamiento; el qual estuvo más de XII horas tal que los físicos y todos los que le vyan creyan que muerto fuese. Pasadas las XII

---

[3] ms=ma manos
[4] Psalms 51: "Have mercy on me, O God... against thee only have I sinned, and done that which is evil in thy sight."

horas, con gran sospyro, estremecyendo todo el cuerpo, cobró
algo de sentydo y abryendo los ojos vyo tales y tantas personas
al derredor de su cama. Olvydada la causa de su henfermedad,[1]
les preguntó /IIIIᵛ/ qué hazyan ally—cosa no acostumbrada,
estando él rreposando y rretraydo. El gran chanciller del
rreyno—que gran señor hera y muy sabyo—que con el príncipe
más conversacyón tenya, myró a todos al derredor y llegóse a la
cama. Dyxole: "Señor, ha dormydo vuestra merced mucho más
de lo acostumbrado[2] y de sueño tan pesado que los de la
cámara nunca lo an podydo despertar; maravyllados de tal caso
salyeron a la sala y hallándonos juntos—como solemos esperar
a vuestra merced—nos lo contaron, y como todo nuestro byen
y esperança tengamos en vuestra persona y vyda entramos todos
por veros. Señor, aquy no ay persona que como a sy mysmo no
os ame y quyera: asy venymos todos juntos por saber y ver
tanto mal de donde nos venya. Mas, pues loado Nuestro Señor,
syn peligro ny mal vuestra merced está, sy quiere rreposar algo
más—porque me paresçe estar quebrantado y fatygado del
pesado sueño—no será inconvynyente nynguno, y aunque
tomase alguna sustancya delycada y poca y sobr'ella tornar a
rreposar."

El príncipe, que en su perfeto acuerdo no hera tornado,
rrespondyó: "No será syno byen." Luego le fue trayda una
gallina cozida; muy poca della comyó, y bevyó algo. Estando
comyendo, dyxo: "Ya el rrey y rreyna, mis señores, sabrán
quanto más que suelo aya dormido y ternán sospecha que esté
malo."

El gran chanciller rrespondyó: "No son, señor, estas cosas
nuevas para sus señoryas—que tanbyén suelen dormyr como
quienquiera—mas yo he proveydo que no les dygan nada ny lo
sepan."

"¡O, como m'avés hecho gran plazer!" dyxo el príncipe,
"que a quien honbre quiere y ama y desea servyr mucho se {h}a

---

[1] The silent H is often supplied in a hypercorrective way.
[2] ms=acostumbrado (excised mucho) y

de guardar de no le enojar."

Dycho esto, el gran chanciller rrespondyó: "Señor, rrepose vuestra merced un rato que quando será tiempo, yo, señor, os llamaré."

"Asy sea. Id en buena hora y no me dexés dormyr mucho."

Salydos todos de la cámara, todos los que della salyeron yvan loando la dyscrecyón y seso y sufrymiento del gran chanciller y su astuta dysymulacyón: no aver mostrado ny con trysteza de rrostro ny con blandas palabras ny con multitud de lágrimas el dolor syn comparacyón que de la muerte de sus rreyes y señores sentya, a los quales más que a sy propyo amava y de quien muchas mercedes y favores avya rrecibydo. Mas su cordura hera tal que su pena y dolor supo encubryr por el nuevo daño que demostralla pudyera suceder, estando el príncipe en tan estremo peligro. Pusyeron grandes guardas al derredor de palacyo porque no oyese los llantos de todo el pueblo y corte, que grandes heran.

Luego entraron en consejo todos los grandes señores, arzobispos, obispos, duques, marqueses y condes, muchos abades y letrados que del consejo rreal heran—y creed, letor, que para la grandeza del rreyno muchos de grandes rrentas heran—para proveer en la salud del príncipe, y {para decidir} sy se le cubryrya /V'/ o harya saber la{s} muertes de sus querydos y amados padres. Y tanbyén sy daryan sepultura a sus rreyes y señores ya defuntos syn esperar a qu'el príncipe fuese convalescydo, o dezille la mala y escura nueva o callalla; y sy sepultura les avyan de dar, cómo: o con pompa o syn ella, como tan altos príncipes convenya, syn el príncipe, o dalles eclesiástica sepultura secreta syn pompa ny estrépito, asy de campanas como de lloros y lutos y bozes, con rreyes darmas, farautes,[3] maçeros; rompiendo vanderas y sobre señales, gente darmas quebrando lanças, caçadores, perros y alcones, bozinas y cuernos y otras muchas maneras de lloros y trysteza como a tales rreyes y señores se suele hazer.

---

[3] *faraute* : "herald."

Fue mucho altercado sobre todo de todos aquellos señores,
y dezyr las altercacyones[4] y rrazones que pro y contra pasaron
sobre las cosas ya dychas sería gran prolixidad, y por no ser
luengo y enojoso, baste que el letor sepa la conclusyón que se
tomó en todo lo arriba propuesto.

Capítulo VI. De las osequyas y enterramiento que hizieron a sus rreyes y señores

En lo de la salud del príncipe fue ordenado que los IIII
físycos que el rrey tenya—doctores en medycyna muy letrados
y de gran yspyryencya y antyguos—que syempre estuvyesen en
palacyo delante la cámara del príncipe. Mandaron al mejor y
más esperto botycaryo que el rrey en su servycyo tenya pasase
la mejor y la mayor parte de su botyca a palacyo. Tanbyén
hordenaron que en la cámara del príncipe no entrase honbre de
baxa condycyón ny muger nynguna ny nyño, y los que entrasen
y heran elegidos y dyputados para la guarda y conpañya del[1]
príncipe fuesen muy rricamente atavyados y de cosas de colores
alegres por mejor encubryr su pena y dar alegrya a su señor.
En lo de dezyr o tener secreta (la) muerte, fue acordado—por
que no vynyese aquel rreyno tras una pérdyda otra—de tenella
cubyerta y que el príncipe no la supyese hasta que del todo
fuese tornado en su perfeta sanydad; en lo de dar a los cuerpos
sepultura, fue acordado de no esperar a que el príncipe fuese
libre de su mal porque no sabyan quando serya, y tanbyén
porque los cuerpos tener no se podyan syn corrucyón y hedor.
Parescyó a todo el consejo de los dar sepultura llana y secreta,
syn alboroto ny estrépito. Asy como lo hordenaron lo hizieron
esa mysma noche, y fue que solamente los llevasen en los
onbros duques, marqueses y condes y en coñpanya de los
cuerpos fuesen vyscondes y adelantados; maryscales y señores

---

[4] ms=altercacyones (excised que) y
[1] ms=del (excised rrey) príncipe

de vasallos con sus hachas en las manos; archobispos, obispos,
abades y /Vᵛ/ con toda la clerezya, todos los grandes y señores
seglares, vestydos todos de paño amaryllo o lyenço de la mysma
color—que es el luto que por los príncipes o rreyes se suele
traer—syn conpañya de paje ny escudero ny cavallero syno que
ellos solos los aconpañasen hasta un monesteryo de flayres[2]
cartuxos muy suntuoso y rrico donde aquellos rreyes y sus
antecesores tenyan sus enterramientos, avyendo mandado
pregonar so pena de la vyda que nynguna otra gente aconpañase
los cuerpos ny salyese de casa hasta el dya claro por evytar[3] el
rruydo y llantos que escusar no se pudyeran.

Mas dygo verdad que no syendo en conpañya de aquellos
cuerpos más de honbres de salva[4] y señores de vasallos no se
podrya creer ser verdad lo que dyré: que pasavan [más] de
dozyentos honbres: la más autorizada y honrrada conpañya syn
otra nynguna mescla que jamás se vyo ny oyó.

Salyeron del palacyo a las dos horas después de media
noche, llevándolos en unas andas tan anchas que anbos rreyes
podyan yr con el autoridad que tales príncipes merecyan. El uno
cabe al otro en conpañya como después que casaron la tuvyeron: vestydos de vestyduras rreales rriquísymas y de gran valor,
con dos coronas de oro que cada una dellas valya una gran
vylla, y sus cetros reales en las manos; el rrey su estoque
encyma y calçadas unas espuelas de oro. Tan hermosos yvan
que no avya persona que los vyese que pudyese creer que byvos
no estuvyesen, que parescya querer hablar.[5]

La conpañya que—demás de los prelados y señores y cléri-
gos—los aconpanavan heran flayres, de todas las hórdenes de la
vylla, con hachas encendydas en las manos que heran más de

---

² ms=delayrs
³ ms=evytar (excised por evytar) el
⁴ *hombres de salva*: "los señores titulados, a los quales
llamamos señores de salva" (Covarrubias).
⁵ ms=habar

CCCC, los quales llegaron cerca de la cartuxa[6] a los V después
de media noche.

El monesteryo hera un quarto de legua de la vylla, que
Santa María del Reposo se llamava, rreposando en muchas
partes. Después que algo lexos de la vylla se hallaron—que los
cantos y ofycyos no podyan ser sentydos en palacyo—con
mucha solenydad y devocyon se hazyan.

En esta horden llegaron I tyro de vallesta de la cartuxa.
Hizieron poner las andas en el suelo cabe una cruz de alabastro
muy grande y suntuosa que ally estava, dyziendo los ofycyos y
oracyones como es costumbre, salyeron de la cartuxa en
procesyón C y XVIII flayres con capas: unas negras, y otras de
burel[7] muy cerradas delante que nada del ábyto blanco se les
parescya, por mostrar mayor dolor y trysteza, los escapularyos
muy caydos sobre los ojos, que con pena se les podyan ver las
caras, por los quales muchas lágrymas les corryan.

Dexo de dezyr toda la horden que trayan, y la rriqueza,
rrelyquias y cosas de plata y horo con muchas pyedras y perlas
y capas, hornamentos y cruzes—por evytar prolyxidad. Con
mucha horden y concyerto llegó aquella santa y devota conpañya hasta donde los cuerpos estavan, dyziendo sus oracyones y
oficyos; asy como venyan en procesyón entraron por medyo de
la procesyón que de la /VIᵛ/ vylla avya venydo. Pusyéronse al
derredor de las andas y empeçaron a dezyr sus ofycyos y
lecyones en alta bos, no cantadas ny rrezadas, mas lloradas y
grytadas, de tal manera que perdydo el sylencyo y horden que
hasta entonces avyan guardado, arrojadas las hachas de las
manos, flayres y perlados y legos,[8] las[9] que vyéndose desenba-
raçadas, con poca fatyga las unas a las barbas, las otras a los
cabellos corryan y a las caras con mucha voluntad de las dañar,

---

[6] *cartuxa*: "Carthusian charterhouse."

[7] *burel* : "dark red"; "El paño buriel usan los labradores en los
días de fiesta, otros hazen dél los lutos" (Covarrubias).

[8] ms=legos legos

[9] *las* : the antecedent is *mano*.

que muchas de sus feroces llagadas—las naryzes y ojos—davan clara prueva en testymonyo de su dolor y mal: las naryzes con muchedumbre de sangre que de sy echavan; los ojos y cejas y carryllos de la mucha mudança de colores que en ellos se mostravan.

Turó tanto esta demostracyón en toda aquella conpañya que la mayor pyadad hera del mundo de los ver, y los que más lloros y gritos davan heran los flayres y monjes de la cartuxa, que quando del cansancyo y lloro algo quebrantados estavan, rroncos y de cansados callavan y rreposavan, los de la cartuxa levantavan[10] el canto; tal que hera inposyble que Dyos no rremedyara que los más de ellos traspasados o muertos ally no quedaran. Mas como este paso tan doloroso[11] con lloros y tormentos tanto durase que fue más[12] de III horas, syendo ya el sol alto, y el pueblo y cortesanos supyeron que llevados avyan a sus rreyes y señores, salyeron tras ellos más de XXX myll ánimas.[13]

Salidos de la cibdad, el llanto y alboroto era tanto que paresçya gente fuera de seso, corryendo todos por el camyno de la cartuxa. El estruendo era tal que de lexos se oya: era porque la vylla estava algo alta y el monesteryo en una vega llana, y para yr al monesteryo de la vylla avyan de yr baxando la mayor parte del camyno por que todo se parescya. Los que con los cuerpos de los reyes con tanta fatyga y dolor estavan, oyendo el rruydo de la gente que venya, tomaron acuerdo de cesar los llantos y lamentos que hazian, dyzyendo: "Sy esperamos que la multitud de la gente llegue, nunca d'aquy sacaremos los cuerpos." Hordenaron que los cuerpos llevasen los cartuxos al monesteryo y luego cerrasen las puertas, y que los grandes y señores con toda la otra conpañya tornasen camyno de la vylla, puestos en ala, atravesando el camyno de la vylla, como quien

---

[10] ms=llevantavan
[11] ms=doroso
[12] ms=mas (excised mas) de
[13] ms=añas; alternatively could be expanded to *almas*.

va oxeo,[14] para que nynguno pudyese pasar adelante.

Los que tornaron a la vylla, encontrando con la gente que venya, los que a unos con rruegos, a otros con amenazas y a otros dyzyendo que esperasen que la yglesia se aparejase y toldase, que a la tarde sería hecho y que podryan ver a los rreyes sus señores.

Los cartuxos tomaron los cuerpos; no concertada su procesyon, dyeron la más priesa que pudyeron para tornar al monesteryo. Metydos en el yglesia cerraron las puertas y dyeron sus mysas y ofycyos como a los defuntos y tales se suelen hazer.

Los que a la vylla tornaron trabajaron tanto que la gente que venya hizieron tornar con mucha importunacyón. Antes que en la vylla entrasen hizyeron pregonar que nynguno osase llorar ny dar bozes so pena de la vyda, /VI^v/ dyziéndoles el daño que dello podrya venyr por estar el príncipe en tan mala dyspusicyón y en tanto peligro, por lo qual avyan llevado escondydamente los cuerpos. Todos se consolaron y conortaron lo mejor que pudyeron. Entrados en la vylla con mucho sylencyo y sosyego cada uno se fue a su posada. Lavados y peynados y atavyados, a palacyo se tornaron syn mucha tardança y después de algunos vysytado el príncipe—que d'esa mysma mañera que lo dexaron lo hallaron—dexando en su guarda algunos señores y cavalleros con los que pensavan más holgarya y hablarya y pasarya tiempo, el gran canciller con todos los otros señores entraron en consejo.

Capítulo VII. De las cosas que ordenaron en consejo

Los perlados y señores entraron en consejo: lo primero que se proveyó que se tuvyese mucha dylygencya en la salud del príncipe su señor. Llamados los IIII fysycos, rrecybyeron dellos

---

[14] *va oxeo* : "término de caçadores porque han de ir mirando con cuidado..." (Covarrubias).

muy larga informacyón del peligro en que su señor estava y de los rremedyos que entendyan de hazer, en los que mucha esperança davan de la salud y presto convalescer de su señor. Los que presentes estavan prometyeron a los fysycos de les dar grandes dones y hazer muchas mercedes. Despedydos los fysycos, eligeron dos grandes señores del rreyno: el uno Polynaryo, gran condestable, y el otro Tyburcyo almyrante: grandes señores en lynaje y en rrenta y estado, muy sabyos y dyscretos honbres de buena concyencya, amadores de justicya, los quales juntos con los del consejo rreal despachasen y proveyesen todas las cosas del rreyno como las hazya el rrey Máximo. Mandaron basteçer todas las vyllas y fortalezas de todo[1] lo que hera necesaryo, como sy gran guerra tuvyeran. Mandaron aperçebyr toda la gente de armas que estuviesen aperçebydos y a punto de guerra para quando fuesen llamados, y hallarse donde les fuese mandado syn falta nynguna ny escusa so grandes penas, y a los señores que ausentes estavan hizieron saber las penosas y tristes nuevas de sus querydos y temydos señores y de la mala dyspucycyón del príncipe, su señor, rrogándoles y encargándoles de su parte hiziesen dezyr muchas mysas y rrogatyvas y hazer muchas procesyones y ayunos por la salud del príncipe, y de su parte les mandavan que estuvyesen aparejados para ofender y defender y resistyr a qualquyer necesydad que venyr pudiese, para lo qual, de su parte, les pedyan por merced que no fuese menester más encargar ny apercebyr de lo dycho, y que cunplyesen con la fydelydad y lealtad que a su señor y a su rrey y a ellos mysmos convenya, y que con esto descargavan todo el cargo que en ello tenyan. Mandaron a pregonar que sy alguna persona tenya quexa de los rreyes, sus señores, o les heran en cargo en qualquyera manera, que vynyesen a dezyllo en térmyno de VIII meses—que seryan oydos y pagados de los tales cargos y deudas.

Luego enbyaron al conde Egynyo de Versa por vis rrey a la provyncya de Brondanger y al conde Felys de Cranfor por vys

---

[1] ms=todo (excised que) lo

/VIIr/ rrey a la provyncya de Brendanya, y a Mauryano, conde
de Belvis, por vis rrey a la provyncya de Gyrardyna, y a Marcelo, conde de Selafán, por vis rrey a la provyncya de Tormanda:
grandes señores de rrenta y lynaje y de gran stado, los quales el
rrey Máximo avya cryado muy corteses y byen cryados y de
mucha confyança, los quales fueron por todo el rreyno, cada
uno por su provyncya, vysitando todas las vyllas y fortalezas y
proveyendo en todo lo que necesaryo hera; haziendo hazer
alarde de la gente de guerra que de casa del rrey hera y tanbyén
de toda la gente que ábyl y sufycyente hera para la guerra,
mandando pagarles todo lo que les hera devydo y socorrer
adelantado, porque mejor y más presto estuvyesen apercebydos
para qualquier necesydad que vynyese.

Los condes llevavan provysyones muy largas y bastantes
para que fuesen obededecydos como la persona del rrey Maxy-
mo de buena memoria; enbyaron muchos correos por todo el
rreyno. Hechas estas provysyones y despachos salyeron de
consejo que mucho avya turado; fueron luego a vysytar al
príncipe, el qual algo mejor estava, y por estar fatygados algo
del dya pasado, se fueron a sus posadas.

Capítulo VIII. De la convalecencya del príncipe y una oracyón que hazía

Los IIII condes que oystes, syn más dylacyon se partyeron;
los correos que fueron despachados con los apercybymientos,
cada qual fue su camyno: lo que hizieron a su tienpo y lugar se
dyrá.

Agora nos queda en qué entender, y es en la salud del
príncipe, que muy amado hera. El qual, aunque poco mejorado
fuese, se rrecordó de la enfermedad de los rreyes sus señores y
padres, y preguntando por ellos con muchos cavalleros, les
enbyava a vysitar y a suplicar le hiziesen saber cómo de sus
henfermedades se hallavan. Los mensajeros yvan como solyan
hazer su mandado, y quitados de su presencya, yvanse por el
palacyo en lo más lexos y escondydo dél, adonde con mucho

dolor lloravan las muertes de sus rreyes y señores, y el dolor y
pena que el príncipe sentyrya quando supyese la verdad, y
tanbyén se quexavan y temyan que los mandarya castigar por
avelle encubyerto tan gran caso y con tanta dysymulacyón. A
la fyn queriendo, como aquellos que mucho lo amavan, ponerse
a la pena que venylles podrya antes que poner en aventura a su
señor, sosegados[1] y lympyos sus ojos, y con alegres senblantes
tornavan, dándole gracyas de parte de los que ya enterrados
estavan, del cuydado que de saber de sus saludes tenya,
rrogándole que se esforçase a sanar y levantarse presto, dyziendo
como en burlas que tanto mal y con tan poca causa no parescya
todo bueno y que ellos algo mejores estavan, de lo que el
príncipe mucha consolacyón rrecebya; y cada ves que sus
mensajeros tornavan, acabada la habla, dezya, alçando las
manos al cyelo: /F VII'/

"O Byen Aventurada Byrgen syn manzylla ny pecado, que
en tu vyentre sagrado merecyste concebyr el hijo de Dyos, Todo
Padre poderoso, y que hijo tuyo fuese y tu su madre: meresca
yo, el mayor pecador del mundo, por los mérytos de su sagrada
pasyón y por los dolores que por él pasaste y tanbyén por las
alegrías y gozos que dél rrecebyste que yo vea a mys padres y
señores byvos y sanos y syn lysyón ny mal alguno; y sy, Señora
mya, no meresço ver tanta alegrya y merced por la muchedumbre de mys pecados, alcança de tu hijo bendyto que yo vaya a
pagar y purgar mis pecados antes que sus muertes vea, porque,
Rreyna del Cielo, soy cyerto que moryré súbyto syn poder aver
arrepentymiento de mys pecados y quando la muerte tan cruda
y perezosa fuese que en venyrme a hallar algo tardase, yo con
mys manos me la darya, con la qual no solamente el cuerpo,
mas el alma—que es de tu bendyto hijo muy precyoso—
perderya, y pues él, my Señora, muryó y sufryó muerte y
pasyón por la salvar y rredemyr, ayúdame, Rreyna del Cyelo,
que no la pyerda; y con tu esperança me sosterné hasta ver sy
seré oydo."

---

[1] ms=sosesagados

Estas palabras dezya el amoroso y sabyo príncipe, llorando
muy agramente, tanto que del dolor quedava con muchos
sospyros[2] tan quebrantado que por gran pyeca quedava casy
traspasado, de lo que mucha pena todos sentyan, mas no sabyan
darle rremedyo, porque muy a menudo querya saber dellos, y
por no le poner en sospecha callavan syn rresponder ny saber
tomar partydo a tanto mal.

La oracyón y petycyón del príncipe era con tanta afycyón y
voluntá y de todo su corazón que la Byrgen, precyosa Madre de
los pecadores, pyadosa syn par, syendo madre de mysericordya,[3]
oyó sus oracyones y petycyón y alcançó del padre y del hijo que
fuesen oydas y lo que dellos siguyó, dyremos porque a todos sea
manyfyesto tan gran mylagro. Y por esto se puede dezyr que
quien a buen árbol se llega buena sombra le cobyja.

Capítulo VIIII. De un gran milagro que acaescyó al príncipe en presencya de muchos

Pasados XV dyas después de las muertes de sus señores y
padres, contynuando su oración, la XV noche el príncipe estuvo
hablando con micer Severo y micer León—fysycos—hasta media
noche y con IIII grandes señores que para su conpanya y guarda
estavan dyputados: el uno hera Gotardo, gran chanciller; el otro
hera Urbán, duque de Foya; el otro Fedun, conde de Bradur; el
IIII el adelantado de Pandonya, gran señor. Tanbyén estavan en
la cámara IIII pajes: al uno llamavan Alexandryno, al otro
Aurelyo, y el otro, Severyno, y dos porteros de cámara: al uno
llamavan Çerbon, y al otro Geraldo; estavan dos pajes, hijos de
grandes señores, a quien el príncipe mucho amava: al uno
llamavan Niceto, hijo del duque /VIIIr/ de Foya; y al otro
llamavan Narcyso, hijo del conde de Versa: que entre todos los
dyputados a la guarda y conpañya del príncipe por aquella

---

[2] ms=sospyros (excised y) tan
[3] ms=mysericordya (excised los pecadores) oyó

noche que eran XIIII. Al príncipe y a todos les vyno súpito tanto sueño que echados en los estrados quedaron como muertos syn sentyr ny ver. Sy todos dormyan, el príncipe no velava, que muy mayor y más sabroso sueño dormya; estando desta manera tornaron algo en sy y parescyales que el techo de la casa o cámara que de tabla y artesones hera, con muchas rosas doradas se abrya, por la qual abertura entrava una gran claridad y rresplandor con tanto olor y suavydad que mucha consolacyón les dava; y llena toda la cámara de aquel gloryoso y celestyal rresplandor, parecyales que todo el rresplandor y claridad se tornava a salyr por donde avya entrado, salvo que al derredor de toda la cámara que quedava hecho como un muro al derredor de todas las paredes; y salido aquel rresplandor que en medyo estava, que quedaran tres personas: la una con una vestydura celeste o de color de cyelo—cubyerta la cabeca con el mysmo manto—con unos tocados que luengos y muy blancos heran, una corona rredonda como un plato puesta llano sobre la cabeca que mucho rrelumbrava, en el honbro derecho un joyel de grandeza de una ostya pequeña, del qual salyan muchos rrayos que mucho rresplandecyan; los otros dos con vestyduras blancas como la nyeve, con sendas coronas en la cabeça, no de puntas ny de flores ny de rrosas ny con perlas ny pyedras precyosas, como traen los príncipes y grandes señores, mas puestas sobre las cabeças derechas a manera de medyas lunas que parescya que vyno fuego dellas, que salya, que a los que las myravan quitavan la vysta. Luego los dos de las vestiduras blancas les parescyó que se llegavan a la cama y el uno, que varón parescya en su gesto y barba,[1] dezya:

"Hijo nuestro, muy amado, vuestras petycyones y oracyones an sydo oydas, como veys. Deseávades de nos ver sanos y byvos: catanos aquí, sanos y byvos de todos los pecados que tenyamos, que nynguna enfermedad es mayor, y byvos de tal vyda que nunca moryrá ny nos faltará ny moryremos. Y sy, hijo, amarés

---

[1] ms=barba (excised y que) dezya

a Dyos sobre todas las cosas[2] del mundo y guardarés sus santos
mandamientos y os apartarés de pecados y vycyos y desdeñarés
los deleytes y vanydades del syglo, sanarés y byvirés para
syempre como nosotros haremos; y sy otra cosa hiziérdes,
pluguyera a Nuestro Señor que nunca fuérades engendrado, para
que os veáys en danacyón perpétua, que nyngún rremedyo
tyene. Consolaos hijo, de ver a vuestros padres tan rricos, tan
prósperos, tan byen aventurados de cosas que para siempre les
{h}a de durar. Levantaos luego, que sano quedarés, con la
bendycyón de aquella señora que ally veys, que es madre de los
pecadores y rremedyo y anparo de los aflegydos. Hijo, mirá lo
que os mandamos y no salgáys dello /VIIIv/ en nynguna
manera, que ny lutos ny lloros ni honrras ny osequias hagáys
hazer sobre nuestros cuerpos—pues veys que no los han
menester—mas lo que en vanydades y pompa del mundo
avyades de gastar, dadlo a pobres y a obras pyas que son obras
aceptas a Dyos, Todo Padre poderoso, y a su gloryosa Madre, la
qual os dé su bendycyón y os tenga debaxo de su manto[3] y
guarda."

Acabado de dezyr lo que avéis oydo, parescyóle que aquella
señora vestyda del manto celeste le dava la bendycyón y,
acabada de dar, el príncipe e todos los que en la cámara estavan
despertaron y tornaron en su perfecto acuerdo y juyzyo, y
vyeron las tres personas en medyo d'aquel rresplandor y
claridad tornar a salyr por donde los avyan vysto y parescydo en
sueños [avelles vysto] entrar, y, desaparecydos, el príncipe saltó
de la cama[4] tan sano, tan contento y tan alegre como sy nunca
mal ovyera avydo y como sy a sus amados padres tuviera
delante byvos y sanos. Todos los que en la cámara estavan se
hablaron con tanta[5] alegrya y consolacyón de lo que avyan
vysto que no se les acordava del mal ny enfermedad del príncipe

---

[2] This Biblical quote is also the basis for the *Corbacho*.
[3] ms=mano
[4] ms=camara (excised ra)
[5] ms=ta

ny a él mucho menos: estavan tan gozosos que no sabyan qué dezyr ny qué hazer.

Capítulo X. Como el príncipe sanó y de otras cosas que acaecyeron

Como el príncipe saltó de la cama, luego demandó de vestyr. Vestydo, luego salyó de la cámara, que ya enpeçava amaneçer y aunque más madrugara hallara la sala llena de gente príncipal y corredores y patyo y plaza delante de palacyo con infynyta gente, porque por toda la vylla avyan sentydo muy gran suavydad y olor y tanta claridad, que, espantados, todos corryan a palacyo por saber qué hera. Salydo el príncipe a la sala, no menos maravyllados que alegres, se hallaron en ver tan súbyta mutacyón de enfermedad en sanydad, de trysteza en alegrya, porque en salyendo el príncipe, a todos saludó muy cortesmente y con tanta alegrya que todos fueron maravyllados.

Salydo de la sala a los corredores, tomó el camyno para un yglesia de Nuestra Señora del Rremedyo que cerca de palacyo estava, y como al príncipe nynguno osase pedyr la causa de tal novedad, unos tomavan uno, otros tomavan otro de los que con el príncipe avyan estado, asy todos XIIII fueron rrepartydos entre muchas y dyversas personas, las que dyziendo lo que avyan vysto y oydo y soñado. Fue tanta el alegrya de todos en general que parescya(n) estar fuera de seso, todos syguyendo al príncipe.

Súbyto acaescyó otra cosa de gran admyracyón, que todos quantos tras el príncipe yvan—que heran más de III mill personas—juntamente empeçaron a cantar: unos *te deum laudamos*, otros *glorya in excelsis*, muchas oracyones que no las sabrya dezyr tantas heran. Llegados al iglesya corrieron grandes y perlados por oyr el gran mylagro y ver su señor. Dyxo una mysa con gran solenydad el capellán mayor del rrey, su padre, /VIIIIr/ que Gyberto avya nombre, archobispo de Paludy, con dos obispos. Myentra que la mysa se cantava, los grandes señores enbyaron a la cámara por una rropa muy rrica d'estado y un rrico collar que no se podrya estymar y un cetro rreal y un estoque y por una corona, con la qual avya muchos tienpos que los rreyes de Polonya se solyan coronar, la qual fue enbyada de Rroma por el santo padre Bonyfacyo, que hera muy santa persona, al noble y buen rrey Tymoteo; y la causa de enbyar esta corona fue grande y de gran mylagro, la qual se dexará por agora, y tanbyén traxeron otras cosas que para la coronacyón eran neçesaryas.

Acabada la mysa,[1] todos los grandes y perlados llegaron a su príncipe y le suplycaron que se quisiese coronar, que ally tenyan todo aparejado lo que hera menester. El príncipe ge lo agradecyó y tuvo en mucho, y con mucha cortesya y amor les rrogó que esperasen hasta tanto que él fuese a vysytar los enterramyentos de sus señores y padres, y que ge lo agradecerya que lo tuvyesen por bueno; y que vysitados, en la mysma capilla junto[2] con los bultos y figuras querya rreçebyr la corona. Todos fueron dello muy contentos, mas dudando algunos señores que hera por alongar la coronacyón, rrogaron a Gotardo, el gran chancyller, que le preguntase quándo serya para que se atavyasen y aderaçasen para las fyestas.

El príncipe rrespondyó: "Sy a Dyos, Nuestro Señor, plugiere, será mañana, después de mysa mayor, en la mysma capilla adonde los cuerpos de aquellos que tanto amávades y de quien tantas mercedes rreçebystes por vuestros merecymyentos y buenos y leales servycyos están puestos. En lo que dezys de os atavyar y aderecar para las fyestas, no es menester porque, como ya avrés sabydo, llantos, dolor y sentymiento me está vedado que no se haga; pues sy la pena y dolor que devryades tener y mostrar por la gran pérdyda que perdystes no se ha de hazer, menos se deve mostrar gran alegrya por tan poca ganancya como ganáys en el trueco que os ha venydo: en que yo os quede y ayáys perdydo el más valeroso santo y justo rrey del mundo y de más esfuerço y espyrençya, quedandoos yo. Que todo lo

---

[1] ms=acabada la mysa (excised acabada la mysa)
[2] ms=junto (excised s)

que he dycho y lo demás que su señorya tenya me falta—que
nynguna cosa dellas en my cabe ny ay. Lo que en my hallarés
será que os tengo muy buena voluntá y amor para os honrrar y
allegaros, favoreçer y hazer mercedes y manteneros en justycya;
plega a Nuestro Señor que esto poco que en my cabe y en my
coraçón tengo me lo conserve y haga dyno de alcançar alguna
parte de las otras virtudes y noblezas que en mys señores y
padres cabyan, para que como a ellos me amés y honrrés y
myrés y aconsejéys todos."

Grandes y pequeños rrespondyeron: "Amén, amén," dando
bozes. Todos los grandes perlados y señores de vasallos le
besaron las manos por su rrey y señor, que turó más de dos
horas. Acabado esto, el principe se tornó a palacyo y comyó
públyco delante quantos vello quisyeron. Alçados los manteles,
los grandes y señores y todos los que ally estavan se fueron a
comer y el rrey quedó asentado en una sylla arrymado a un
doser[3] de muy rrico brocado. Oyó gran rruydo que por el
palacyo andava; luego pensó lo que podya ser, y mandó a sus
porteros que abryesen la puerta de la sala y dexasen entrar
pocos a pocos quantos entrar quisiesen, mandando que por otra
/VIIIr/ escalera—que al patyo baxava—los que le ovyesen
besado la mano baxasen, por que los unos no estorvasen a los
otros; en la qual escalera estavan porteros que por ella no
consyntyan subyr a nynguno. El rrey estuvo ally casy hasta la
noche, que infynyta gente vyno. Después tornaron a palacyo
muchos señores, con los que estuvo hablando en lo que la
noche pasada {h}a vysto y soñado,[4] con mucho plazer y alegrya
y syn nynguna mala dyspusycyón ny trysteza hasta III horas de
la noche, que los mastresalas vynyeron con el manjar. Cenó, y
después el príncipe se rretraxó, que byen lo avya menester
según las penas y dolores pasados, y todos se fueron a sus
posadas.

F VIIIr

---

[3] *dosel* : "dais."

[4] ms=soñado (excised la noche pasada) con

Capítulo XI. Como el príncipe se coronó en la cartuxa[1]

En syendo de dya el príncipe vyo la clarydad por unas vydryeras; llamó [pydyendo] que le dyesen de vestyr. Preguntáronle qué rropas querya que le dyesen; rrespondyó: "Los de ayer," que otras vezes avya traydo. Salyó a la sala donde halló muchos señores que le estavan esperando, y aunque rropas ny atavyos nuevos no avyan sacado, yvan tan rricamente vestydos y atavyados de lo que en sus casas tenyan que poca falta hizo sacar cosas nuevas; que salyeron tan rrycos y tan ponposos y galanes de vestydos, collares y cadenas y guarnycyones de cavallos que no se podrya dezyr. Baxando el escalera halló un hacanea rruana[2] con la guarnycyón toda negra, en la qual fue a la cartuxa, aconpañado de muchos grandes y señores y gran multytud del pueblo. Apeado, entró en la yglesya; llegado a la puerta [de la rred que en la puerta de la] capylla del altar mayor [estava], donde los enterramientos de los rreyes de Polonya estavan, se hyncó de rrodyllas y hizo oracyón muy devotamente un quarto de hora. Despúes entró en la capylla y fuese a los sepulcros o monimentos adonde sus rreyes, señores y padres estavan. Haziéndoles gran acatamiento y rreverencya, se tornó a hyncar de rrodyllas y les hizo un muy hermoso rrazonamiento como sy byvos estuvyeran—de gran dolor y muy concertado. Acabado, levantóse en pye y besó las manos de los bultos que sobre las sepulturas estavan—que heran de avolyo[3] que acá llamamos marfyl—labrado de rrelyeve de muchas fyguras y de otras muy delycadas lavores con mucho oro, que dudo oro tal se pudyese hallar. Besadas las manos con el acatamiento que antes de defuntos solya hazer, no çesando de les hablar y dezyr lo que querya, luego los cantores empeçaron la mysa, la qual dyxo el arzobispo de Paludy,[4] capellán mayor. El príncipe se fue

---

[1] *cartuxa*: Carthusian charterhouse.

[2] *rruana*: "roan horse."

[3] *avolyo*: "ivory" from Italian "avòrio."

[4] There is a Paludi in Italy.

a la confysyón de la mysa, la que con mucha solenydad fue dycha. La corona que el papa Bonyfacyo enbyó al buen rrey Tymoteo fue puesta en el altar y un cetro rreal y un estandarte y un pendón rreal y un estoque, lo que todo fue bendyto por el capellán mayor.

Acabada la mysa, syn nynguna çerymonya, el arzobispo dyo la bendycyón y el agua bendyta. Luego salyeron de la sacrystya IIII rreyes de armas con sus cotas y vergas en las manos, y tras ellos IIII maçeros con sus maças muy grandes y rricas y cotas con las armas de Polonya, los quales yendo /Xʳ/ al rrey. Él se levantó de su estrado y se fue a los monymentos, y puesto a los pyes de sus padres, dyxo al gran condestable—que lo estava myrando—que hizyese lo que avya de hazer. El rrey se hyncó de rrodyllas; el condestable fue al altar y dyo el estandarte al alferes mayor del rreyno—que de juro y de heredad lo tenya—al buen Bernaldo, conde de Marçara, honbre de L años. El pendón rreal dyo al esforçado y buen cavallero Narcyso, antiguo cryado del rrey Máximo, el qual syenpre gelo dava; el cetro—rrogó a Gotardo el gran chanciller que lo tomase, y syendo él muy cortés y no queryendo abraçar mucho, se escusó dyzyendo que el un ofycyo que tenya le bastava—que lo dyesen a otro. Dyólo a Arnao, conde de Ben; él tomó el estoque, sacándolo, dyxo III vezes en alta boz: "¡Polonya, Polonya, por el rrey Dyonis,[5] nuestro derecho y verdadero señor!" Dycho cada vez, callava un poco y preguntava sy avya alguno que dyxese el contraryo. Dycha la tercera vez vyno delante del rrey, hyncando las rrodyllas en el suelo y hizo un muy hermoso rrazonamiento; acabado, puso el estoque al rrey en la mano derecha. Luego partyeron del altar el estandarte y pendón rreal, dyziendo los que los trayan: "¡Polonya, Polonya, por el rrey Dyonis,[6] nuestro natural y verdadero señor!" Quando el uno acabava, el otro començava y desta manera dyeron una buelta por la capylla. Tornaron delante del nuevo rrey donde estuvyeron de rrodyllas;

[5] ms=Leonys
[6] ms=Leonys

luego los IIII rreyes de armas se pusyeron a los IIII cantones de la capylla, dyzyendo cada uno dellos: "¡Polonya, Polonya!" etc. Acabado de dezyr tres vezes, movyeron los IIII maçeros—cada uno con su rrey darmas—delante todos; juntos empeçaron a dezyr: "¡Polonya, Polonya!"

Luego salyeron de la sacrystya el abad y flayres con capas muy rriquísymas—que hartas tenyan—fueron al altar y tomando en medyo al capellán mayor, que la corona llevava; fueron al rrey y dychas muchas oracyones y dadas muchas bendycyones el arzobispo le puso la corona. Luego el conde de Ben le dyo el cetro, y antes que lo tomase, dyo el estoque a Nyçeto, hijo mayor del duque de Foya, su paje de cámara, que syempre delante del rrey lo llevase. Puesta la corona, quantos en la ygleysia estavan empeçaron a dar bozes: "¡Polonya, Polonya; byva, byva Dyonis,[7] nuestro natural señor!"

Acabado todo, el rrey se levantó, y quitando la corona, tornó a besar las manos a los bultos de sus rreyes, señores, y padres; y hechas muchas rreverencyas y acatamientos se partyó, syempre la corona en la mano, hasta que fue fuera de la capilla y con muchos grytos y alboroto salyeron del monesteryo; muchas ceremonyas y solenydades se dexaron de hazer porque el rrey no quiso.

Entrados en la vylla, dyó una pequeña buelta por ella; fuese a descavalgar a palacyo, que ya heran III horas despúes de medyo dya. Luego fue traydo el manjar; sentóse a comer—muchos señores y grandes estavan presentes—hablavan en muchas cosas de plazer. Alçada la mesa, el rrey se rretraxo a rreposar y cada uno se fue a su posada. /X^v/

Capítulo XII. De los condes que fueron de{s}pachados por vis rreyes

El nuevo rrey harto terná en qué entender por algún dya en

---

[7] ms=Leonys

asentar y en entender en las cosas de su rreyno y casa, y como sean cosas que van por su hordynaryo, que cada uno las haze, no avyendo cosa de gran sustancya, dexaremos gelas asentar a su voluntá.

Entre tanto, por evytar ocyosydad, dyremos de los condes que fueron por vys rreyes a vysitar el rreyno y proveer lo que fuese menester. [A] Egynyo, conde de Versa, gran señor de rrenta y lynaje, enbyaron por vys rrey a la provyncya de Brendanger: gran provyncya y de grandes vyllas y pueblos en la que ay muchos señores de salva y señores de vasallos. Pasó por su casa; tomados dyneros y atavyos y la gente que le parescyó que avya menester, se partyó con CC de cavallo byen armados y atavyados para parescer do quiera. Dyóse tanta priesa que en VI dyas llegó al principyo de la provyncya la qual confyna con Alemaña, y como los señores y pueblos ya fuesen avysados por las cartas de los governadores y del consejo de la muerte del rrey Máxymo, su señor, y tanbyén del caso desastrado del príncipe, su señor, y de su crecyda enfermedad, y de la venyda del conde por vys rrey, fue generalmente de todos muy byen rreçebydo.

Luego mandó hazer alardes muy fyelmente, asy de la gente que con el rrey byvya y hera de su hordenança, como de toda la otra gente de la provyncya: que fuesen para tomar armas. El conde mandó tomar dynero de las rrentas del rrey y hazya dar y pagar a toda la gente de guerra todo lo que les hera devydo y socorrer a cada uno según la necesydad en que estava. Los señores y cavalleros, vyendo lo que su vys rrey hazya, ellos procuravan de no quedar atrás; los soldados y gente de guerra estavan tan alegres que no deseavan syno ser llamados en el proveer las vyllas y lugares y fortalezas. Se dyo tanta priesa en toda la provyncya que no en XX dyas todos fueron bastecydos, que él que menos provysyones tenya eran para más de dos años; de artyllerya[1] y pólvora todos tenyan más de lo que hera menester; con tan buena y breve provysyón estavan el vys rrey

---

[1] Artillery was used extensively during the Hussite wars.

y señores y pueblo muy contentos y seguros y esforçados para rresystyr a qualquier adversidad, guerra o trabajo que vynylles pudyese. Sólo temyan y tenyan mucha pena de la enfermydad tan crecyda del príncipe, su señor, por la salud, del qual muchas procesyones oracyones y ayunos se hazyan, no dexando de dar muchas lymosnas a pobres necesytados.

Capítulo XIII. Del otro conde que yva por vys rrey

El conde Felys des Cranfor,[1] que por vis rrey fue enbyado a la provyncya de Brendanya[2]—que muy grande y fertyfera es— en que ay muchas vyllas y lugares llena de muy rrica gente y de muy rricos mercaderes que por el mundo tratan con sus mercaderyas y crédyto. No ay en esta provyncya nyngún seglar señor de salva; eclesyásticos sy. Ay señores de /XIr/ vasallos; la gente es esforçada, mas poco dyestra en las armas—byven a la grosera—son amygos en gran manera de forasteros sy no los ofenden. Son honbres de grandes cuerpos muy blancos y colorados, de hermosos gestos y personas; los cabellos—el que más rruvyos los traen es tenydo por más gentyl honbre— tráenlos luengos hasta la cynta, quando sueltos, quando con cofya. Es desarmada toda esta gente:[3] [son todos] de cavallo, que no ay gente de pye para la guerra.

Esta provyncya fue avysada, como todo el rreyno, de la muerte de sus rreyes y señores, y del caso desastrado del príncipe, su señor, y de la venyda del conde. De la muerte de los rreyes, sus señores, gran dolor y pena rrecybyeron y muchos lloros y llantos se hizyeron por el mucho amor y conversacyón que con el rrey Máximo, su señor, tenyan: que hera más que todo el rreyno, porque todo el tiempo que caça de monte se

---

[1] There is a Cranford in England.

[2] This is possibly a reference to Brandys-nad-Laben, near Prague, and near the action later described.

[3] ms=esta gente (excised son todos) de

podya hazer, el rrey se venya aquella provyncya y al tienpo de la brama,[4] que jamás herrava.

Hera tierra de caça de monte a maravylla: buena, muy llena de toda caça, porque la tierra era llena de montes y grandes arboredas y espesuras llena de venados, cyervos, corços, puercos, osos, lobos, rraposos y puercos espynes, cabras montesas, conejos y lyebres syn número. Ay al cabo de la provyncya hazya Ungrya, espesuras de montes y arboledas que más de seys o syete leguas turan, en los quales no ay agua nynguna syno en dos lagunas, casy en medyo de aquellos montes: una legua la una de la otra. Tyene la una un tyro de vallesta en luengo y casy tanto en ancho y la otra algo menos. Ay cyertas veredas por los montes que a las lagunas vyenen por donde los anymales vyenen a bever, porque por otra parte no pueden llegar por la gran espesura de los montes y çarças, en las quales veredas, cabe el agua, están cyertas choças tan metydas debaxo de la tierra y las matas {y} yerva tan alta encyma que vyenen los anymales a bever syn nyngún rreçelo, y él que está dentro en la choça o casa los puede tocar con la mano—¡ved sy los podrá matar con venablo o vallesta! Esto estava hecho en casy todas las veredas de las dos lagunas en las quales el rrey Máximo syenpre venya a caçar.

Luego hizieron procesyones, ayunos y mysas y muchas lymosnas asy por las almas de los reyes, sus señores, como por la salud del príncipe Dyonis, con cuya rrestauracyón y vyda creyan que aquel rreyno byvyrya en paz y sosyego y syn nynguna adversydad. Todos se aparejaron a rrecebyr su vys rrey—no con pompa ny alegrya, mas con toda honestad y syn alboroto, asy de trysteza como de alegrya. El conde fue de todos con gran amor y mucho acatamiento rrecebydo, el qual hizo hazer todas las provysyones necesaryas, que no tenya aquella provyncya enbydya en nada a la de Brondanya, porque en todo quedó muy proveyda, y por esto no veremos más dello y pasaremos adelante.

---

[4] *brama*: "rutting season."

Capit. XIIII. de las cartas y avyso que dyeron los del consejo a todo el rreyno /XIˣ/

Pasados VI dyas después de la coronacyón del nuevo rrey Dyonys, los governadores y señores del consejo s'acordaron del gran hierro que avyan hecho y del gran descuydo que avyan tenydo en no dar avyso a los IIII vis rreyes y a todos los señores, vyllas y fortalezas, y a todos aquellos a quien avyan hecho saber y dado avyso de las malas y escuras nuevas, no les dar avyso de la convalecencya y salud del príncipe, mayormente con tan gran mylagro, y de su coronacyón. Acordaron—pues el descuydo avya sydo grande—rremedyallo con gran dylygencya, enbyando muchos correos por todo el rreyno a dalles la buena nueva. Mandaron dar muchos dyneros a los correos porque con mucha dylygencya fuesen, los que en pocos dyas llegasen adonde heran enbyados, con la venyda de los quales muchas alegryas se hazyan. El avyso que los governadores les davan hera por una carta a cada uno, según quien hera, mas el tenor de las cartas todas eran hechas de una manera y es la syguyente:

COPYA DE LA CARTA QUE FUE ENBYADA A TODO EL RREYNO

«Governador, rregydores y honbres buenos de la nuestra vylla etc. Como sea cyerto que del mal y daño de la casa rreal—cuyos vasallos y amygo soys—mucha pena y dolor syntáys, mayormente de la pérdyda que hezystes en la muerte de mys señores y padres, he acordado hazeros saber que en su muerte Nuestro Señor les dyo tanto contentamiento y mostró con[1] sus señoryas grandes maravyllas de las quales muchas gracyas devemos dar a Dyos, las que gran consolacyón an sydo para my, y tanbyén por quedar yo en tan gran enfermedad y dolencya que nyngún rremedyo se hallava. Mas aquel Hazedor y Rredentor del mundo—que nynguna cosa se le esconde y todas las sabe—proveyó de tal

---

[1] ms=con (excised ellos) sus

manera y con tal mylagro que en medyo quarto de hora, syn fysyco ny medycynas, fuy sano y lybre de todo my mal y dolencya, por lo qual, y por lo ya dycho, os rruego hagáys hazer muchas procesyones y devocyones, dando gracias a Nuestro Señor por el byen que a todos en general nos ha hecho, y para que me dé gracya y saber para que os rryja y tenga en justycya, paz y sosyego. Y porque de la muerte de mys señores y padres y de my convalescencya y gran mylagro que Nuestro Señor y su bendyta madre comygo mostraron, serya luenga escrytura para tantas partes, mandé que se escryvyese de molde porque más presto a todos fuese dado avyso; las quales escryturas de molde[2] van fyrmadas de my mano y selladas de my sello rreal secreto que en mys cartas de importancya se suele poner. Y de las XIIII personas que comygo estavan y se hallaron presentes—para que a todos sea manyfyesto el mylagro, y que es cyerto y verdad, y le sea dada entera fe y creyencya—va fyrmado de todos, y jurado sobre la señal de la cruz y de los santos evangelyos y delante el cuerpo de Nuestro Señor, el qual os guarde y dé gracya para que le conosçáys, syrváys y améys perfectamente. Hecha en la nuestra vylla de Rrogena a XX dyas del mes de setyenbre; vysta y pasada por los del nuestro consejo, señalada de sus manos.» /XIIʳ/

Capítulo XV. Del otro conde y vis rrey

Mauryano, conde de Belvys,[1] que por vis rrey yva a la provyncya de Gyrardyna, que confyna con Boemya, hazya ponyente y a la mano derecha, con unas grandes montañas y de gran altura—luengas más de C leguas y anchas más de quarenta—estas montañas son como behetrías, que no son sujetas a nynguno. Ay en ellas asás señores y rricos mercaderes, y aunque

---

[2] *de molde*: "de emprenta" (Real Academia).
[1] There is a Bellvis in Spain.

las montañas son muy altas y inabytables en lo alto, en medyo
dellos, en lo baxo, ay muchos y muy hermosos valles: grandes,
frutyferos y abundantes de todas las cosas para la vyda necesaryas, escepto que vyñas—que ny vyno no tyenen syno traydo de
fuera y es muy caro—generalmente beven cerveza. Cryan
muchos ganados de toda manera. En estas montañas ay una
vylla² que se llama Tabor,³ y la provyncya donde esta vylla
está se llama Tabor, en que ay muchas villas y lugares. Esta
provyncya y lugares hera{n} y devryan ser del rrey de Polonya.
Sienpre ay en ella alguna manera de heregyas, en la qual byven
quanto les paresce. Después inventan otra y después otra—desta
manera van mudando. Todas ellas son conformes a vycyos y
apartadas de buenas costumbres y virtud. Está cerca de la mayor
y mejor çibdad de Polonya, que se llama Praga,⁴ que fue de
poblacyón de más de L myll vezinos. {H}a se destruydo y
despoblado por las heregías poco a poco, porque toda la gente
que en las montañas byve—asy grandes y señores, como el
pueblo—byve en aquellas maldytas heregías. Byven a su plazer
bestyal, y suziamente a su voluntad, porque en todas aquellas
montanas no se castiga otra cosa syno rrobar o dever algo:
destas II cosas se castyga y hazen justycya; todo lo demás se
sufre y tyene por bueno. Quando los que en las montañas byven
quieren salyr a lo llano para hazer guerra, pueden salyr C myll
honbres de pelea, de manera que nynguno de los que con las
montañas confyna es parte para les rresystyr. Son gente mal
armada: traen arcos a la turquesa, lanças y cymytarras, tyenen
muy buenos cavallos: son pocos, son tan ásperas y altas las
montañas. Que a las tierras que dentro están, no ay persona que

---

² ms=vylla (excised provyncya) que
³ Tabor, Czechoslovakia never belonged to Poland. The heresy
mentioned here is clearly a reference to the Taborite heresy,
inspired by Hus in the early 15th century. The heresy was eradicated in 1434.
⁴ Even taking into account the expansion and shrinking of
medieval Poland, Prague was never included in her boundaries.

ose ny pueda entrar por fuerça. An de entrar por pocos pasos y de muy hondos valles; a las entradas dellos en peñas y rryscos muy altos tyenen hechas espesas y muy fortyficadas fortalezas que nyngún pelygro tyenen, ny se pueden tener cercadas ny tomar, syno es por hanbre. Ellos las tyenen tan byen proveydas que están seguros y syn pensamiento que les falte, asy que están metydos como en un arca en las faldas de las montañas, fuera de los pasos que ya dyxe, en los confynes de Polonya: ay más de XL leguas en luengo y más de X en ancho alderredor de las dychas ásperas montañas, y aunque son ásperas, son muy llanas en rrespeto de las altas montañas, porque por todos se puede andar a pye y a cavallo: son del rrey de Polonya.

Syguyendo Mauryano, conde de Belvys, el camyno para llegar a su provyncya, delyberó yrse aposentar cerca de las ásperas montañas a una gran vylla que se llama Sygysmunda, porque el enperador /XIIʳ/ Sigismundo la hedyficó y pobló, y en ella estuvo mucho tienpo haziendo guerra, aquellos herejes de las montañas aconpañado del rrey de Ungrya y del rrey de Boemya y del rrey de Polonya y con los electores del ynperio y mucha gente de tierra súyçara y de gente de otros muchos señores que le enbyaron socorro, y el papa le dyo la cruzada contra los herétycos[5] y nunca les pudo azer más mal de hazer que no salyesen fuera de las ásperas montañas. La causa porque el conde se yva aposentar aquella vylla hera que fue avysado que los herejes y cysmátycos se apercebyan para salyr fuera de las montañas, mucha gente dellos y muy apuesta,[6] mas no sabyan para dónde, y que el apercybymiento s'avya enpeçado hazer en sabyendo de la muerte del rrey Máximo, y presto tenyan sospecha que sería para aquella provyncya—lo que muchas vezes suelen hazer—no para tomar nada en lo llano,

---

[5] This is the anti-heretic crusade Pope Martin V ordered after the Council of Constance (1415-1418) against the Hussites of Bohemia.

[6] ms=apmrro: I am not able to expand this abbreviation, and supply "apuesta" only as a stopgap measure.

mas para rrobar y saquear los lugares y hazer tanto mal y estar
tanto en el campo comyendo y destruyendo hasta que los
pueblos comarcanos y el rrey les davan dyneros y otras cosas
para que se tornasen, asentando treguas por algún tienpo—las
que byen guardavan y después de ser pagados muy de grado se
tornavan a sus casas—que ellos no salyan más de por dyneros.
Como hazen los de tierra súyçara en el ducado de Mylán, que
muchas vezes baxan por el valle de Lucarno, donde una
fortaleza del duque de Mylán está, mas no es bastante para
rresestyr a gran exercyto; pasados della van hasta el lago de
Cun,[7] que muy grande y hermosa cosa es, y alderredor del lago
ay muchas vyllas y lugares muy frescos y de grandes arboredas,
asy de syngulares frutas como arboredas para madera y para
fuego. En el lago ay infynytos pescados y de muchas suertes
dyferentes—tales y tan grandes que no lo oso dezyr porque no
seré creydo—especyalmente truchas, que su bondad y sabor no
tyenen par: la común grandeza grandeza dellas es X o XII libras,
y mucho más hasta XX. Hasta ally llega la gente suyçara,
rrobando y hazyendo todo el mal que pueden hasta que les dan
dyneros y trigo y paño; rreçebydo, se tornan a su tierra y casas.
     Con el avyso que el conde Mauryano avya avydo, se dyo
más priesa por llegar a Sygysmunda, apercybyendo toda la
gente, por donde pasava y de su provyncya y de todo el rreyno,
para que estuvyesen a punto para otro mandado. Enbyó correos
a los otros vys rreyes, haziéndoles saber las nuevas que tenyan
de los cysmátycos, pidyéndoles mucho por merced—sy syn
sospecha se hallavan—que quisyesen venyr en persona con toda
la gente que pudyesen para rresestyr a los cysmátycos. Y sy no
podyan venyr, que enbyasen la más gente que pudyesen, y no
podyendo venyr ny enbyar, que estuvyesen mucho sobre avyso,
porque baxando estos hereges a lo llano, otros señores comarcanos no tomasen alas para entrar por el rreyno, sabyendo que con
ellos tenyan harto que hazer. Y les pedya por merced le dyesen
avyso del ser y salud del príncipe, su señor, y tanbyén de lo que

[7] "Lake Como."

a ellos acaescyese y de todos las nuevas que pudyesen, porque él asy lo harya. Lo mysmo escryvyó a los señores del consejo, dyziéndoles que tenyan poco cuydado de le dar avyso, lo que mucho deseava y cunplya, /XIIIr/ y de cosas neçesaryas de saber a los que los semejantes cargos tenyan. Despachados los correos, cada qual llegó muy presto donde fue enbyado.

Capítulo XVI. De un correo que el conde Felis enbyó al conde Marcelo

El correo que a Marçelo, conde de Selachán,[1] fue enbyado por el conde Mauryano de Belvys, lo halló en camyno. Descavalgando, el correo llegó a tocalle la mano. El conde le dyxo: "¿Quyén soys?—que no os conosço."

"Sy conoscéys, señor; que hartas cartas os he dado en este mundo."

El conde lo myró y conoscyó. Dyxole: "Byen seáys venydo, amygo. ¿De dónde venys?"

"Señor, vengo de la provyncya de Gyrardyna, que el conde Mauryano m'enbya con cartas para vuestra merced."

"¿Ay allá algo de nuevo?

"Sy, señor."

"¿Qué?"

"Que los cysmátycos de las ásperas montañas s'apercyben para baxar a lo llano: gran multytud dellos."

"Malas nuevas son esas," dyxo el conde, "porque enpachándonos con ellos en otras partes podrya acaeçer algo que mucho más dañase, no pudyendo proveer en todo. Que ellos poco mal nos harán—pues no quieren syno dyneros—poco mal es; no por eso se deve de dexar de rremedyar y proveer, que aun eso no lleven syno las manos en la cabeça." El correo le dyo las cartas; leydas, dyxo: "Byen será rremedyar y presto." Fuese a paso, esperando a los cavalleros que con él venyan y atrás quedavan,

---

[1] There is a Saléchan in Southern France at the Spanish border.

y a los que adelante yvan, enbyó a mandar que esperasen.
Juntos hizieron consejo de lo que se devya de hazer para
socorrer al conde, pues lo pedya.

El conde preguntó al correo: "¿Qué nuevas tyene el señor
conde del príncipe, nuestro señor?"

Rrespondyó: "Señor, nyngunas—de lo que todos están muy
maravyllados; y el conde mucho se quexa del poco cuydado y
cuenta que dél tyenen y hazen."

El conde dyxo: "A la fe—quexóse el señor conde por todos."

Estando en esto, llegó el correo que para el conde de
Selachán de la corte venya despachado. Como el correo conoscyó al conde, empeçó a dar bozes: "¡Albrycyas, señor,
albrycyas!"

"Buenas sean," dyxo el conde.

"Buenas, señor, y tales que no las podrya pensar *vuestra
merced.*"

"¿Qué son?"

"Tomá, señor, las cartas y vellas es,[2] y con menos fatyga
y más complydamente que yo os las sabré dezyr, serés informado."

Tomó las cartas, y leydas, el conde—muy sabyo y dyscreto
hera—dyxo: "Pues el príncipe, nuestro señor, está sano y syn
dolencya y por tan gran mylagro, y es coronado por rrey.
¡Entren cysmátycos, herejes y dyablos con ellos, que todos
harán tanto como nada! ¡Byva, byva el rrey Dyonys, nuestro
señor!" Burlava y rreya con todos con mucha alegrya.

El conde enbyó luego a su hermano Faustyn con otros dos
cavalleros a la provyncya de Gyrardyna para proveer en todas
las cosas, como él propyo hiziera. A la hora Faustyn tomó su
camyno byen aconpañado; luego el conde despachó el correo de
conde de Selafán, que con las cartas hera venydo, y un su
camarero con él. Dyxoles: "Dyrés al señor conde de Belvys todo
lo que avés oydo, y que en despachando estotro correo que vyno

---

[2] *vellas es:* "las verés."

de la corte partyré para allá. No os /XIII'/ olvydés de[3] dezyr a
su merced las nuevas del príncipe nuestro señor, [y luego
partyré para allá] con la mayor pryesa que pudyere a ver a su
merced."

Luego despachó al correo que de la corte vyno, al qual dyó
un privylegyo en el qual le dava D monedas de oro de rrenta
para syenpre jamás, señaladas en algunas tierras de su condado,
y una rropa de carmesy altybaxo,[4] forrada de gatos y una cofya
muy gentyl y una cymytarra byen guarnecyda y C pesos de oro
para su camyno. Dyxole: "Correo, yo te rruego que beses las
manos al rrey nuestro señor[5] por my, y dy a su señorya las
cosas que as vysto y oydo y que más he menester tomar la
lança para rresystyr a los cysmátycos que péñola para escrevyr
a donde (h)a de ser vysta de tantos sabyos y letrados como en su
rreal consejo y corte (h)ay. Y estando yo de tanta pryesa y syn
nyngún rreposo, agora baste que rryan de my por descortés y
malcryado: lo que más atrybuyran a presuncyón que a la priesa
con que me vees. Asy que, amygo, espera que me veas partyr y
ve con la bendycyón de Dyos, y sy algún correo querrán
despachar para my, yo te rruego que seas tú, que mucho
servycyo me harás." Fuele trayda una hacanea en la qual tomó
el camyno más derecho para Sygysmunda.

Capítulo XVII. Como el conde llegó a Sygysmunda

En pocos dyas llegó el conde de Selachán a Sygysmunda, y
syn hazer saber nada al conde de Belvys, entró por la vylla, y
por ser conoscydo lo dexaron entrar y aconpañaron hasta la
posada del conde con IIII de los suyos, porque según el gran
andar que traya, su gente quedava por[1] el camyno. Entrando

---

[3] ms=de (excised el) dezyr
[4] *altibajo*: velvet with design shaved in.
[5] ms= señor (excised de) por
[1] ms=por por

por la sala adonde estava el conde, hallólo, que enpeçava a cenar. Dyxole: "Señor, con tal guarda estáys que entran vuestros enemygos, no solamente por la vylla, más por vuestra posada—y vos, señor, sosegado y con muchos manjares."

El conde de Belvys alçó los ojos, y conoscyendo al conde de Selafán—[2]que gran amygo y primo suyo hera—dyxo: "Santa Marya, valme—¿y qué es lo que veo? ¿De dónde me vyno tanto byen y merced?" Levantándose de la mesa, muy a priesa se fue al conde que hera venydo, y hízole tanto acatamiento como ovyera hecho al rrey, su señor, syn besalle la mano.

El conde de Selachán se le humylló, y baxó tanto que muy poca ventaja llevó el uno al otro, el qual le dyxo: "Señor, tórnese *vuestra* merced a la mesa, que yo no huyré del afruenta y pelygro que en ella venyr me pueda."

Tomados por las manos, tornaron a la mesa; el conde hizo sentar al huesped en la sylla que él estava y él çerca dél. Fue la cena muy alegre y de gran rregozijo: lo uno por su venyda, porque muy palancyano hera, y porque, cenando, les dyxo las nuevas que del príncipe, su señor, y de la corte tenya, porque el correo y su camarero avyan herrado el camyno.

Acabada la cena, hizo leer las cartas, y el mylagro ally. Tornó el plazer y alegrya syn par—que turó una gran pyeça—y quando fue hora de yr a dormyr el conde de Belvys dexó al conde de Selachán en su posada y él se fue a casa de un cavallero, señor de vasallos, amygo suyo, que en la vylla byvya: honbre /XIV[r]/ de gran lynaje y de mucha rrenta, y aunque ymprovyso entró por la posada fue muy byen rreçebydo, y dada una suntuosa colacyón, y fue tal que el conde de Belvys enbyó parte della al conde de Selachán, que en la cama estava. Entrando los pajes con hachas y otros con la colacyón, sentóse en la cama; dyxo: "Por cyerto—¿qué cosa?—¿que hasta la cama vyene a buscarme? No la devo de rrehusar." Hecha colacyón y dadas graçyas a quien ge la enbyó, se tornó a rreposar muy a su plazer.

---

[2] ms=Selafan (excised dyxo) que

Capítulo XVIII. De las provisiones que los condes hizieron

Levantóse algo de mañana el conde Felis y fuese adonde el conde de Salachán posava, y por venyr cansado del camyno tardó algo en levantarse, y aunque el conde Felis avya mandado que lo dexasen rreposar y no le dyxesen nada, estuvo hablando con muchos señores y cavalleros, asy de la provyncya como de la vylla. Vyendo los que con el conde avyan venydo que su señor mucho tardava a levantarse y que el conde y tantos cavalleros le estavan esperando, entrados en la cámara ge lo dyxeron. Luego se levantó. Calçadas unas calças, tomó una rropa forrada sobre la camysa; salyó adonde aquellos señores le estavan esperando, y dyxo: "Señor, parésceme que aquí va a luego pagar—que sy anoche os tomé seguro y cenando, avésme querido tomar en la cama y durmyendo, porque todos estos señores conosçan quan descuydado y de mal rrecaudo soy."

Todos se rreyeron; el conde de Belvys rrespondyó: "No se puede *vuestra merced* jusgar por lo que [h]a dycho, mas porque no nos tyene en nada, que ny durmyendo ny velando le podamos dañar ny ofender."

El cavallero, adonde el conde se avya ydo a dormyr—que muy sabyo y palancyano hera—dyxo: "Señores, metamos en medyo: no pase más adelante este rrazonamiento, que me paresce que va de mal son." Todos rrespondyeron que dezya muy byen. Los condes s'abraçaron con mucho plazer, y tomados por las manos se fueron a mysa a un monesteryo de San Francisco de Observancya que junto con la vylla estava.

La mysa acabada, entraron en consejo para proveer en lo que hera necesaryo; y fue mandado que luego adobasen las çercas y torres de lo que eran menester y lynpyasen las cavas— que muy anchas y hondas heran—y por ellos pasava un rryo asás grande que toda la vylla çercava. Mandaron que pregonase que todas las vyllas y lugares que entre Sygysmunda y las ásperas montañas estavan, traxesen sus haziendas a la vylla, especyalmente los mantenymientos y cosas de comer, y que las mugeres y nyños pasasen a tierra llana, y que tanbyén apartasen todos sus ganados para lo qual nynguna pena les ponyan más de

la que de los cysmátycos rreçebyryan sy a sus manos vynyesen;
y que la gente que para la guerra hera buena, que quedase en
Sygysmunda.

Apercybyeron a toda la provyncya que estuvyesen aperçebydos para defender y ofender quando necesaryo fuese, y que
los pueblos pequeños cada uno bastecyese su vylla y se metyese
dentro con todos los mantenymientos por que no les tomasen
/XIIIᵛ/ syn provysyón y descuydados; que en el meter los
bastymentos en las vyllas muchos byenes se hazen. Lo uno: que
cada[1] qual que guarda su hazienda; l'otro que tyenen lo que an
menester para esperar el tiempo y sustentarse. Y tanbyén
mucho aprovecha que los enemygos no hallen vytuallas ny
mantenimientos ny se puedan sufryr en el campo, mas que por
fuerça se tornen a sus casas y tierras y juntamente con las
haziendas guardan sus personas, hijas y mugeres; no solamente
se guardan y defyenden asy, mas ofenden mucho a sus enemygos, matándolos de hanbre y tornarse perdydos y desesperados.

Dyeron avyso a las vyllas y señores comarcanos: a unos que
estuvyesen apercybydos para venyr, en syendo llamados; a otros,
que se vynyesen aposentar en Sygysmunda, y a otros que se
aposentasen en tierra llana cerca de la vylla, y que estuvyesen
tan sobre avyso que no los hallasen a mal rrecaudo. Tanbyén
acordaron de enbyar un correo al nuevo rrey, haziéndole saber
la neçesydad que esperavan y las nuevas que de las ásperas
montañas tenyan, suplycándole su señorya mandase proveer de
dyneros para les dar y asentar nuevas treguas—pues ellos no
salyan por otra cosa. Pues hazyéndose esto presto se estorvarya
todo el daño que aquella tierra rreçebyrya en dexar de labrar y
hazer sus ofycyos y estorvo de sus haziendas—que mucho
sería—pues el dalles dyneros y hazer nuevas treguas no se podya
estorvar.

---

[1] ms=quada

Capítulo IXX. Como los condes salyeron a proveer por la provyncya

Partydo el correo para la corte, los condes con los principa-les de la vylla y provyncya fueron en persona a vysitar y proveer las montañas, que heran del rrey, çerca de las ásperas montañas, a los lugares y vyllas cercados que para rresestyr les parecyeron ser tales y para defenderse los bastecyeron y proveyeron de todo lo que avyan menester. Los que no heran para ofender ny defender les hazyan dexar despoblados, porque sabyan que en nynguno dellos los enemygos no avyan de abytar. Hazyendo estas provysyones, llegaron a un lago que estava entre las montañas, que hera de más de III leguas en luengo y medya legua en ancho, y alderredor del lago avya por todas partes más de medya legua de tyerra llana, de muchos prados y arboredas, y al pye de las montañas, en el llano, dos grandes vyllas: la una de la una parte del lago, y la otra de la otra.

La una se llamava Verdas y la otra Sofyna: cada una dellas hera de más de VI mill vezynos y muy buena gente de guerra y las vyllas muy byen çercadas y torreadas y estavan bastecydas para más de III años; cada una syenpre en guerra y en paz se velavan y rrondavan. Muy byen parescyeron a los condes y a toda su conpañya la manera y fortaleza y gente dellas, y byen seguros yvan que mal ny daño les pudyese venyr.

En estos bosques y tierra llana entre las vyllas y el lago avya mucha manera de caça y en gran cantydad. Tenyanla mucho guardada, porque el rrey Máxymo venya ally todos los años, que a Sygysmunda venya, que pasando la brama se venya caçando por aquellos bosques. /XVʳ/ Esperando algún dya que los pescados del lago—que muy grandes heran—salyesen a desovar[1] cerca de la tierra, sobre unas peñas que poca agua las cubrya—con barcas armadas, en las quales el rrey y mucha

---

[1] *desovar*: "to spawn."

gente yva con rrallones[2] y harpones y lanças para matar los pescados, que muy plazible y alegre cosa hera. Heran tan grandes como atunes o dalfynes; heran tantos que llegados a las barcas cerca de la tierra se metyan debaxo y las trastornavan, y la gente que en ellas yva caya en el agua. Aquel hera gran plazer para todos, aunque la barca del rrey fuese, por que no avya más daño ny pelygro de mojarse porque el agua hera poca y el hondo de peñas.[3] Este lago hera hancho—que el enperador Sygysmundo[4] lo mandó hazer—en una gran hondura que en medyo de aquel valle estava; el agua que del lago sale va camyno de Sygysmunda. La causa porque dycho tan por estenso la manera deste lago, a su tienpo y lugar la sabrés, que es grande.

Vystas estas cosas, los condes se tornaron a Sygysmunda; a la hora que llegaron les vynyeron correos de tres partes: cada uno traya avyso ser salydos por el camyno por donde venya más de XXX myll honbres, y que todos venyan a juntarse çerca de Sygysmunda. Mucho les pesó, mas no lo mostraron; quedavan esperando lo que sucedya y asy azer las provysyones. Despacharon dos correos para el rrey, el uno tras el otro, pydyendo socorro, y que el mejor socorro que enbylles podya hera dynero con que se atajarya la guerra, porque en dándogelo se tornaryan. En este medyo que van, dyremos lo que pasa entre los condes y cysmátycos.

Capítulo XX. Como llegaron los cysmátycos a Sygysmunda

Otro dya, despúes que los correos partyeron, ovyeron avyso como aquella maldyta gente se llegava a Sygysmunda. Los condes ponyan buena guarda a la vylla rrondando y velando: el

---

[2] *rallón*: a type of crossbow bolt. "Arma que termina en un hierro transversal afilado, la qual se disparaba con la ballesta y servía especialmente en la caza mayor" (Real Academia).

[3] ms=penas

[4] Sigismund actually became emperor of Germany in 1410.

un conde por sobre rronda hasta la medya noche, y el otro hasta
el alva. A medya noche, syn ser avysados, vyeron en muy poco
tienpo, un quarto de legua de la vylla, en lo llano de la una y de
la otra parte del rryo, más de XX myll fuegos—que aquella hera
su usança cada ves que venyan—porque la tierra hera de
muchos montes y selvas y poco penavan en hazellos. Hera la
lumbre tanta y tan grande que dentro en la vylla parescya ser de
dya. El conde de Belvys avya I hora que hera venydo a la guarda;
vyendo las muchas lumbres se fue a la posada del conde de
Selachán.[1] Entrando en su cámara hallólo durmyendo.

Dyo bozes: "¡A señor conde!—¡a señor conde!"

Despertó, y como lo conoscyó, dyxo: "Señor, ¿qué venyda
es ésta?"

El conde rrespondyó: "Señor, (h)a tanto rresfryado la noche
que no ay honbre que pueda andar por las calles; que cae un
sereno[2] tanto y tan fryo que no se puede sufryr, y por esto me
vengo huyendo."

El conde de Selachán se levantó, dyziendo: "Echese vuestra
merced en esta cama, que está calyente, y yo hyré a dar dos
vueltas hasta que el fryo me haga tornar."

El conde de Belvys dyxo: "Señor, por amor myo que no
salgáys de casa, que luego serés elado. Sy no me querés creer,
poneos a esta ventana—que aquí no podrés sufryr el fryo."
Echando mano a un çerrojo de una ventana, abryóla de par en
par. El conde de Selachán, que pensó que de verdad /XV^v/ lo
dezya, fue a la ventana, que abyerta estava derecha a los fuegos.

Vystos, dyxo: "¡Válame la Santa Trenydad! ¿Qué vysyón
dyabólyca es ésta? Por my fe, señor, que este sereno m'a
rresfryado tanto las orejas que soy cyerto que no sentyré calor
ny sueño. Válalos la maldycyón de Dyos -omnes de quemar
aquí dentro. Por cyerto, señor, que según la multytud de los
fuegos que deven ser más de CC o CCC myll."

---

[1] *Selachan*: In some instances appears to be "Selafan," but I
consider "Selachan" to be the word intended.

[2] *sereno*: "dew."

El conde de Belvys se rryó, dyziendo: "No crea *vuestra merced* que son tantos, porque estos enemygos de Dyos son ingenyosos, y por espantarnos han hecho tantos, y creo que cada dyablo de aquéllos ha hecho XX fuegos. Tórnese *vuestra merced* a la cama—que pues fuegos han hecho, no nos quieren venyr a ver tan presto, syno que sepamos que están ally; y aunque vengan, no podrán llegar a la çerca porque el agua y las cavas serán de nuestra parte, y les rregarán que no se lleguen ny pasen acá. Echese *vuestra merced* y duerma; que yo me voy a my posada a dormyr con más rreposo que sy los fuegos no ovyera vysto. A la mañana nos veremos y se proveerá lo que será menester, y sy será posyble tenellos en tratos y tramas hasta que venga la rrespuesta del rrey no serya malo, por que no hagan daño."

"Eso, señor, no creo que será posyble porque ellos no ternán qué comer, y avyéndole quitado las vytuallas es por fuerça que las vayan a buscar donde las pudyeren aver."

"Señor," dyxo el conde de Belvys, "no curemos desto hasta la mañana."

El un conde se fue y el otro tornó a rreposar.

Capítulo XXI. Como los condes vinyeron a habla con los cysmátycos

Otro dya de mañana los condes y todos los cavalleros y señores que en la vylla estavan—que hartos heran—se sentaron en la plaça, y después de aver mandado hazer muchas provysyones, se salyeron a pasear por una puerta de la vylla que salya entre dos braços que el rryo hazya, II tyros de vallesta antes de llegar a la vylla, los quales pasavan alderredor de la vylla por las cavas. Otros II tyros de vallesta pasada la vylla, se tornavan a juntar, dexando dos pequeñas yslas junto con la vylla—la una a levante y la otra a ponyente, y la vylla en medyo—a las quales en nynguna manera se podya pasar, por ser el rryo muy hondo y de asás agua y muy corryente.

Salydos a pasear estos señores hazya los campos y rreales de

los enemygos, vyeron algunos cavalleros de los de las ásperas
montañas por la una parte del rryo, dyziendo a los de la ysla
muchas injuryas y denuestos: que salyesen al campo y no
estuvyesen ençerrados como damas.[1] Los condes avyan mandando que nynguno les dyxe ny rrespondyese nada a quanto
dyxesen; en esto pasó gran pyeça y no les rrespondyendo,
rrecebyan mucho enojo y pena. Tornaron a dezyr: "Perros, ¿por
qué no respondés? ¿Tan amedrentados estáys que para hablar no
tenés esfuerço?" Vysto lo que dezyan, mandaron los condes a
uno de la vylla que les dyxese que sy avya alguno—dos o más—
que quisyesen entrar en batalla y hazer campo con otros tantos
de la vylla que dyxesen el número de quantos queryan, que de
la vylla, saldryan otros tantos, y les haryan conocer y confesar
por sus bocas /XVIʳ/ que heran malos y falsos contra Dyos,
Nuestro Señor, dexando su santa fe; haziendo muchas ydo-
latryas y cerymonyas malas y falsas en menosprecyo de la santa
iglesya rromana, y contra el magnífico y noble rrey de Polonya,
de quien muchas mercedes avyan rrecebydo, y cuyos vasallos
heran de justa rrazón y justycya, y que tanbyén les haryan dezyr
que eran descorteses y mal cryados y honbres de poca verdad,
bondad y esfuerço—tanto que el número de los que avyan de
conbatyr no pasase de L, porque en la vylla abya poca gente y
no podryan sacar mucho número como ellos podryan hazer,
syendo tantos.

Estando en esto, llegó un cavallero de las ásperas montañas—principal y de asás rrenta y capitán—uno de los IIII
capitanes de los IIII cantones, y mucho se enojó con los suyos

---

[1] This is reminiscent of a true episode in the anti-Hussite
crusade, the Battle of the Vítkov. "These men stood every day on
the fringe of the hill overlooking the river, opposite from the
Monastery of the Holy Cross and the Church of St. Valentine, and
howling like dogs they shouted across the river toward the city
"Ha, Ha,! Hus, Hus,! Heretic, Heretic!" quote from Lawrence Of
Brezová cited by Frederick Heymann, *John Zizka and the Hussite
Revolution* (Princeton: Princeton University Press,1955) p.383.

porque heran tan desonestos y deslenguados; y dyxo al de la
vylla: "Aunque no os conosço, creo que devés ser bueno por
vuestra persona y de buena parte y proferyros a hazer tanto; no
devés pensar que dezys poco. Querrya saber de vos una cosa sy
os pluguyere."

El de la vylla hera cortés y del palacyo y no de mucha
rrenta; rrespondyó: "Por cyerto, señor, syendo vos tan lymytado
y byen comedydo, vuestra bondad me forçará a dezyros lo que
de my querrés saber, aunque en my daño sea."

El capitán rrespondyó: "Nunca Dyos quiera que yo fuese
tan desmesurado y mal comedydo que yo tal cosa pydyese; lo
que querrya saber es sy en la vylla ay algún capitán o persona
que esté por el príncipe o que aya estado por el rrey Máxymo,
que tenga poder y autorydad para dar campo, y tanbyén sy la
gente que está en la vylla lo tomará por su mandado. Porque sy
tal persona no ay y tenga poder para ello, escusado será llegar
las cosas más adelante, porque yo, aunque capitán sea y uno de
los IIII cantones, no podrya ny aceptar ny negar la batalla o
desafyo—que a sólo el capitán general toca hazer las cosas
semejantes. Nosotros, uno por uno o dos por dos—hallándonos
en el campo—byen podemos llamar otros tantos o o esperalles
sy nos llaman, mas campo de mucha gente y aplazado no
tenemos tal libertad ny poder," y calló.

El de la vylla dyxo: "Señor, aquí no ay nynguno de la vylla
que tal poder tenga, porque tal mando no espera hydalgos ny
cibdadanos, aunque muy buenos y esforçados y sabyos sean.
Mas sabed, señor, que aquí ay dos condes—grandes señores en
lynaje y de rrenta—que de la corte an venydo por vys rreyes: el
uno el conde Mauryano de Belvys, que por vis rrey vyene a esta
provyncya; y el otro Marçelo, conde de Selachán, que por vys
rrey yva a la provyncya de Tormanda. Sabyendo vuestros
aymatamientos y querer salyr fuera de las montañas, son
venydos aquy, no con mucha gente—que para defender esta
vylla poca basta. Traen tantos y tan bastantes poderes como la
persona del muy magnífico rrey Dyonys, nuestro nuevo rrey y
señor, los quales están aquy junto comygo y son los que en
medyo me tyenen; los quales me mandaron dezyr lo que he

dycho del desafyo. Y porque, señor, sepáys ser de su voluntá y mandado, alçarán las manos derechas en confyrmacyón de lo que tengo dycho. Porque sy no dyesen grandes bozes, /XVIʳ/ como yo hago, no los podryades oyr—lo que no serya honesto a tan grandes señores."

Acabado de dezyr esto, dyxo alto—que byen lo oyó el capitán: "Señores, sy lo que he dycho es de vuestra voluntá y mandado, hagan vuestras mercedes la señal que he dycho." Los condes alçaron los braços y manos derrechas tres vezes.

El capitán, que muy atento estava escuchando, vysta la señal que los condes hizieron, dyxo: "Señor cavallero, muy más alegre tornaré que vyne, porque veo nuestra presa y ganancya ser mayor que no pensávamos, tenyendo çercados tales señores con quien mucha gente principal deve venyr, y quanta más y mejor fuere mejor y más crecyda será nuestra presa. Yo me yré a nuestro capitán general—que es Rruberto duque de Ator—dezyros quién es y lo que vale y lo que tyene y puede sería demasyado—pues tan byen, señor, como yo, le conoscéys. Haréle saber la venyda destos señores—con la qual plazer syn conparacyón avrá—y tanbyén le haré saber lo del desafyo: vysta su voluntá, mañana a medyo dya rrecybyrés la rrespuesta de my propyo en este mysmo lugar; y aceptando nuestro capitán, será menester que la demanda que me avés hecho me la enbyéys en escrito con un tronpeta vuestro,[2] y nuestra rrespuesta os será llevada por otro tronpeta nuestro, los quales serán seguros para yr y estar y tornar, y tanbyén para esto traeré el seguro; y syendo en escryto el cartel y desafyo y la rrespuesta, nynguno podrá dezyr 'no dyxe eso—no dyxe esotro,' y será para que los presentes y los ausentes gozen y sepan la verdad."

Tocando al de la vylla a hablar, dyxo: "Señor capitán,

---

[2] These jousting formalities were truly observed. Barber and Barker note several cases where sieges were interrupted for tournaments between the opposing armies. Richard Barber and Juliet Barker, *Tournaments, Jousts, Chivalry and Pageants in the Middle Ages.* (New York: Weidenfeld & Nicolson, 1989) pp. 16, 41.

mucho me paresce que estymáys y tenés en mucho la ganancya
que de la venyda de estos señores esperáys, y tenés mucha
rrazón, no solamente de la que ganará, mas de la que hasta
agora (h)a ganado, porque sus mercedes dyzen que por vuestra
buena cryança y rrazonamiento y cortesya (h)a ganado a estos
señores condes y a todos los otros cavalleros y señores que aquí
están, para en todas las cosas que dellos querrés como propyo
hermano, y porque seáys, señor, cyerto, yo alço la mano y doy
my fe como quien so, syn dysymulacyón ny fengymiento
alguno, y desta manera podés mucho alegraros en tan poco
tienpo aver hecho tan gran presa. Que la presa y ganancya que,
señor, dezys, con el entendymiento que la pensáys, os será tan
dura y fuerte que nunca los quisyérades aver conoscydo ny
vysto, y porque las cosas de enojo y de palabras son de gente de
poco, rremytámonos al tienpo y a las obras, porque creo que
vos, señor, soys más amygo de hechos que de palabras. En lo
demás a lo—señor capitán—tan byen conçertado, que no cale
más rreplycar. Pido'os por merced que me queráys dezyr vuestro
nombre, sy dello soys contento."

"A my me llaman," dyxo, "el capitán Gordyano, señor de
los valles hondos de las ásperas montanas, y uno de los IIII
capitanes de los cantones dellos, y salydos destas cosas en que
estamos, mucho holgaré de os conoscer para contentaros y
conplazeros, en todo lo a my posible como leal y buen amygo,
como de aquy adelante os quiero ser. Y paresceme justo—pues
por tan vuestro quedo—que sepa yo, señor, tanbyén, vuestro
nombre."

"A my, señor, me llaman Ludovyco de Narçón; y soy un
pobre hydalgo desta vylla. No fuy elegydo para hablar por ser de
los principales, mas por tener gran bos y buena para pregonar.
Tal qual yo, señor, soy, /XVIIª/ seré sienpre a vuestro servycyo
en quanto mys fuerças bastarán, guardando lo que devo a quyen
soy; y plazerá a Dyos todo poderoso, que mudarés, señores, de
propósyto, asy para con Dyos, que os hizo, como con el rrey,
nuestro señor, y tornarés a su servycyo."

"Señor Ludovyco, no os quise rresponder quando dexystes
el rrey Dyonis, porque pensáys de príncipe y enfermo de su

enfermedad, que nunca sanará, hazérnoslo rrey sano y coronado, pacyfyco y poderoso. No creáys de espantarnos con palabras, que byen sabés qué gente es la de nuestras montañas. Que las nuevas de la corte muy más frescas las tenemos cada dya que esos señores, aun grandes sean. Ya es tarde—yréme al rreal—sy mandáys, mañana a la hora que he dycho verné; y sy antes mandáys, antes. Y sy algo plazerá a nuestro capitán general enbyaros a dezyr, enbyaré un tronpeta endereçado a vos[3] por que por vuestra mano sea más presto despachado. Esto se entendrá sy el tronpeta será seguro para yr y venyr y estar."

Ludovyco preguntó a los condes: "Señores, ¿qué rrespondré aquel cavallero a lo del tronpeta?" Rrespondyeron que el tronpeta y qualquier mensajero que vynyese podya venyr seguro y segurysymo, y para seguridad dyxo Ludovyco que tornasen a alçar las manos los condes, porque asy es su usança. Esto hecho, Ludovyco le dyxo: "Señor capitán, vaya *vuestra merced* a buenas noches, que ya es tarde."

Baxando la cabeça y el cuerpo el capitán y dyzyendo: "Adyos, señores, adyos." Los condes y todos quantos con ellos estavan se baxaron sobre los pescueços de los cavallos: los unos al rreal, los otros a la vylla se partyeron aquella noche.

Capítulo XXII. Como los de la villa entraron en consejo y lo que hordenaron

Partydo Gordyano para su rreal, los condes entraron en consejo después de aver hablado en muchas cosas que para la guerra eran necesaryas. Hablaron en lo que con el capitán avyan conçertado; y el conde Mauryano dyxo: "Por my fe que el capitán nos ha abyerto una puerta que es mucho al propósyto para que los tengamos en tienpo hasta que del rrey ayamos rrespuesta."

El conde de Belvys rrespondyó: "Señor, mañana lo verés:

---

[3] ms=vos (excised a vos) por

que quanto al desafyo, luego lo aceptarán, mas será que querrán que sea dycho y hecho—que dylatarlo es inposyble, porque no tendrán qué comer."

Un cavallero principal, señor de vasallos de aquella provyn-cya, honbre de LXX años, que se llamava Vytores, dyxo: "Señores, esta gente yo la conosço muchos años ha, y sé las mañas que tyenen en aceptar las batallas. Luego las aceptan y nunca an fyn, porque quieren que sus contraryos que an de salyr a la batalla se fyen dellos y ellos no se quieren fyar de nynguno. Pues—¿asegurará el campo?—nunca se ha hallado manera ny medyo—que dalles rrehenes sería mal rrecaudo—pues que ellos las den, no lo creáys. De manera que yo, señores, hos hago cyerto que en que en esto no cale que tomés trabajo de hallar manera cómo se aya de hazer, porque no será nada. En lo demás, señores, hablad—que en esto yo quedo por fyador y lo tomo a my cargo y creo que no me pensarán de engañar estando presente a la contratacyón."

Delybraron que otro dya, quando el capitán vynyese, de le poner delante, que serya mejor tomar algún concyerto y hazer pas o tregua por algún tienpo, como syenpre se solya hazer; y que el rrey Dyonys, su señor, les harya mercedes como sus antecesores syenpre ge las avyan hecho, y que sentyryan su voluntá, y que en lo de campo, syenpre se /XVIIᵛ/ afyrmasen, porque como el cavallero Vytores avya dycho, nunca avryan fyn.

Dyxo el conde de Selachán: "Señor Vytores, ¿qué os paresce?"

"Señor, muy byen, mas {h}áseles de dezyr que juntamente se entyenda en todo, y sy en lo del campo apretaren—como lo harán—an les de dezyr que aquello es lo menos; que aunque el concyerto de la pas o tregua se haga, que por eso no se dexará de hazer el campo, que por plazer y alegrya del concyerto vuestras mercedes—con el número que querrán—entrarán en el campo y se hará la batalla. Y no será menester seguridades ny rrehenes de la una ny de la otra parte; y no será por enemystad ny mal querencya, mas por plazer y honrra de la cavallerya y provar los cavalleros, sus personas y fuerças, en lo que yrá muy

poco en vençer o ser vencydos. Porque quitada la enemystad—
que es la causa—es quitada la afruenta de ser vencydo o vençer
aquel quiera de las partes, haziéndose por plazer y pasatienpo,
como los esforçados cavalleros suelen hazer justas y torneos.
Esto es, señores, lo que me paresce."

Todos aprobaron su dycho y les parescyeron byen, dyzyendo
que quienquiera que en esto ovyere de entender vaya el señor
Vytores en su conpañya, rremytyendo estos negocyos a su saber
y buena dyscrecyón. Fuele rrogado y encargado, y él lo aceptó
muy de grado. Acabado el consejo, todos se fueron a cenar y a
los que tocava la guarda de la vylla la hazyan con mucho
cuydado y dylygencya, y las velas byen heran oydas en el rreal.

**Capitulo XXIII. De lo que el capitan pasó con los suyos y en el
rreal**

Después que el capitán Gordyano partyó para su rreal por
el camyno llamó sus sota capitanes; dyxoles: "¿Paréceos que es
gran esfuerço y honrra de la cavallerya—un rryo en medyo—
deshonrrar y ultrajar los enemygos, dyziéndoles y consyntyén-
doles dezyr muchas y suzyas palabras a tantos cavalleros como
ally estavan? Sy no me fuese por no dar qué dezyr a nuestros
enemygos y mostrar que sé tal descortesya muy llena de
vyllanya, yo harya tal castygo y demostracyón como el caso lo
merecya. Y creed que nynguno de los que presentes os hallastes
quedarya en my servycyo ny capitanya; y aun creed que éste
sería el menor castigo que yo os darya, porque en el rreyno de
Polonya ay tales cavalleros que soy cyerto quando delante los
hallásedes y syn ventaja, no seríades tan desenfrenados,
descorteses y malcryados como lo avés sydo, por lo que aquellos
señores me ternán por escusado, sabyendo que soys cryados en
las montañas entre anymales, que ally estavan tales que tyenen
otros muchos y mejores vasallos que no soys vos otros, y a sus
personas nada les falta de esfuerço saber ny cryança. Sabed en
mal hora—sabed—que el que honrra a otro, en él mysmo queda
la cortesya y la honrra y no en aquél a quien la haze; y por esto

dyzen aquél es byencryado por que honrra a todos, y la deshon-
rra tanbyen en aquél que la dyze, tomando ofycyo de las
mugeres—no dygo de las mugeres en general, syno de las malas
y desenfrenadas—que con aquello se vengan los cavalleros la
injurya que an de hazer a sus enemygos a de ser con la lança en
la mano, o con otras armas, y hablándoles lo más cortés que su
/XVIII'/-pyeren y con las armas hazellos el más mal que
pudyeren. Y por esto quando alguno quieren loar mucho, dyzen:
'El tal es la más byen cryada persona del mundo y en esfuerco
es un león.' Myrad que todo el esfuerço del mundo con mala
cryança es una cosa tan ázeda y tan aborrecyda que en nynguna
parte ny persona buena será rreçebyda ny loada syno fuere de
otros semejantes a él. Basteos esto por agora, que aun yo no
quedo satisfecho—que os juro, a fe de cavallero, alçando la
mano derecha, que a qualquiera que vyere ny oyere desonestarse
contra nynguna persona y más contra los enemygos, que serán
las postreras descortesyas que él dyrá, y quiera Dyos que el
duque no sepa tan desonesta y fea cosa—que soy cyerto no
quedarés syn castigo."

Hablando en otras cosas y con otros cavalleros—porque
aquellos les echó delante de sy—llegó cerca del rreal.

Capítulo XXIIII. De lo que el capitán Gordiano pasó con el duque su capitán y los otros señores del campo

El duque d'Ater, su capitán general, se andava paseando al
derredor del rreal por la parte donde Gordyano venya, y por las
vanderas de su gente lo conoscyó y tomó el camyno por donde
venya; llegando cerca, Gordyano se le humylló mucho—lo
mysmo hizo el duque. Llegados junto(s), el duque rrebolvyó[1]
hazya el rreal y echándole el braço sobre el onbro le dyxo:
"Primo, ¿cómo os ha ydo allá?—que mucho avés tardado."

"Señor, he estado hablando con ellos que están de la otra

---

[1] ms=rrebolvyó (excised el cavallo) hazya

parte del rryo en la ysla y he sabydo muchas cosas," y sacándolo del camyno guyó por un prado. "Señor, el príncipe Dyonys
está sano de todo su mal y enfermedad—muy alegre, más que
nunca: fue por un gran mylagro, y es coronado. En la vylla de
Segysmunda están Marcelo, conde de Selachán, y el conde de
Belvys, que por vys reyes vyenen: el uno a esta provyncya y el
otro a la de Gyrardyna. Quyen{es} son y lo que puede{n} y
valen—mejor que yo, señor—lo sabés. No m'a parescydo que
tyenen mucha gente, mas la que es es muy escogyda. An me
acometydo de hazer una batalla de tantos por tantos, tanto que
el número no pase de L, en los quales quieren entrar los condes.
Yo, señor, ny la acepté ny la negué—que dyxe que tal cosa al
capitán general convenya. En esto queda, a lo que, señor,
querrés mandar. Queda asentado con ellos que mañana a medyo
dya yo propryo les darya la rrespuesta en el mysmo lugar.
Pensá, señor, y tomad el parescer de quyen quysyérdes esta
noche; quedan asegurados los tronpetas y mensajeros—los que
yrán y los que vernán, por yda, venyda y estada de los condes—
por ellos y por todos los suyos; y yo promety por vuestra
merced y por todos los de nuestra parte. Ved, señor, sy soys
contento dello: que sy no lo soys, dalles he luego avyso que no
vengan, mas que se guarden."

El duque, que escuchado avya todo lo que Gordyano avya
dycho, dyxo: "Señor primo: *quien buen mensajero enbya,*
buena rrespuesta espera. Avés me dycho tantas /XVIIIᵛ/ y tales
cosas y en tan pocas palabras, que muy contento y satysfecho
quedo. Cuanto a la salud del príncipe Dyonys y de su coronacyón, no nos puede venyr mal dello, porque mejor trataremos
con uno—y que sea el rrey—que con myll, y mejor podrá hazer
lo que queremos el señor que no los vasallos. Quanto a esto—ya
veys, primo, my parescer. A lo de la venyda de sus señores
condes, no lo tengo por mal, porque son señores y de tan alta
sangre y ellos mysmos tan nobles y valerosos que nunca pornán

fuego a nuestras estopas,[2] mas antes procurarán que se haga
tregua y que nos sea dado lo que syenpre an dado, y su venyr
para el concyerto—antes tengo por cyerto que nos aproveche
que nos dañe. Que la vylla de Sygysmunda—el rryo es su
especyal amygo—y tan byen guardada la tyene que syn ellos o
con ellos ella está segura y nosotros fuera de cuydado de la
tomar. Pues que su venyda nos pueda dañar—ya[3] lo veys—que
aunque venga el rrey con el rrey de Ungrya y de Boemya, tanto
mal nos harán todos como estos señores que solos vynyeron, y
quando todo el poder del mundo vynyese—¿qué nos pueden
hazer? ¿Avemos de hazer syno tornarnos a nuestras casas syn
daño ny pérdyda? ¿Quién nos entrará a buscar? Lo que perdere-
mos y el daño que nos puede venyr—¿será más de tornarnos syn
lo que nos suelen dar? ¿Y quando todo el mundo vynyese, an de
estar aquy syenpre? Ellos ydos, y nosotros tornados a salyr por
esta tierra hasta donde querremos. Myrad, señor primo, que
estos pocos nos han hecho más mal y daño que sy todos los que
he dycho vynyeran, quitándonos las vytuallas, tal que syn
esperar, nos ayamos de tornar a nuestras casas no hallando qué
comer, y an puesto los mantenimientos adonde muy seguros
están.[4] ¿Pasar a la tierra llana? ¿Cómo yrá la gente syn comer
IIII o V dyas al menos? ¿Pues, que nos trayan[5] la provysyón de
las montañas?—es imposyble. ¿Esperar a que vengan? Asy que
más rrecaudo an puesto de lo que avyamos menester. Ya que de
una manera o de otra pudyésemos esperar, ¿qué daño les
podemos hazer ny guerra no les podyendo tomar nada ny
ofendellos? En lo del seguro de los mensajeros y tronpetas,
avéys, primo, hecho lo mejor del mundo porque con más
dylygencya y brevedad se podrá negocyar nuestro despacho. Por
Dyos, señor, que después que esta mañana partystes, avemos

---

[2] *estopa*: "es lo gruesso del lino que queda en el rasrtrillo
quando se peyna y rastrilla" (Covarrubias).

[3] ms=yo

[4] ms=estas

[5] *trayan*: "traigan."

hablado mucho porque esas nuevas del rrey ya las supymos por muy cyertas. Esta noche entraremos en consejo y tomaremos el mejor parescer; en lo del campo byen será hablar en ello, más floxamente, syn concluyr la manera. ¿Cómo lo aceptaremos?— que será fuerça esperar algunos dyas para adereçar y proveer en lo que será menester, ayunando, syn tener qué comer—ved sy podemos hazer fyeros—que mucha gente no tyene ya nada."

En esto llegaron al rreal y fueron a descavalgar a la tyenda del duque.

Capítulo XXV. De lo que los cysmáticos acordaron en consejo

Luego vynyeron muchos cavalleros y señores; entrados en consejo y altercadas muchas cosas, al fyn concluyeron en lo que el duque y Gordyano avyan hablado, y más acordaron que sy les fuese pedydo concyerto para asentar treguas, /XIXʳ/ que las dysymulasen como que no las queryan, y que con astucya las procurasen—pues con ellas o syn ellas era fuerça tornarse—y que en aquella yda podryan descubryr tierra y saber lo que les cunplya. El consejo acabado, el duque se bolvyó a Gordyano, rryendo, y le dyxo: "Señor primo, a vos toca esta jornada—pues tan buen principyo le dystes, con mejor fyn y conclusyón sé que vernés. Aunque estos señores callan, yo conosço que todos lo querryan—que vos, señor, vays. Estos señores lo desean y yo os lo rruego mucho, y sy, señores, acyerto en lo que querrés, syn hablar, dezyldo."

Todos levantados en pye dyxeron: "¡Sy señor, sy señor, que ésa es la verdad!"

Asy fue acabado el consejo; cada uno se fue a su tyenda o choças y aposentos que de rrama tenyan hechas—muy bastecydos de fuegos y leña y con mucha falta qué guysar en ellos. Pasaron aquella noche como pudyeron, con muchos grytos y estruendo y alaridos y cantos y bayles—no por guarda del rreal ny myedo de los enemygos, que muy desygual hera el partydo— mas por semejarse o parescer a soldados castellanos, que quando an gastado—o mejor dyré jugado—quanto tyenen, y no les queda qué comer, cantan y baylan. Sy les preguntáys por qué en tienpo de tanta hanbre y necesydad están alegres, rresponden: "Callá, descreo otro de tal, que *quien canta, sus males espanta.*"

Capítulo XXVI. De lo que hordenaron los de la vylla en consejo

Los condes y todos los señores en consejo tornaron a confyrmar lo que en la noche se avya concertado; eligeron IIII cavalleros para yr a la negocyacyon, y con ellos a Ludovyco de Narçón. Los elegidos: el uno fue el señor Vitores; el otro, el señor Brygyo; el otro Pantaleo, cavallero principal y de mucha rrenta, muy sabyo; el otro, el señor Jorge, muy esforçado y sabyo, de la mysma vylla. Dycholes todo lo que convenya—como avés oydo—dyxeron: "Señores, estarés apercebydos para quando el capitán vynyere—que no esté esperando—y será que en la torre del yglesya mayor—que es muy alta—esté una guarda, y en vyendo salyr gente del rreal dé tres golpes a la canpana mayor; en oyéndolos saldrés a cavallo de vuestras posadas a la ysla, y quando avrés estado algún poco saldremos todos a pasearnos por la ysla syn llegarnos adonde estarés, y quando algo querrés consultar, podrá venyr uno a nosotros."

Pantaleo rrespondyó: "Señores, no me paresce que nos devéys de enbyar, atadas las manos, a tal negocyacyón, porque ya sabemos lo que al servycyo del rrey, nuestro señor, y a la honrra de vuestras mercedes y a nuestro provecho convyene; que vyendo que syn consulta no podemos concluyr, serán cyertos de dos cosas: la una, que queremos alongar estos negocyos—lo que mucho avemos de guardar que syentan—lo otro es que nos hazés de poca autoridad y saber y menos confyança. Por tanto my pareçer sería enbyarnos como a honbres en quien, señores, os fyáys, y que tenemos tanto saber que sabremos /XIXᵛ/ negocyar estos negocyos, y pues por darnos honrra, señores, nos enbyáys: lo que por una parte nos dáys no nos lo quités por otra."

Todos dyxeron a los condes: "Señores, Pantaleo tyene

mucha rrazón: que vayan como cavalleros en quien el rrey, nuestro señor, y vuestras mercedes tyenen mucha confyança."

El conde de Belvys dyxo: "Por my, que la voluntá del señor conde ny la mya hera syno por honrrar a estos señores, y sy de consulta se les dyxo, fue porque más presto se dyese asyento y conclusyón; mas pues asy quieren, vea vuestra merced lo que manda, que yo. muy contento soy dello."

El conde de Selachán dyxo: "Señor, soy muy alegre porque menos fatyga ternemos, y pasaremos por lo que estos señores hizieren, porque haziéndolo como dellos se espera, el rrey, nuestro señor, será servydo y les hará mercedes y nosotros les quedaremos muy oblygados y ellos muy honrrados y contentos. Asy que, señores, estad aperçybydos y atentos en syntyendo la campana." Asy se partyeron cada uno a su posada.

Capítulo XXVII. De lo que los cysmátycos acordaron

El capitán Gordyano otro dya de mañana se fue a la tyenda del duque, que ya se andava paseando alderredor della con muchos cavalleros y señores y con los III capitanes de los IIII cantones; de todos fue muy byen rreçebydo, y apartándose en un prado y tornado a rreplycar lo de la noche pasada, acordaron aquello mysmo.

Un gran señor, conde del Valle de la Escura Entrada, que Justyno avya nombre—muy sabyo y esforçado—dyxo: "Señores, ya veys el trabajo en qué estamos, por lo que mucho nos convyene abrevyar estos negocyos—aunque con poco provecho sea—porque lo que sacaremos será hallallo, no pudyendo esperar ny hazer nyngún daño según tyenen proveydo. Yr el señor Gordyano a la vylla a negocyar—será fuerça tornar cada ves a consultar—será gran dylacyón. Paresçer me ya[1]—con perdón, sy mal, señores, os parescyere—que vaya el señor duque, nuestro capitán general, desconoscydo en su conpañya, y los

---

[1] *parecer me ya*: "me parecería."

que querrá, mas llevar destos señores tanbyén dysymulados que
no sean conoscydos, y estando todos presentes al negocyar se
podrá tomar o dexar qualquier partydo syn dylacyón. Y no se
haziendo asy, será mejor hazer de grado y presto lo que avemos
de hazer por fuerça y tarde: que es dezilles que se queden en
buen hora, y tornamos a nuestras casas, pues no podemos hazer
otra cosa."

Asy fue acordado de todos que se hiziese porque muy byen
parescyó a todos. Su consejo concluydo, éstos aconpañaron al
duque hasta su tyenda, donde muchos quedaron a comer, y fue
hordenado que en avyendo comydo—que muy tenprano hera—
que estuvyesen aparejados. Los que con Gordyano avyan ydo el
dya antes, en syntyendo la tronpeta el duque y otro capitán y III
señores fueron en su conpañya. Acabado de comer, fue tañyda
la tronpeta y cavalgando syguyeron el camyno de Sygysmunda,
hablando en los² negocyos. El duque y los otros señores
llevavan sus aljubas y lo demás como³ /XXʳ/ la otra gente de
Gordyano; los de la vylla, en salyendo del rreal de la torre les
fue hecha la señal—como les avya sydo mandado—y los IIII
dyputados, en syntyendo la campana, cavalgando, se salyeron a
la ysla, y los unos de la una parte del rryo y los otros de la otra
se vynyeron a poner en fruente, los unos de los otros, y
quitados sus sonbreros y baxándose mucho las cabeças muy
cortesmente se saludaron.

**Capítulo XXVIII. De lo que los de la villa y cysmátycos
pasaron y concertaron**

El capitán Gordyano preguntó: "Señores, ¿está ay¹ el my
amygo Ludovyco de Narcón?"

"Sy, señor," rrespondyó él mysmo. "*Vuestra merced* sea

---

² ms=los(excised ne) negocyos
³ ms=*como* repeated on reverse of folio
¹ ms=estay

byen venydo."

"Y, vos, señor, muy byen hallado. ¿Quyén son esos señores que con vos están?—que muy poca gente vyene. No sé la causa, que yo asy torno como ayer."

"Señor," dyxo Ludovyco, "IIII destos señores son elegidos por los señores condes y por los señores de la provyncya y de la vylla para que vengan a entender y tratar con vos, señor, porque mejor y más syn contraste se negocyara con IIII que con C, porque entre mucha gente ay muchos paresceres y voluntades y pasyones, y a esta causa an dado toda la lybertá a estos IIII señores, para que asyenten en nombre de todos lo que les parescerá a su voluntá y querer—y no pyense *vuestra* m*erced* que se haze por otro rrespeto. Los condes y los otros señores y cavalleros saldrán a pasearse por la ysla syn hablar ny entender en cosa alguna, no para más syno para veros, señor, y hablaros, que muy afycyonados os han quedado; que dygo de verdad que tanta gana tyenen que estos negocyos s'acaben por gozaros y conversaros como por otro nyngún rrespeto. No lo desean por daño que, señor, les podés hazer—que byen ves que es nynguno."

Gordyano rrespondyó: "Señor Ludovyco, syempre estáys sobre el avyso de apocar el daño que os podemos hazer y la potencya de nuestra gente. Dyg'os de verdad que sy por my no fuera—que lo he dylatado hasta ver vuestras voluntades—que el señor duque, nuestro capitán general, estuvyera a esta hora más de seys leguas de aquy, en tierra llana, y dexaros atrás—pues no soys parte para salyr de la vylla tras nosotros—y enbyar por más gente y yrnos mucho por la tierra llana adelante, haziendo guerra a fuego y a sangre y tanto mal qual nunca fue hecho—y aquí ay muchos que saben sy dygo verdad. Y tanto me muestro afycyonado a lo que os cunple y que aya algún concyerto, que a la fyn creo que seré tenydo por sospechoso de los myos."

"Señor capitán," dyxo Ludovyco, "a lo que *vuestra* m*erced* dyze no son menester testygos, quanto más que lo que, señor, dezys es muy lymytado: que dezys que que los condes saben la verdad. No dezys que lo afyrmarán ser asy, mas que saben la verdad. Quanto al pasar adelante: acá os serán dados dyneros por que pasés, de lo que somos cyertos que podrés pasar, mas vosotros, señores, muy incyertos del tornar. Por tanto—quanto a esto—haga el señor duque lo que le paresçerá, pues más a su provecho que al nuestro convyene. Mas parésceme que el tienpo no se nos pase en hablar fuera del propósyto, porque la brevedad destos /XX\(^v\)/ negocyos más a vuestro campo que a nosotros convyene, porque estar a plazer y byen proveydos[2] y seguros— byen veys, señor, quanta ventaja os llevamos. Señor Ludovyco: aunque otra cosa no ganase en estos negocyos syno hablaros y conversaros me paresce ganar mucho en aprender de vuestro saber y habla, que dygo de verdad, que nunca pensara que tales y tantas dysymulacyones y invyncyones estuvyeran en una persona sola y tan byen aprobadas y confyrmadas por tan gentyl stylo, tocando la[3] techa como buen tañedor, syenpre en nuestro daño y poco poder. Dexadas todas cosas aparte, enpeçemos a hablar en lo del desafyo: que yo trayo poder de nuestro capitán general para que se haga como lo pedystes; por ende, luego nos enbyad el cartel del desafyo como lo dexistes; que será açeptado para que luego se ponga en efecto," y dycho esto calló.

De aquí adelante, cada ves que Ludovyco avya de hablar, preguntava a los dyputados lo que mandavan que dyxese, y asy lo dezya. Vysto aver callado, mandaron rresponder que heran muy contentos de le enbyar el desafyo otro dya de mañana, al qual rresponderyan a su plazer quando quysysen.

"¿Quando querremos?" dyxo Gordyano. "El rresponder ser luego a la hora, y el cunplyr y poner en efeto después de aver hecho colacyón, por que mañana se despache y cada uno pueda hazer lo que querrá."

Ludovyco rrespondyó: "Asy sea, señor, que muy contentos somos, mas quisyera que más tienpo estuvyérades en esta tierra para poder os servyr, como es my deseo, y no tornaros a vuestras casas syn nynguna ganancya ny provecho. Mejor fuera

---

[2] ms=proveydos (excised mas a nuestro bye) y
[3] ms=la (excised habla) techa; the text seems corrupted here.

no aver venydo que tornaros syn asentar treguas y llevar lo que otras vezes avés llevado y no yros manvazyas, que esto del campo no escusará el asyento al propósyto que soys salydos: que es aver algun socorro y mercedes del rrey nuestro señor, que sy treguas se hiziesen, después se harya el campo por exercytar las personas y aumentar y honrrar la cavallerya."

"No quiero negaros," dyxo (Gordyano), "que la provysón que esos señores hizieran en quitar los mantenymyentos que no nos haya sydo harto daño—de lo que muy sentydos estamos— porque las otras vezes que salyamos a asentar treguas hallávamos bastymentos, y aunque algo se tomava no hera tanto el daño que mucho provecho no quedase en esta tierra—de lo que se conprava por que todo no yva a barysco.[4] En esta provysyón que avés hecho, mostráys que no queréys nyngún concyerto syno que nos tornemos. No nos podemos sufryr ny esperar, y es fuerça de nos levantar de aquy; mas antes moryr que tornar atrás, syno pasar adelante y esperar: será con tanta gente que sy el emperador Sygysmundo estuvyese aquy, tan próspero como ya estuvo, con todos los rreyes que con él estavan, no serya parte para nos poder rresystyr; y os dygo que antes de seys dyas estarán en tierra llana de nuestra gente más de CC myll honbres de guerra, donde syn contradycyón tomaremos y rrobaremos y quemaremos, matando y destruyendo como se nos antojare; que mucho más ganaremos de la guerra que de las pazes, /XXIʳ/ y nos quedará la puerta abyerta para tornar quando querremos."

Ludovyco: "En lo del campo se concluya; que en esotro, será, señor, *vuestra alma en vuestra palma.*[5] Mas, mejor me paresce que serya tomar del rrey, dado como syenpre avés hecho, que tomallo ny roballo por fuerça, que es deservyr a Dyos y enojar al rrey y tomar y rrobar a los pobres, que culpa no tyenen—y no queráys, señor, ser más ny poder más de lo que

---

[4] *a barrisco*: "llevarlo todo" (Covarrubias).

[5] *vuestra...palma*: A "refrán" indicating that one has the choice to proceed or not.

vuestros antecesores quisyeron y hyzieron, que muy esforçados
y sabyos señores fueron. No se cumpla el enxemplo que *quien
todo lo quiere todo lo pierde.*"

Gordyano: "No me paresce que lleva medyo {de} darse
asyento."

"Sy hará," dyxo Ludovyco, "y con vuestra honrra y provecho estos señores dyputados lo querryan, porque son vuestros
vezynos y querryan estar y que estuvyésedes fuera destos
trabajos y tramas."

"Tanbyén lo querryamos," dyxo Gordyano, "sy vyésemos
manera para ello, mas no la veo."

"Sy verés sy querrés."

"¿Cómo será?—que en consultas y rrespuestas pasará
mucho tienpo—lo que no podemos ny queremos esperar."

"Pues, señor capitan, esperad un poco; que estos señores,
aunque no hera menester dar parte a los condes, quieren yr a
hablalles—que ya los veys con toda la cavallería yr paseando por
la rribera de la otra parte del rryo."

"Sea en nombre de Dyos, que yo esperaré."

Capítulo XXVIIII. De lo que los condes y Gordyano concer-
taron

Partydos los que estavan elegydos para los condes, acordaron de venyr todos de conpañya y con el acuerdo que oyrés.
Gordyano quedó hablando con su capitán general y con los
otros señores, y tenyan todos por byen de tomar algún partydo
o asyento, pues que syn dylacyón fuese. Los condes, llegados, lo
saludaron, quitando sus chapeletes y todos los que con ellos
venyan. Lo mysmo hizo el capitán y todos los que con él
estavan.

Ludovyco dyxo: "Señores, por que creáys que estos señores
son amygos de conclusyón querryan—sy fuera posyble—que el
rryo no fuera tan ancho, mas tan estrecho que hablar os
pudyérades de çerça por que muy presto se hallara corte a estos
negocyos. Mas no puede ser—que entrar vosotros señores acá no

os fyaréys, aunque byen podríades salyr. Estos señores allá—
pues no os fyáys dellos—vosotros les mostráys lo que an de
hazer, que es estarse en la vylla. Lo que se puede hazer es que
venga una barca o dos o más en que se metan estos señores y
se lleguen çerca de la rribera del rryo donde no puedan ser
ofendydos y les podáys y os puedan oyr para que dylacyón no
aya."

"Byen me paresce," dyxo Gordyano, "que asy se haga.
Vengan las barcas, que yo esperaré o estos señores se pueden yr
a enbarcar y venyr."

"No es menester que vayan, que aquí los esperarán y
myentra vyenen pasaremos tienpo en hablar."

Luego enbyaron por las barcas, que muy poco tardaron en
venyr, y fueron III—de pescadores heran. Entrados dentro, se
llegaron çerca de la rribera, donde muy cortesmente se tornaron
a saludar, y enpeçando a hablar en el asyento que se avya de
dar, enpeçaron de hablar del desafyo. Fueles rrespondydo lo que
estava conçertado, de lo que ellos fueron contentos, porque otra
cosa no queryan syno que no /XXI^v/ vynyese en efecto. En lo
del concyerto de las pazes o tregua, le preguntaron qué horden
querra que se dyese; Gordyano dyxo que la mejor y más breve
que ser pudyese.

Jorge, uno de los elegidos, dyxo: "Señor capitán, pues ya que
estamos tan çerca no cunple terçero. La causa de vuestra venyda
{h}a sido por rrecebyr mercedes del rrey, nuestro señor, como
vos otros y vuestros anteçesores an rreçebydo; y pues ésta es la
causa, ved sy querés hablar en lo que haze al caso—que es en el
tienpo de las pazes y en lo que querés que se os dé."

Gordyano: "Bien me paresçe que querés conclusyón y asy
os cunple; que de otra manera veríades como yrryan las cosas."

Jorge, syn esperar que el capitán acabase, algo avyscaynado[1]
rrespondyó: "Señor capitán, no dygáys eso, que esto es lo que
nos cunple—que cyerto sy solo estuvyera, y aunque aconpaña-

---

[1] *avyscaynado*: "angry"; I have not found this word in any
dictionary, however.

do, pues que los señores condes no se hallaran aquy, syn más esperar me partyera por dexaros tornar en salvo y sanos, presto y syn provecho ny ganancya a vuestras casas, pues que al no podés hazer."

Gordyano, sacado de las cortesyas, hera algo humoso; dyxo: "Señor, no gastemos tienpo en palabras syno mano a las obras."

El duque, que detrás del capitán estava, se llegó cabe el oreja y dyxole: "Quedo—no descompadrés en nynguna manera, que no es tienpo."

Pantaleo, que estava atento myrando al capitán y vyendo llegar a hablarle al oreja, myró mucho al que hablava, y como avya tienpo que no lo avya vysto no lo conoscyó, mas figúrosele que lo conoscya y el ábyto le hazía no lo conoscer. Gordyano, fyngendo que querya escupyr, se bolvyó a medyo lado porque no lo avya entendydo, y al tienpo d'escupyr baxóse algo y quedó el duque, descubyerta toda la cabeça. Pantaleo lo myró con mucha voluntá de lo conoscer, y myrando lo conoscyó—que hera el duque d'Ater—y muy sosegado se metyó detrás de los condes, dyzyendo: "Señores, no es tienpo que dyga lo que syento, mas de suplycaros que a todo lo que yo dyxere no me contradygáys ny estorvéys que no haga lo que querré."

"Hazed en buenhora," dyxeron los condes, y dysymuladamente se tornó a donde estava.

El capitán, algo rreposado por lo que el duque le avya dycho, dyxo: "Por my fe, buena manera de concordya es ésta que en palabras queráys syenpre llevar la ventaja."

Rrespondyó Pantaleo: "Señores, ¿querésme dexar tomar este cargo a my solo?—que yo haré que todos quedemos contentos."

Los condes dyxeron: "Hazed, señor, lo que querrés."

Pantaleon dyxo: "Donde muchos ay no pueden ser de un parescer. Señor capitán, esperá que con ayuda de Dyos yo lo concluyere byen y presto," y llamó una de las barcas y dyxole: "Tomáme dentro, que yo quiero llegarme más çerca y hablar solo con él."

"Señor capitán," Gordyano dyxo, "señor, mucha merced me hazéys," y tomado en la barca hízose llegar muy çerca de tierra.

Dyxo: "Señor capitán, no os llegés más al rryo {por} que yo

pueda esta(r) seguro."

"No llegaré," dyxo Gordyano, "mas aunque me llegase ny saltásedes en tierra, sed seguro vos y vuestra barca y todos los que en ella están sobre my fe de leal cavallero y capitán que nyngún daño rrecybáys."

"¿Asy, señor, me lo /XXIIʳ/ prometéys?" dyxo Pantaleo.

"Sy, por cyerto y por verdad," dyxo Gordyano.

"En nombre de Dyos sea—llega más la barca en tierra," y llegada, que pudo saltar en tierra, asy lo hizo, y se fue derrecho y solo al capitán y le tocó la mano como es usança de aquella tierra.

Capítulo XXX. Como fue conoscydo el duque y el concyerto que se hizo

Luego se llegó al lado del capitán y myró a los condes y a los otros señores que con ellos estavan, y les dyxo: "Señores, mal m'an sabydo guardar para que no me pasase destotro vando; sy avrá allá alguno que quyera conbatyr comygo aquy estoy aparejado," y fyngendo que querya tomar una lança, se bolvyó atras.[1] Quiso tomar la lança que el duque tenya en las manos, que a las espaldas del capitán estava por más dysymulacyón, y no ser conoscydo el que echando mano della, bolvyó a myrar quyen la tenya, y vysto, dyxo en alta bos: "O señor todo poderoso, como puede ser que un tan gran señor y de tan alta sangre y linaje tan dyscreto, byen criado y tan esforçado estar escondydo a tal negocyacyón; pues syn vuestra merced no se puede hazer nada. Señor, del byen que aquí se hará—sed vos, señor, el capitán—como lo soys—y gana el grado y las gracyas para con Dyos, escusando tantos males como están aparejados, y con el rrey, nuestro señor, guardándole sus tierras y vasallos que no rrecyban daño; que soy cyerto que muchas mercedes os hará." Y dycho esto se llegó al duque a tocalle la mano.

---

[1] ms=atras a quiso

Como el duque vyo que era conoscydo, rriendo, lo abraçó—
que byen lo conoscya—y con cara muy alegre le dyxo: "Pantaleo, o Pantaleo, *por eso sabe el dyablo mucho—porque es
vyejo.* Lindamente avés descubyertos nuestras celadas—plega a
Dyos que por byen sea."

"Así sea,[2] señor," dyxo Pantaleo, y buelto a hazia los
condes y señores dyxo: "Una gran cosa he descubyerto, y es que
el señor duque d'Ater y capitán general de las montañas estava
aquy encubyerto detrás del capitán Gordyano. Helo aquí,
señores, que lo tengo por la mano. ¿Pudyeran creer vuestras
mercedes que en tan poco tienpo y tan desarmado tal presa
ovyera hecho?"

Todos los que en la barca estavan quedaron muy maravyllados, y quitados sus chapeletes, se humyllaron hasta poner las
rrodyllas en la barca. El duque y toda su gente hizo lo mysmo,
con tanta cortesya que yguales quedaron. El duque dyxo:
"Señores: vuestras mercedes sean byen venydos y plázeme que
allende de aver proveydo tan byen en las cosas de la guerra—de
que mucho daño nos vyene—venys, señores, tan byen proveydos
para caça: pues traes tan buenas ventores y rrastreros, que no sé
cómo [h]a sido que Pantaleo m'a sacado por rrastro."

Rrogados los condes, rrespondyó el conde de Selachán:
"Vuestra merced sea muy byen hallado y en mucha merced
devemos tener a Dyos, que, señor, nos ayamos vysto, con la
qual vysta ya tenemos por acabadas todas nuestras dyferencyas
a pro y honrra de todos." /XXIIͮ/

Pantaleo dyxo: "Señor, aunque v*uestra* m*erced* oyó en lo
que estávamos, que hera por quanto tienpo se harán las pazes
o treguas y la cantidad que querrés que el rrey, nuestro señor,
os haga merced y socorro, de verdad que nunca en eso hemos
hablado, y será fuerça comunycallo con los señores y cavalleros
que en el campo quedan, y con su voluntá y consejo hazer lo
que se hiziere."

Dyxo el conde de Belvys: "Byen [h]a dycho su merced, mas

---

[2] ms=ser

hablemos en lo que al canpo convyene: que es que queriendo
venyr en algún concyerto por que no rrecyban tanto daño en
estar syn vytuallas que se tenga alguna manera que no les falten
provysyones."

Dyxo el capitán Gordyano: "Señor conde, *nunca de buen
árbol salyó tryste fruto.*"

Pantaleo dyxo: "Apártese v*uestra* m*erced* en ese prado, que
yo me quiero tornar a la barca, y aquellos señores darán el
mejor asiento que podrán, y tanbyén estos señores piensen en
ello."

"Byen dezys: enbarcaos en buen hora."

Capítulo XXXI. Del concyerto que se dio

El duque y los suyos hallavan que qualquier concyerto hera
bueno, mas no sabyan qué pedyr; delyberaron esperar a ver lo
que los condes dyryan. Tornado Pantaleo a los condes, y
buscados muchos rremedyos, no les parescyan ser buenos. Dyxo
Pantaleo: "Señores, lo que me paresçe—pues se ha de hablar[1]
en tienpo de las treguas y la cantidad que quieren[2] dárgela—no
es posyble que se haga tan presto, y será bueno ponelles un
partydo: y será que hagan rretyrar toda la gente a las montañas,
y que el duque quede con myll de cavallo en Goranda—que es
medya legua de aquy—que hezistes despoblar, que muy buenas
casas tyene y en buena comarca çerca del rryo, lugar de mucha
caça y pesquerya. Y en el tienpo que en esto s'entenderá, les
mandarán vuestras mercedes llevar a los de la comarca a vender
mantenimientos, que más les serán llevados que avrán menester."

Los condes y los otros fueron tan contentos que no se
sabrya dezyr de tal partydo; luego le hizieron tornar[3] al duque,

---

[1] ms=habar
[2] ms=quieren (excised y) dargela
[3] ms=tornar (excised con el) al

y llegado, le dyxo: "Señor, yo vengo por saber lo que *vuestra merced* {h}a pensado, y dezyr tanbyén lo que aquellos señores an acordado."

"Por my fe, Pantaleo," dyxo el duque, "que como lo que se {h}a de hazer con nosotros {h}a de venyr de vuestras manos, estamos esperando vuestra rrespuesta—la qual, aunque del todo no rresponda a nuestro propósyto y voluntá, quiçá nos concertaremos y pasaremos por ello."

"Señor, lo que aquellos señores os enbyan a dezyr es …" y contóle lo que ya oystes.

El duque dyxo: "Pantaleo, sobre eso no es menester que hablemos más, y por que veáys quan allegados somos a rrazón y querer el servycyo del rrey y el byen desta tierra, somos contentos de hazer tornar la gente dentro de las montañas, y yo quedaré en Goranda con los myll de cavalleros que dezys, con tal condycyón: que en ocho dyas se asiente el tienpo de las treguas y lo que nos an de dar, y en este mysmo tienpo de los ocho dyas nos sean dados los dyneros y las otras cosas que nos avrán de dar."

Rrespondyó Pantaleo: "Que en este tienpo se declare /XXIII^r/ por quanto tienpo an de ser las treguas y lo que se os ha de dar, byen se podrá hazer—mas cunplyr y dar el dynero y lo ·demás no será posible, porque el despacho del dynero a de venyr de la corte. Aquellos señores an de rresponder—esto no cunple perder tienpo en yr y tornar. Baste que asentadas las dos cosas que en el cunplyr los condes os prometerán, de lo cunplyr— ellos de lo suyo, o de lo ageno—en el tienpo que os prometerán. Señor, quyen os mata ny os da priesa[4] en buen lugar estarés y byen vycyosos y proveydos de todo lo que avrés menester; sy algo se tardare el cunplyr yo haré que os sea dado para ayuda a la costa más de lo que os será prometydo."

Apartado el duque con los suyos, tornó dyzyendo que heran contentos que lo concertasen con los condes. Tornado Pantaleo,

---

[4] I assume that this is a piece of a proverb, however, I am unable to supply the missing portion.

fue concertado que aquello se asentase, con toda seguridad de
la una parte a la otra. Llegadas las barcas çerca de la rribera,
hechas muchas cortesyas los unos a los otros, fue tornado a
rrelatar el concyerto que quedava asentado; lo que el duque y
los otros dos capitanes y señores y cavalleros de su parte
juraron y alçaron sus manos derechas de lo guardar y cunplyr so
pena de abenos[5] infames y fementydos. Los condes y todos los
otros señores y cavalleros que con ellos estavan juraron lo
mysmo, so las mysmas penas. Hablaron un poco en otras cosas,
y con mucho amor y caras alegres se despidyeron, asegurándose
para andar y estar seguros: desta manera se despidieron.

Capítulo XXXII. De lo que hizieron los condes y los del rreal

Los condes tornaron a hazer consejo, y hallávanse muy
contentos de aver hallado tan buen partydo y rremedyo presto
y syn daño; que sy a tierra llana pasaran, tan desesperados
estavan que mucho mal ovyeran hecho. Luego despacharon
honbres por la comarca para que les llevasen vytuallas: a unos
pan cozido, cevada otros, carnes, gallynas y frutas, a otros
çerveza, de manera que nada les faltase. Los condes mandaron
a la vylla que aquella noche tomasen cyen azémylas y que las
cargasen de las vytuallas ya dychas, y que fuese con ellos
Ludovyco de Narçón y que un hora de dya se hallase en
Goranda, y que en todas maneras llegasen antes que el duque
llegase; y que por la puerta donde el duque avya de entrar,
pusiesen lo que llevan en tyendas, como sy estuvuyesen para
vender. Lo que asy fue hecho, despacharon correos al rrey, con
los quales le hizieron saber del concyerto que tenyan asentado:
que su señor mandase enbyar presto dynero y las otras cosas
que se les avyan de dar, porque mucho mal y daño se estorvava
en que el concyerto ovyese efecto. El duque y los capitanes
tornaron a su rreal muy más alegres y contentos que nunca

---

[5] *abenos*: This word has thus far proven elusive.

pensaron, porque el partydo que avyan hecho les parescya muy bueno, estando /XXIIIᵛ/ en el térmyno en que estavan. En llegando, hizieron consejo, y rrelatado el asiento que quedava hecho, de todos los que {en} el rreal quedaron fueron loadas y aprobadas por buenas.

Otro dya de mañana el duque mandó pregonar que el rreal se alçase y tornar camyno de las montañas: lo qual pusieron de muy buena voluntá en efecto. Con el duque quedaron los IIII capitanes con cada cyncuenta de cavallo; del duque quedaron CC: el rresto de los myll de condes y grandes señores. Puesta la gente en camyno—que muy contentos y alegres yvan—que {no} les cunplya mandar que andasen: que cada uno, syn esperar concyerto ny bandera, andava¹ lo más que podya.

El duque, partyda la gente, se fue a Goranda. En entrando por la puerta de la vylla halló puestas tyendas de las cosas que de la vylla avyan traydo, de lo que mucho holgaron y loaron a los condes de su gran rrecaudo y nobleza. En apeándose el duque, llegó Ludovyco a tocalle la mano; dyxo: "Señor, los señores condes y la vylla de Sygysmunda enbyan a *vuestra merced* estos pocos mantenymientos para rrefresco myentra la comarca trae lo que ser menester, y que *vuestra merced* rrecyba su voluntá y no myre la cantydad—que poca es—y mande *vuestra merced* poner quien la rrecyba y rreparta como será su voluntá."

El duque rrespondyó: "Yo ge lo tengo en merced a los señores condes, y a la vylla mucho ge lo agradesço y con el tienpo—sy byvyere—descargaré de tan buena obra y a tal tienpo en el poner que en la rreparta. Los que lo traen lo podrán vender a quien les quisyere, a su voluntá."

"No, señor," dyxo Ludovyco, "que no se vyene a vender syno a servyr a *vuestra merced* con ello."

"No es rrazón syno que se venda por los vuestros que lo traen."

"No cale, señor, más rreplycar en esto, que sería causa que

---

¹ ms=andavan

cayese en una gran descortesya."

"¿Qué descortesya?" dyxo el duque.

"Señor, tornalla—pues *vuestra merced* no se quyere servyr dello."

"Por cyerto, hidalgo, eso no harés vos, porque no estamos tan bastecydos que no os lo pidyésemos, quanto mas traérnoslo y dexárosla tornar. Muchas gracyas a vos por la fuerça que me hazéys en me la hazer tomar: no por la que queryades hazer, mas del afruenta y del sobresalto en que me avés puesto en dezyr que la queríades llevar. No os quiero perdonar porque quiero que quede para cuando esotras cosas sean acabadas, y entonçes os la demandaré de my persona a vuestra, y por esto quyero saber cómo os llaman."

"A my, señor, me llaman Ludovyco de Narçón, y syenpre seré servydor de *vuestra merced* en quanto mys fuerças bastaren."

El capitán Gordyano, que escuchando estava, y no lo conoscya—que syenpre avya estado lexos. Y vysto que Ludovyco hera, pasó delante al duque, y dyxo: "Señor, este desafyo a my toca, por otras descortesyas que este mal cavallero me tyene hechas—que es el más descortés y mal cryado que jamás vy, como por su habla y mala cryança *vuestra merced* avrá vysto. Déxeme con él, que *a tal carne tal cuchillo,*" y abyertos los braços se vyno a él dyzyendo: "O mal cavallero—/XXIIII'/ ¿estáys aquí y no preguntáys por my?—que os soy y seré muy buen y leal amygo." Ludovyco, que el chapelete tenya en la mano, se quiso incar de rrodyllas; el capitán lo abraçó y lo tomó apretado consygo. Suelto, se bolvyó al duque, diziendo: "Señor, este cavallero es aquél con quien hablé la primera ves que fuy a Sygysmunda, de quyen tantos males he dycho a *vuestra merced.*"

El duque dyxo: "Cavallero, yo no sé qué os dyga—que avés conprado de una compra a my primo y a my por las virtudes y cortesya que de vos me ha dycho—y no quiero más deziros syno que de my y de my casa hagáys y dyspongáys como deudo y amygo; y porque es tarde será bueno yr a comer. Antes que os partáys nos veremos."

"Asy sea, señor."

El duque se entró en su posada, y él quedó con el capitán, que no lo dexava de la mano. Abraçándolo, dezía: "Tenya tanta gana, señor Ludovyco, de os ver, que nunca pensé ser contento. Pid'os por merced que sy algún cavallero avrá[2] de venyr d'aquí adelante, que seáys vos, y tomáys este trabajo porque quiero que el duque mucho os conosça, y como yo os amo, os ame. Que el señor que mucho precya a los buenos y les haze muchas mercedes y en vos, señor, serán byen empleadas."

"No sé," dyxo Ludovyco, "quando pueda servyr tantas mercedes. Por my no quedará mostrar con obras my deseo quanto al tornar eso; es para my la mayor merced del mundo, mas querrya que my servyr fuese en cosa en que peligro y fatyga me fuese," y porque llegaron otros capitanes çesó la habla.

Capítulo XXXIII. Como los otros capitanes se fueron con Gordyano

Estando hablando Ludovyco y Gordyano, llegaron otros dos capitanes; dyxeron: "Señor capitán, yremos a comer."

"No sé, por my fe," rrespondyó, "ny qué ny dónde. En eso mysmo estamos, que nynguno de los nuestros vemos, ny quien nos sepa dezyr dellos."

Estando en esto, el mayordomo del capitán Gordyano lo andava buscando; vyno a él. "Señor, ¿querés yr a comer de lo que trayamos y de las frutas que de la vylla vynyeron?—que esperar a que se tome otra cosa y se guyse byen será hecho para cenar y aun más tarde; por eso, señor, esta comyda tomalda como la hallardes."

Los otros capitanes dyxeron: "¿Avés vysto alguno de los nuestros?"

"No cyerto, señores, mas para tener mal rrecaudo podrán vuestras mercedes venyr con el capitán, my señor, por que

---

[2] ms=avran

quantos más fuerdes peor rrecaudo ternés. Lo que ternés será,
que *mal de muchos gozo es.*"

"Por cyerto, mayordomo, que dezyys verdad. Vamos, señor
capitán, a vuestra posada; estando allá parescerá nuestra gente
y cada qual vendrá con su merendylla." Asy se fueron todos
juntos.

Gordyano muy buena casa tenya: mucha plata, gran
aparador y muchos servydores; mas tenyan tan poco que traer
a la mesa que mano sobre mano estavan. El comer y los
manjares fue tanto que la baxilla tan lympya quedó como antes
que a la mesa se pusyesen. El comer fue corto y myserable, y el
rreyr y burlar en mucha cantydad y abundancya; y de mano en
mano venyan servydores de los otros capitanes con algo de
comer; eran tan dyscretos los que lo trayan a que no heran
cosas tantas y tales con que sus señores pudyesen adolecer.

Acabado /XXIIIIʳ/ el comer, dyxeron: "Vamos a la posada
del duque."

Llegados alla, dyxo Ludovyco: "Señor capitán, yo me
querrya despedyr del duque."

"No hagáys—estaos haquy oy y mañana."

"No, señor, que no será byen; quyçá pensaryan que my
estar no fuese tanto a my plazer, porque syendo yo el primero
que he venydo con el seguro sy no tornase podryan tomar
alguna sospecha y será byen que luego me parta."

"Pues vos, señor, querés," dyxo Gordyano, "hágase a
vuestra voluntad." Tomándolo por la mano, se fueron al duque.
"Señor," dyxo el capitán, "Ludovyco se quyere tornar..."

Y dyxo las causas, por que oydas del duque, dyxo: "Muy
byen me paresçe lo que dyze—que de tal honbre no puede salyr
cosa mala ny herrar. Vaya con la bendycyón de Dyos, que sy
byvymos vernos emos."[1]

Despedydo del duque, enbyó a dezyr a Gordyano que un
poco lo detuvyese; luego enbyó a su cavalleryza por un cavallo
turco, rrucyo, rrodado con una rrica sylla y guarnycyón a la

---

[1] *vernos emos*: "nos veremos."

turquesa, y su atabalete al arzón y una rropa de damasco
carmesy a la turquesça, rrogándole que rrecybyese aquello para
en princypyo de paga y que perdonase el presente y la enbaxada.
Llevó un su cavallerizo,y dycho el mandado del duque, Ludovyco lo rrecybyó muy cortesmente, dando muchas gracyas al
duque y tenyéndogelo en merced. Luego Ludovyco echó mano
a una cadenylla que tenya al cuello, que podya pesar quarenta
monedas de oro, y dávala al cavallerizo.[2]

El dyxo: "Señor, yo nunca os he deservydo—antes deseo
servyr. ¿Para qué de my mal os alegrés y lo procurés?"

Ludovyco[3] dyxo: "Guárdeme Dyos de os enojar, mas antes
os querrya servyr y conplazer, y no sé por qué lo dezys."

"¿Por qué, señor? Porque sy yo tomase la menor cosa del
mundo el duque me harya enpozar, porque sus mercedes y
dádyvas quyere que vayan francas y libres syn pagar nyngún
alcavala ny derecho."

"Pésame que n'os querés servyr de my en lo que puedo al
presente, mas con el tienpo se podrá enmendar."

"Señor," dyxo el cavallerizo, "id en buenhora—Dyos os
aconpañe—que yo quedo a vuestro servycyo."

"Asy vo yo, señor, al vuestro."

El capitán, que algo avya estado apartado; como el cavallerizo se partyó, mando traer un cavallo y luego un tronpeta;
enpeçó a tañer; luego se juntaron cyncuenta de cavallo de su
capitanya. El capitán cavalgó, dyziendo: "Señor Ludovyco,
cavalgá, que yo os quiero aconpañar un poco."

"No es menester."

"Antes sy, que en este princypyo no se sabe por todos los
asyentos entre nosotros cómo están, y donde ay muchos buenos
syenpre ay alguna mescla de malos y podrya acaesçer alguna
cosa que mucho me pesase. ¿No sabéys, señor Ludovyco, que
dyzen que *entre guerra y pas quien mal cae mal jas?*" Dycho
esto, cavalgó y fue aconpañado un quarto de legua, y syendo ya

---

[2] *cavallerizo*: "equerry."
[3] ms=Ludovyco (excised Gordyano) dyxo

toda la gente pasada, se despidyeron.

Dyxo Gordyano: "Pues no tenemos en qué entender, lo más del tienpo pescaremos y andaremos a caça, y será junto a la vylla porque todos podamos gozar del plazer." /XXVʳ/

"Pues vuestra merced asy lo dyze, yo lo dyré aquellos señores para que en vyend'os salgan a tomar su parte."

"Antes me harés merced, y os rruego por que lo dygáys porque ya no ay rrazón para que entre nosotros pueda acaeçer nyngún mal de la manera que Dyos lo (h)a guyado."

"Por tanto conversemos, porque de la mucha conversacyón saldrá mucho amor y amystá, y sy querrés lo que dyremos; sy no haremos lo que querrés."

"Señor Ludovyco, Dyos vaya con vos."

"Y con vuestra merced, señor capitán."

Libro segundo de las cosas que al rrey Dionis acaecyeron

Capítulo I. Como el rrey hizo consejo sobre las cosas de la guerra

Dexemos estos señores los unos y los otros después de aver asentados sus negocyos. Los del consejo hizieron rrelacyón al rrey de las nuevas que entranbos correos traxeron; luego el rrey mandó llamar a consejo a los que dél heran y tanbyén a muchos grandes y señores para hallar algun buen rremedyo: fue llamado Brigyano, duque de Tala; Çesar, duque de Enratan; Catulo, marqués de Guatara; Donadys, marqués de Fenyça; Eletur, marqués de Yeryca; Ensylan, conde de Dyçano; Betulan, conde de Alaben; Batalan, conde de Ytara; Olmedan, adelantado de Pandonya; Salucyano, adelantado de Ynaton y Lucano, vys conde de Fenuca; Dynalyn, vysconde de Leconer; Furmydato, señor de Tyntyran; Nubyn, señor de Nutela; Ugon, señor de Vetalen; Polynaryo, gran condestable; Tyburcyo, almyrante; Gotardo, gran chanciller y a Valerio, conde de Modançón, mayordomo mayor del rrey y de su padre.

Estos IIII syenpre heran del consejo del rrey y muchos

eclesyásticos y letrados, de los quales no dygo sus nonbres, por{que} en aquellas partes ny los llaman ny los meten en consejo de guerra, mas llaman a los que—dado el consejo—yrán y pornán las manos mejor que dyxeron las palabras; y no quedarán en las salas y cámaras en lo rregado con mucha plata y tapeçerya hablando de talanquera.⁴ Pues en cosas de letras ellos se rryen de los cavalleros que hablan en ellas; que es verdad y cosa muy escusada al carpyntero mandalle hazer çapatos. Todos los nombrados heran de gran estado y de rrenta; en presencya de todos se tornó a rrelatar las nuevas—como oystes—de la sospecha que tenyan de las ásperas montañas. Acabadas de rrelatar, dyxo el rrey que dyxesen sus pareçeres: que lo que él querya hera que se hallase alguna manera que no ovyesen de andar. "Ya saben las treguas; ya se ponen treguas sy no asentallas una ves⁵ para sienpre y aunque⁶ costase mucho más." Dychos muchos paresceres no se halló medyo ny rremedyo para hazer lo que el rrey querya. /XXVᵛ/ Hora dyxo el rrey: "Cada uno pyense esta noche, y yo tanbyén pensaré," y con esto se salyeron del consejo. Luego mandó el rrey llamar al condestable y al gran chanciller y al conde de Modançón, su mayordomo mayor, y en vyda del padre procurava y despachava las cosas del rrey Dyonis, siendo príncipe, el qual le llamava 'padrezillo.'

Juntos todos quatro en una cámara, hablaron en el rremedyo para aquella guerra y dados muchos nynguno contentava al rrey. "Agora quiero yo dezyr el myo," dyxo el rrey, "y [h]a de ser muy secreto y es que yo vaya en persona a Sygysmunda con poca gente que no sea conoscydo, y llegado alla haré que los condes enbyen a llamar a los capitanes de las ásperas montañas que vengan a hablalles, junto a la çerca de la vylla. Ellos vernán

---

⁴ *hablar de talanquera*: "quando los que están fuera de peligro, y a su salvo, juzgan de los que andan con sus enemigos a las puñadas, haziendo ellos de los valientes" (Covarrubias).

⁵ ms=vos

⁶ ms=un que

por concluyr y tomar dyneros, y llegados ally, yo los podré ver
y hablar. Seráles dycho quien soy—mal será, que vyéndome,
no aya en ellos tanta virtud y cortesya que no vengan en lo
que querré—y estando yo presente se podrán tomar muchos
partydos para que no andemos en esto cada dya—que más
valdrá un poco de oro por my mano que X por otra—y podremos hallar tantos y tales partydos y medyos que se dé conclus-
yon conforme a my voluntá."

Dyxeron al condestable que rrespondyese, y asy lo hizo:
"Señor, muy byen me paresçe lo que *vuestra señoría* {h}a
dycho; dos cosas no sé cómo se hagan, y es la seguridad de
vuestra persona—en que tanto va—y la otra, cómo podrés yr
que no se sepa."

"Para esas dos cosas yo os daré buen rremedyo."

Dyxo el mayordomo mayor: "Byen podés, señor, dezyr ¿sy
Deus nobyscum—quis contra nos?[7] Vos, señor, soys amygo
y syervo de Dyos según lo vymos y oymos. No cumple sy no
dexaros hazer, pues que d'arriba soys governado."

Dycho esto, el rrey se levantó, dyziendo: "Yo daré tal
rremedyo que seáys contentos y para que no aya efecto. No ay
cosa que estorve ny inpida, syno sy fuere sabydo, y por esto es
menester que se tenga muy secreto. Esperemos que vengan
nuevas que son sabydas. Delybro de yr, y pues ¿no avés de
quedar acá aparejados para yr quando fuere menester?—
vuestras personas y con cada VI de cavallo an de ser principales honbres y de hecho, y en sabyendo otras nuevas, no esperés
que os llamen syno venyros aquí, porque aunque allá en
consejo se propongan y dygan las nuevas y muchos rremedyos
se hallen, no quiero otro syno es éste; y aunque allá quede
concertado uno, acá haremos otro. Salgamos, que ya es tarde."

---

[7] Romans 8:31.

Capítulo II. Como el rrey puso en efecto su pensamiento

Salidos de la cámara, hallaron muchos señores en la sala que estavan esperando. El rrey se sentó en una sylla y estuvo hablando en muchas cosas y tanbyén en las cosas de la guerra /XXVIᵉ/ hasta que los mastresalas entraron con manjar. Alçada la mesa, el rrey se rretraxo. Otro dya de mañana, el rrey fue a mysa a un monesteryo fuera de Rrogena. Tornándose para palacyo, llegó un correo que los condes enbyavan, haziendo saber a su señor como los cysmátycos heran salidos—más de lX myll—y que estavan junto a Sygysmunda; y con esta nueva se tornó a hazer consejo, y no cale rrelatar nada de lo que en él se habló—pues nada dello se hizo. Después de medyo dya llegó otro correo que traya las nuevas de lo que avya conçertado, y pidyendo dyneros, luego se tornó a hazer consejo y fue acordado de enbyar dos tenyentes de tesoreros con mucha cantydad de dyneros y paño y otras cosas, y que luego patyesen, rremytyendo todos los negocyos a los condes; y por un correo les dyeron avyso que presto serán con ellos con dyneros y con todo lo demás, y con este despacho se salyeron de consejo. El rrey y los otros tres se entraron en consejo; dentro en la cámara dyxo el rrey: "¿Qué os pareçe?"

El gran chanciller dyxo: "Señor, ya *vuestra señoría* sabe nuestras voluntades: syga la suya."

"Myra, padrezillo, hasta aquy tenyades nonbre dymynutyvo y pues el rrey, nuestro señor, muryó, no es tienpo que deva de estar syn padre: de oy más quiero que vos lo seáys, y asy os llamaré y empyeço desde agora: ¿qué os paresce, padre?"

"A la fe, señor, ¿qué dygáys y hagáys?—que lo que vemos no está en vuestra mano"

"Lo que quiero," dyxo el rrey, "vos, gran chanciller, avés de tomar muchas cartas y hazed un enboltoryo y dyrésme que un correo del rrey de Ungrya es venydo con mucha priesa y mostráme el enboltoryo. Yo os dyré que las veáys—vos y my padre apartaos solos. Fengidlas leer—vendrés a my, y dyrésme que el rrey de Ungrya vyene a los confines de Polonya a verse conmygo, y que ally m'espera por cosa de mucha inportancya y de mucha priesa, y que dylatando yo no yr, podryan acaescer cosas de mucho daño a entranbos—y dyrésmelas de tal suerte que algunos las oyan—mas no todos—porque las nuevas vayan por toda la vylla. Yo os dyré '¿qué puede ser?' Dyrés que no sabés, mas que os paresçe que syn dylacyón devo de yr a verme con él, y ally conçertaré de partyrme luego mañana, y mandaré adereçar para partyr. El partyr será desta manera: que cada uno de vos otros salga antes del dya y toma el camyno de Faconya con los compañeros que ya os dyxe—los myos ya están por el camyno—que por todos seremos cyento de cavallo, todos de una librea—allá van las rropas para vos otros y para los vuestros. Tanbyén me saldré yo, dysymulado con uno solo y mal vestydo: asy hiré hasta Faconya, que está V leguas de aquy. Ally m'esperarés y hallarés todos los otros. My camarero, que es de my cuerpo, se vestyrá una rrica rropa con una cadena con pyedras y perlas y un papa higo muy cubyerto: desta manera saldrá de la cámara, que no lo sabrá syno su hermano y sus dos hijos que lo acompañarán hasta que esté puesto en el carro, /XXVIᵛ/ y quando entraré llame a su hermano y fynja que le dyze algo, y su hermano dyrá a los de la guarda que sy el rrey no llamare nynguna persona llege al carro, y asy a todo andar andará todo el dya hasta noche. Cúbrase sy pudyere, y sy no, no va nada en ello. Dyga a todos los señores que yo lo he mandado porque asy cunple a my servycyo; y aunque entonçes se sepa no va nada en ello, porque ellos estarán una jornada hazia Ungrya y nosotros otra hazia Sygysmunda—que son dos jornadas—y antes estaremos nosotros dentro de la vylla que nos hallen menos. Pues," dyxo el rrey, "¿qué os paresçe?"

Rrespondyeron que muy byen.

"Y por el camyno, vos, padre, mostraos. Dyrés que vays a vysytar las vyllas y castillos de Rrogena y nosotros nos cubryremos de tal manera de tal manera que no seamos conoscydos."

Concluyeron en lo que rrey dezya porque no les parescya pan de su cosecha. Cómo se concertó se puso por obra y muy secreto que a los X estavan en Faconya todos juntos.

Capítulo III. Lo que el rrey hizo en Faconya y en aquel camyno

En llegando el rrey, luego se vystyeron aljubas de grana colorada a su usança y chapeletes de una manera, con taragetas[1] doradas, pintadas de una hechura. Las veletas[2] de las lanças de damasco carmesy con trenças y cordones, franjas y borlas de oro; las cymytaras guarnecydas de tercyopelo verde y doradas. El mayordomo mayor levava una rropa de tercyopelo carmesy y una gran cadena y una cofya con muchas pyedras y perlas.

No hizieron syno comer y seguyr su camyno; en seys dyas llegaron a dos leguas de Sygysmunda a un valle que se llama Dynaus—muy fuerte—a la boca de unas grandes montañas en un muy hermoso valle que salya un quarto de legua de Sygysmunda. En llegando, pusyeron grandes guardas para que nynguno pudyese salyr[3] de Dynaus syn ser tomado. Ally estuvyeron aquella noche byen servydos y a plazer, que muy secretos y seguros estavan. Ally fueron informados de todo lo que avyan pasado y capitulado del governador de la vylla que a todo se avya hallado presente, y tanbyén les dyxo como el capitán general de las montañas cada dya pasava por Sygysmunda, caçando medya legua más abaxo de la vylla, y que syenpre hablava con los condes y señores, y asy, caçando, se tornava a Goranda.

"Veamos, governador," dyxo el rrey, "¿sy ellos llegan {a} Sygysmunda y nosotros salymos de la boca deste valle, pueden bolverse a su aposentamiento que no nos topemos?"

"No, porque en salyendo nosotros de la boca deste valle quedan ellos metydos en la rred, que no pueden tornar syno por medyo de nosotros, porque desde la salyda al rryo no ay un tyro de dardo—por donde por fuerça an de tornar, /XXVIIʳ/ quando más quando menos—pues sépase sy son pasados y qué gente

---

[1] *taragetas*: "small shield," diminutive of "tarja."
[2] *veletas*: "pennants."
[3] ms=salyr {excised sy} de

trae." Luego enbyaron espyas—plugo a Dyos que empeçavan a pasar caçando y podyan ser cyncuenta de cavallo—oyda la nueva dyxo el rrey: "Vamos, vamos de la vylla." Salyeron con él más de CCC de cavallo y como fueron cerca de la salyda dyxo el governador al mayordomo mayor: "¿Quiere ver *vuestra merced* adónde están y cómo y quántos?"

"Sy," dyxo, y dyxo al rrey, "Veny vos solo comygo y tráeme la lança,"—que nynguno de la tierra lo conosçya. Los tres se salyeron del valle por un arboreda, que byen cubyertos estavan. El rrey los vyo, que pasavan de Sygysmunda y avyan hablado con los condes.

"Padre," dyxo el rrey, "tomá dos de cavallo y yos a Sygysmunda y harés dar a las campanas arrebate de mucha prisa y las tronpetas lo mysmo; salga toda la gente de pye y de cavallo fuera del baluarte y estén quedos hasta que oyan otro mandado y los condes estén con la gente, y dezildes que yo vengo aquí."

El governador quedó espantado y nynguna cosa osó hablar; llamó dos de cavallo y fuese a la vylla. A la guarda de la puerta estavan algunos cryados de los condes, y como lo conoscyeron, fueron a él con gran acatamiento y le dyxeron: "Entre *vuestra merced*," y aconpañándolo lo guyaron hasta la plaza adonde halló a los condes, y como lo vyeron fueron muy maravyllados. Vynyeron a él con el acatamiento y rreverencya que hizieran al rrey. El les rrecybyó muy byen y les mandó hazer lo que el rrey le avya mandado, y tañydas las[4] campanas y tronpetas a cavalgar, toda la gente y los condes salyeron fuera del baluarte, donde estuvyeron quedos los capitanes y el duque. Syntyendo el rruydo de las campanas y el traquedo de las tronpetas—cosa no acostunbrada—bolvyeron hazia la vylla, y vyendo tanta gente de cavallo y de pye mucho les pesó, y como el rrey vyo la gente de la vylla fuera y el duque que se tornava, salyó con los suyos y con los de la vylla de Dynaus. Derechos a Sygysmunda los del rrey llevavan metydos en medyo los de la vylla, que muy hermosa gente y mucha más que heran parescya. El duque y los

---

[4] ms=las las

suyos mucho temyeron, que por perdydyos se tuvyeron; enbyaron al capitán Gordyano con dos cavalleros a los condes que a la puerta del baluarte estava.

Dyxo: "Señores, ¿asy se guarda el seguro y asyento que está entre nosotros puesto y jurado?"

"¿Por qué lo dezis?" dyxo el mayordomo mayor.

"No hablo syno con los condes con quien avemos contratado."

Los condes dyxeron: "Señor,[5] este señor que os habla es el mayordomo mayor y como padre del rrey nuestro."

Señor Gordyano dyxo: "Señor, perdóneme *vuestra merced*, que lo que dygo es porque vemos salyr aquella çelada que de all'arriba vyene y los de la vylla estar fuera, lo que nunca vymos. No nos paresce byen; poca presa harés en nosotros para quebrantar tantas promesas y juramentos."

El mayordomo mayor dyxo: "Cavallero, no temáys, que lo que os está prometydo os será guardado." Los condes estavan tan turbados que no sabyan qué dezyr ny qué hazer, que lo mysmo pensavan que el duque y Gordyano.

Descavalgando, se pusyeron de rrodyllas delante /XXVIIʳ/ del mayordomo mayor, dyziendo: "Señor, antes nos hazed cortar las cabeças que se quebrante el seguro que tenemos dado."

Rrespondyóles: "No ayáys, señores, myedo deso; cavalgá y yos aquel batallón, que en él hallarés un gran amygo vuestro y muchos parientes y amygos: que nos venymos a holgar con vosotros, señores." Dyxo: "¿Quién son aquéllos de los vuestros que ally están?"

"Señor," dyxo Gordyano, "no os negaré la verdad—que es el duque, nuestro capitán general, y tres capitanes: grandes señores de los cantones de nuestras montañas. El quarto so yo; los otros son señores y cavalleros y gente de cuenta que vyenen por holgarse."

El mayordomo dyxo: "Señor capitán, perdonáme por gentyleza, que no os he hablado con aquella cortesya que

---

[5] ms=señor (excised capitan) este

devyera, y la causa (h)a sydo por no conoçeros, mas lo que en palabras (h)a faltado cunplyllo he con buenas obras. Vamos, señor, que yo quiero yr con vos al señor duque," y dexada toda la gente (el)los se fueron al duque, que ya por perdydo se tenya. Preguntó a Gordyano: "¿Quál es el señor duque?" Mostrógelo, y dyxo al duque quien el mayordomo hera.

El qual dyxo: "Señor, la edad pide perdón de la descortesya mya y poca cryança (en) no descavalgar a tocar la mano a *vuestra merced*. Suplyc'os, señor, que me perdonés y no tengáys nyngún rreçelo, que todo lo que los señores condes an asentado con *vuestra merced* se guardará, aunque nos costase la vyda; que la gente que de la vylla (h)a salydo es para rreçebyr aquélla que más all'arriba vyene, y llegada, todos juntos nos entraremos en la vylla. Y sy querrés, señor, entrar, lo podrés hazer con tanta seguridad como sy la vylla fuese vuestra, con toda la gente que *vuestra merced* trae y aunque mucha más fuese, y vamos hazia ellos."

El duque le dyo muchas gracyas de sus profertas y cortesyas y llegándose hazya la gente del rrey, dyxo el duque: "Nunca vy tan lúzida gente como es aquélla que ally vyene."

El mayordomo rrespondyó: "Señor, es de un hidalgo que byen la puede traer, que se vyene a holgar a esta tierra."

Preguntó el duque: "¿Señor? ¿Quién es?"

Rrespondyó el mayordomo: "Señor duque, es el rrey Dyonys de Polonya."

"¿El rrey es éste?" dyxo el duque.

"Sy, por cyerto y por verdad," y myró al duque que se paró tan blanco como la nyeve. El mayordomo conoscyó su myedo; dyxole: "Señor, no tema *vuestra merced*, que oy os ha hecho Dyos la mayor merced del mundo en que el rrey, nuestro señor, os vea; que muy contento y satisfecho quedará *vuestra merced* syguyendo su camyno."

Quando el rrey llegó a la puerta del baluarte dyxo el mayordomo: "No se entre *vuestra señoría* tan presto, que no ay aquí honbre que no os desee servyr." El rrey se detuvo; el mayordomo dyxo: "Señor, éste es el duque d'Ater, capitán general del ásperas montañas y estotros IIII: capitanes y grandes señores."

"Sea en buen hora," dyxo el rrey.

El duque descavalgó y todos los que con él venyan. El rrey se tyró atrás; dyxo: "Primo, cavalgá, que no os hablaré de otra manera."

El duque y los suyos tornaron a cavalgar y se llegaron al rrey, el qual los rrecybyó muy alegremente. Habladas muy pocas palabras, dyxo el rrey: "Primo, ya es tarde[6] /XXVIIIʳ/ y hora de comer; sy os plaze de entrar a comer, está a vuestro plazer."

"Mucha merced, señor, es ésta, para quien tan poco la ha servydo, mas servylla [he] adelante." El rrey lo hizo llegar asy, y los capitanes—cada uno con su gran señor—asy fueron hasta la posada del conde de Selachán, adonde comyeron: el rrey en una mesa y çerca della una gran mesa, en cabecera della el duque d'Ater, y de la una parte el gran condestable y de la otra el gran chancyller, y luego dos capitanes de cada parte, y luego los condes, y después otros señores de los unos y de los otros, y el mayordomo mayor al otro cabo de la mesa derecho al duque. Estavan las mesas muy çerca; muchas cosas hablaron ellos con el rrey y él con ellos, de plazer y pasatienpo—que nynguno habló en las cosas de la guerra ny en los negocyos pasados.

Alçada la mesa, dyxo el rrey: "Byen será, primo, que os tornés a vuestra caça, y sy mucha tomardes, partyrés comygo, que vengo mal proveydo."

Rrespondyó: "Señor, que mejor caça que ésta con *vuestra señoría* no quiero, syno que os vays a caça—que el tornar, andar y bolver será quando vos querrés," y mandó a los condes y al mayordomo que le tuvyesen conpanya fuera de la vylla, quanto el duque quisyese—lo que fue cunplydo. Despidyéronse los unos de los otros con gran cortesya—el duque se tornó a caçar y los otros se tornaron al rrey.

---

[6] *es tarde* repeats on next folio.

Capitulo IIII. De lo que el rrey pasó con los condes y cavalleros

Partydo el duque, el rrey quedó hablando con muchos cavalleros de los que en la vylla estavan, y queriendo saber cómo las cosas pasavan. Estando en esto entró el mayordomo mayor con los condes; luego se salyeron todos. Quedó el rrey con los del consejo. Dyxoles: "¿Qué os paresçe? ¿[H]a se hecho byen?"

"Tan byen," dyxo el mayordomo mayor, "que de oy adelante no es menester tomar parescer de nynguna persona syno dezyr y hazer; mas pregunte *vuestra señoría* a los condes cómo les [h]a ydo oy."

"¿Cómo os ha ydo, conde?"

"Señor, que no quysyéramos ser nacydos syno que byvos nos enterraran."

"¿Por qué?" dyxo el rrey.

"Porque syenpre pensamos que de muertos o presos no escaparán el duque y su gente; mucho nos pesava dellos y más de nosotros, que seríamos tenidos por desleales y perjuros por mal mantener y guardar nuestras fees, juramentos y palabras."

"¿Sy yo lo hazya," dyxo el rrey, "qué merecyades vosotros?"

"Mucha pena, señor, porque no [h]a de prometer nynguno que es sujeto o vasallo a otro nada syn consultallo con su señor, por que no espere el afruenta en que nos avemos vysto oy nosotros."

"Mucha quexa devo de tener de vosotros, conde—tener tan poca confyança en my por los buenos y leales servycyos que me avéys hecho que yo os dexase caer en falta. El duque y los otros capitanes y señores no m'an deservydo; que lo qu'ellos hazen es una costunbre antygua—y aunque mala sea—no por eso tengo yo de tratallos ny myrallos mal, mas dalles y socorrellos y hazelles mercedes y con buenos tratamientos traellos al servycyo de Dyos y al myo. Hora yo quyero governar esta barca a my plazer y verés para quanto soy, que tengo esperança en Dyos que en nuestros tienpos no sea menester andar en estas /XXVIIIʳ/ novedades, que tal asiento se dará aunque cueste más dyneros que no cueste podryrse el honbre la sangre y consumar la vyda."

Estuvyeron hablando en muchas cosas de que los condes le informavan; dyxo el rrey: "¿Cómo? ¿Ovystes habla con el duque?" Contáronle lo que Pantaleo avy(a) hecho—el rrey y todos rryeron mucho de tan lynda ynvyncyón. Mandó llamar a Pantaleo y hízole merced de myll pesos de oro. Salyeron de la cámara y estuvyeron hablando hasta que los mastresalas vynyeron con el manjar. Levantada la mesa, el rrey se rretraxo y cada uno se fue a su posada; los que con el rrey vynyeron fueron muy byen aposentados.

Capítulo V. De lo que el duque y los capitanes pasaron

El duque y los capitanes yvan tan espantados como alegres porque por presos o por muertos se tenyan. El duque fue callando un gran rrato; un capitán le dyxo: "¿Cómo va vuestra merced tan callando y pensatyvo?"

Dyxo el duque: "¿No querés que esté pensatyvo y que calle? Dyg'os de verdad que dos cosas an pasado oy por my que jamás las olvydaré: la una, el gran peligro en que me vysto y la otra, la gran liberalidad y clemencya y mucho sosyego del rrey y de su tan buena conversacyón y cara tan alegre—que os dygo, señores, de verdad, que quien a tal señor ofende y enoja, allende de deservyr a Dyos, ofende a sy mysmo. ¿Quien ovyera usado tanta liberalidad, virtud y bondad?—que hallándonos tenyendo çercada su vylla, y aunque en partydos estamos, y queriendo rrobar, destruyr y quemar sus tierras y vasallos, que tomándo-nos tan a su salvo que no nos ovyera cortado las cabeças o al menos tenernos en prisyón toda nuestra vyda; y tenyéndonos en prisyón claro estava que persona de las ásperas montañas no salyera a hazer guerra ny pydyeran ny tomaran nada por myedo que nosotros no fuéramos maltratados. No creáys que lo[1] dexó por myedo—que muy esforçado y anymoso me paresce—ny por

---

[1] ms=lo (excised hizo) dexo

poco saber, que ya vystes sus palabras y rrazonamiento. No lo
dexó de hazer syno por pura bondad y liberalidad, mesclada con
pyadad y myserycordya que de vernos huvo; y cyerto yo voy tan
canbyado del propósyto que tenya que no sé lo que haré. Dyos
lo encamyne como más su servycyo sea."

Los capitanes y los más principales, cada uno dyxo lo que
le parescya, y todos concertavan y afyrmavan lo qu'el capitán
general avya dycho. Hablando en esto llegaron a la vylla donde
estavan aposentados donde, aunque con plazer estuvyeron, mas
muy pensatyvos. Levantando la mesa, dyxo el duque: "Señor,
vamos mañana tenprano CC o CCC de cavallo a caça con todas
las maneras de caça que traemos, syn nyngunas armas—asy
defensyvas como ofensyvas—y empeçemos a caçar de medya
legua más arriba desta vylla, hasta llegar a Sygysmunda; y
quanta caça haremos llevémosla al rrey—asy desarmados, sy
nos dexaren entrar—y que el rrey /XXVIIIIᵉ/ vea que nynguna
sospecha tenemos de ponernos de nuestra voluntá en sus
manos."

"Muy byen será," dyxeron todos.

El capitán Gordyano dyxo: "Señor, parésçeme que luego de
mañana vaya un aposentador con algunas azémylas con las
cosas para el servycyo de la mesa y mucha plata, y pida una
posada para *vuestra* merced solamente donde pueda comer. Si
ge la dan, podemos yr seguros que nos dexarán entrar. Sy algo
la harán dyfycultosa, enbyaremos la caça syn rrecebyr el
afruenta de no nos dexar entrar, que la plata y lo que fuere,
seguro va—que pues no tuvo codycya de la carne no se enconará
en la pluma."

"Como avés dycho, primo, a my plazer asy se haga," y
mandó que lo pusyesen en efecto.

Capítulo VI. Como llevó al rrey el duque la caça

Otro dya de mañana el duque y todos los capitanes y
señores principales cavalgaron, muy rricamente vestydos: más
de quynyentos de cavallo, syn nyngunas armas, y fueron

caçando toda la mañana, que muchos perdyzes, liebres y conejos tomaron. Tuvyeron tan buena dycha que al medyo dya el duque llegó çerca de Sygysmunda. La noche antes, quando concertaron de yr a ver al rrey, los IIII capitanes enbyaron sus monteros a caçar, syn dezyr al duque nada, y aquella mysma hora que el duque llegó llegaron los monteros con tres puerços grandes y cynco cyervos muy terribles y tres cyervas, con lo que el duque fue más alegre como sy le dyeran una vylla. En partyéndose el duque partyó un hidalgo—como quedó conçertado, con V azémylas con plata como oystes—y como llegó al baluarte, esperó.

Una de las guardas le dyxo: "¡Hidalgo, qué buscáys?"

"A los condes," rrespondyó.

"¡Cúyo soys?"

"Del duque Dater, capitán general nuestro."

"Pues, ¿qué esperáys, que no entráys?"

"La lycencya."

Respondyó la guarda: "Todos los del señor duque lo tenéys, aunque venga todo el campo junto—que asy nos está mandado. Entrá en buen hora y sy querrés—porque no sabrés la posada de los condes—que vaya quien os la muestre, será hecho."

"No es menester, que ya sé su posada—en merced os lo tengo."

Fuese a los condes; hallólos en la placa paseando y al rrey por la otra parte de la plaça con muchos cavalleros. Dyxo los condes a lo que venya. Ellos y los otros señores y cavalleros, que se hallaron presentes, mucho holgaron dello.

Dyxo el conde de Belvys: "¡Por qué enbya el señor duque a pedyr posada en tierra que es suya? Mas, pues su merced quiere que le syrvamos como en cosa suya, vamos a daros la vylla por posada."

El conde se Selafán dyxo: "Señor, sea el servycyo doblado y sea que lo dygamos al rrey,"—van con el mensajero del duque. Dyxeron al rrey como el duque enbyava a pedyr una posada para venyr a comer.

El rrey se rryó: "¿Qué menester {h}a el duque, my primo, posada?—que la mya basta para los dos, y sy no la quiere, toda la vylla es suya: tome lo que querrá. Mas porque su cryança y cortesya le hará atar corto a lo que avrá menester, tomad vos otros /XXVIIII^v/ condes tres o quatro calles en que aya III o IIII cyentas posadas muy buenas; que nynguno se mescle en ellas y estén sienpre aparejadas para el duque y para su gente, y mandad que syenpre estén proveydas de todo lo que será menester."

Los condes cunplyeron muy largamente el mandamiento del rrey. El mensajero del duque, vysto lo que a la puerta le fue dycho y lo que en los condes halló y la rrespuesta y mandamiento del rrey, apartó a un hermano suyo y dyxole: "Ya avéys vysto todo lo que (h)a pasado, y será byen que os vays al duque y le dygáys todo lo que (h)a pasado—que nada quede—porque mucho conbyene que el duque sepa la buena voluntá del rrey y de todos estos señores, y pues todo lo avés vysto y oydo y veys el aposentamiento que nos an dado, que bastecya para myll de cavallo, rrazón es que le dygáys todo lo que pasa y no os olvydés que mandó que nos provean de todo lo que será menester."

"Muy byen me paresce: yo lo haré como lo mandáys."

"Myrá que en avyendo hablado al duque, que tornés y myrá byen lo que os dyze."

"A la hora tornaré."

"Id en buen hora."

Salydo de la vylla, fuese derecho al duque—que lo vyo andar caçando—y como llegó el duque se paró. "¿Qué nuevas traes, señor?"

"Tan buenas que no sé por dónde empyeçe: que son, señor, que el rrey mandó, etc. y los condes, etc. y a la puerta," etc.

Acabando el mensajero, dyxo el duque: "Maldyto sea el traydor que te desyrvyere y mal deseare." Dyxolo con tanta voluntá y intymo amor que las lágrymas le saltaron de los ojos; y buelto a los IIII capitanes y señores les dyxo: "Señores, yo he pensado mucho esta noche en las cosas nuestras y del rrey y soy delyberado con my persona y estado de le servyr en todo lo a my posible. Por ende, señores, los que querrés dañar o deservyr en lo porvenyr, elegy otro capitán, y yo desde agora rrenuncyo

la capitanya, y sy, señor, os desplaze dello tomá mys tierras y
hazé dellas lo que os plazerá—pues nadye os lo puede vedar—
que yo quiero, quando en otra cosa no le podré servyr, ser su
cozynero," y calló.

Los capitanes se rrogaron para él rresponder—a la fyn tocó
a Caterno, el más principal de los IIII. Dyxo: "Señor, no ay qué
rresponder, por que todo lo que *vuestra merced* syente, senty-
mos y avemos hablado anoche y todo oy en la gran nobleza del
rrey y en su mucha virtud y saber. Yo, señor, por my y por
todos estos señores, os suplyco que quando *vuestra merced*
fuere cozynero que seamos moços de cozyna, porque juntamente syrvamos al rrey y a *vuestra merced*."

Todos rrespondyeron: "Señor, ésta es nuestra voluntad y
querer y esto tenyamos delyberado suplycaros."

El duque gelo agradecyó mucho, dyzyendo: "Dyos nos lo
encamyne para su santo servycyo."

Luego tornaron a su caça y tomando el camyno de la vylla
llegaron al baluarte; hallaron las puertas abyertas y syn nynguna
guarda. El duque mandó a un cavallero que fuese a dezyr a los
condes cómo estava ally.

El capitán Gordyano dyxo: "No enbyáys, señor; que ellos an
quitado las guardas porque veáys quanta confiança y seguridad
tyene el rrey de vos—y pues él se fya de vos, fyaos vos de vos
mysmo."

"Muy byen dezys."

Mandando poner la gente y caça en horden, /XXXr/ los
monteros delante con la caça que trayan en sus azémylas, y
otros seys con la caça que el duque avya tomado, y toda la
gente de cavallo tras la caça, y el duque, señores y capitanes
detrás, entraron por la vylla, tocando sus atabaletes[1] que usan
traer en los arzones; llegaron a la plaça. El rrey avya salido de
mysa; paseávase delante del iglesya, y como vyo la caça y la
gente paróse a myrallos. El duque y toda su gente descavalgaron
y llegaron al rrey con mucha acatamiento y cortesya y rreve-

---

[1] *atabaletes*: "kettledrums."

rencya. El rrey lo rrecebyó muy alegremente, dyziendo: "Primo, gran presa avés hecho: no nos faltará qué comer," y myrando al duque y a los suyos y vyéndolos syn nyngunas armas, dyxo: "Primo, ¿la usança de las ásperas montañas es yr a caça desarmados de todas armas?"

El duque rrespondyó: "Señor, la usança es la qu'el honbre quiere hazer."

"Por cyerto, primo, que mucho m'avés ofendydo en poner sospecha donde yo no la tengo, y no quiero dezyros quanto lo syento, mas en miraldo de aquy adelante, quando acá querrés venir y estar vos y vuestra gente vengan y anden como los hazéys andar quando estáys en campo y con sospecha, porque más seguro y guardado estaré yo y vos, porque entre nosotros no ay cosa porque devamos de sospechar pelygro de las personas. Que sy nuestra dyferencya es[2] de dyneros, ellos lo pagarán; y es porque Dyos no os dyo tantos como a my; y pues a my dyo mayor parte, justo es que los rreparta con los que tan byen como yo los mereçen, como soys vos, primo, y esos capitanes y señores que con vos vyenen; que estos que aquí veys, por no tener tanto como yo parto con ellos. Asy que, primo, yo vengo por me holgar y andar a caça; tomemos plazer y holguemos; que lo demás yo os lo rremyto a vos que lo asentés con los condes. Y vos otros, condes, no hagáys ny más ny menos de lo que el duque my primo querrá y cumplid luego lo que se les (h)a de dar por que no nos estorvés de nuestros plazeres y caça."

Capítulo VII. De lo quel duque rrespondió al rrey

El duque rrespondyó: "Si[1] la voluntá de estos capitanes, señores y cavalleros y la mya es aceptar lo que vuestra señoría manda a los condes que hagan, lo que yo querré, quiçá, señor, ellos no serán tan liberales a darme, quanto yo codycyoso a

---

[2] ms=os
[1] ms=se

pedyr—como espero que *vuestra señoría* [2]lo será—por lo qual
a *vuestra señoría* suplycamos que nos otorgue una merced que
queremos pedyr."

"Pedyd, primo," dyxo el rrey, "que gran cosa será—y no sé
quál—que yo os la negase."

"Señor, la merced que pedymos es que la merced que los
condes nos an de hazer la haga *vuestra señoría*—que en poco
tienpo se hará."

"Hágase como vos, primo, querrés—dezildo."

"¿Sy lo dygo, señor—haráse?"

"Ya os dyxe que muy grave y cara cosa será la que me
pedyrés que yo, por vuestro amor, no lo haga."

"Señor, lo que pedymos y queremos es que *vuestra señoría*
nos acepte por sus súdytos y vasallos y por contynos y cryados
de su casa, y que por tales /XXX[v]/ nos tenga: que otra cosa no
pedymos ny queremos, y aunque la merced sea grande, sin
avella servido, mas con la confyança que tenemos de la
grandeza de *vuestra señoría* y de su mucha virtud y liberalidad,
tenemos osadya a pedyr tan gran don—y pues *vuestra señoría*
nos otorgó lo que pidyésemos—no queda syno besar las manos
en señal de la confyrmacyón." Luego se hyncó de rodyllas a los
pies del rrey y con él todos los otros cavalleros.

El rrey no les querrya dar la mano, dyziendo: "Primo y
cavalleros: yo os tengo y aceto por parientes y amygos—no es
menester más."

"Señor, no es eso lo que pedymos ny lo que deseamos: sy
nos hazéys *señor*, la merced que os suplicamos, no nos nyegue
vuestra señoría la confyrmacyón," y tomando la mano al rrey
ge la besó, y después todos los otros.

El mayordomo mayor llorava de alegrya; el rrey lo myró,
dyziendo: "¿Qu'es eso, padre?"

"Señor, tanta alegrya que no la puedo encubryr—no desto,
mas que veo que Dyos os guya y tyene de su mano; yo tengo
esperança que pues él cunple con vos, que vos cunplyrés con

---

[2] ms=v.s. (excised hará) lo sera

él."

El rrey tomó del braço al duque; fueron a comer con el rrey, el duque y los IIII capitanes y seys señores de los otros más princypales; todos los otros se fueron a sus posadas, que bien proveydos estavan. Después de comer, el rrey se rretraxo con el duque; se fueron los condes por la vylla.

Capítulo VIII. De lo que el rrey y cavalleros hazían

Estos señores pasavan tienpo con el rrey a caça y pescar y en otros pasa tienpos de plazer syn entender en negocyos. Pasados dyes dyas, enpeçaron a venyr a Sygysmunda muchos grandes y señores de los que avyan ydo con el carro para Ungrya, los que muy alegres hazían rreverencya al rrey y—quyen de una manera y quien de otra—tocavan en la burla que les avya hecho. De manera para rreyr el rrey dava muy alegres rrespuestas conformes a las propuestas. Con la venyda destos señores las cosas de plazer y pasatienpo mucho se efetuavan.

Andando el rrey a caça, dyxo el duque de Tala: "Señor, nunca saldremos de caça y de pescar; sy *vuestra señoría* me da licencya, yo pondré un cartel para justar en syllas rrasas y seremos mantenedores el conde Enfilan[1] de Dyçamo y el conde Favyano de Pantyron y Furmydato, señor de Tyntyran, y yo. Seremos mantenedores, en syllas rrasas, contra todos los que venyr querrán—tres dyas desde las doze de medyo dya hasta las doze de la noche. Pondré precyo para el que mejor justador será y mejor lo hiziere y tanbyén para el que más gentyl honbre saldrá, y pondré precyo para el que peor lo hará y tanbyén para el que mayor cayda dyere y más quebrantado quedase, y precyo para el que más rrico saldrá."

El rrey dyxo: "De todos los otros precyos soy contento, y tanbyén la justa se haga, mas no el precyo de mas rryco, por que la justa no ha de ser syno por plazer. Que gastar dyneros—

---

[1] *Enfilan*: possibly reads "Cusilan."

/XXXI'/ ya os vendrá tienpo que los podrés gastar."

"Señor," dyxo el duque, "déxenos gastar vuestra señoría que nosotros no dexamos el ánima de una mano que no lo tenemos de la otra, y por esto no devemos de dexar de hazer toda cosa de honrra gentyleza y gasto."

El rrey rreplycó, dyziendo: "No quiero que sea de otra manera syno como tengo dycho—que muchos dyas vyenen unos tras otros."

"Pues que justemos," dyxo el duque de Tala, "sea como quiera; haré poner los carteles."

"Poneldos en buen hora," dyxo el rrey, "que yo algún precyo ganaré."

"No sea el de la mayor cayda," dyxo el duque, "que a fe que no lo lleve vuestra señoría. "

"En buen hora, primo, por eso solo que avés dycho verés como nos veremos."

Tornados a la vylla, el rrey çenó muy tarde; el duque hizo hazer a sus carteles, y en acabando de çenar el rrey, entraron por la sala dos rreyes de armas con muchas hachas y gran multytud de trompetas y sacabuches y cheremyas. Hecha rreverencya al rrey, pregonaron sus carteles; en presencya de todos fyrmaron muchos cavalleros.

Los IIII capitanes señalavan al duque sy fyrmaryan. El duque, su capitán general, se levantó en pye con el chapelete en la mano; dyxo: "Sy vuestra señoría me da licencya que fyrme, yo lo haré de grado."

El rrey le dyxo: "Primo, quando yo fyrmaré fyrmaré por los dos."

El duque dyxo: "Beso las manos de vuestra señoría por tantas mercedes como me haze, que yo perderé quanto vuestra señoría ganare."

"En buen hora," dyxo el rrey, "estaremos a la proeva."

El capitán Gordyano dyxo: "Señor, fyrmaremos nosotros."

Rrespondyó el capitán general: "Fyrmá a vuestro plazer y los que de las montañas querrán fyrmar—que byen será que en tierra llana aprendamos a bolar, que menos peligro será que en las montañas, donde será mayor cayda la nuestra y en tierra más dura."

Luego fyrmaron los capitanes y seys de los otros señores; con este rregocijo se despidyeron.

Dyxo el rrey al duque de Tala: "Primo, poned en el cartel que ny rropetas ny paramentos[2] sean, syno de damasco syn nynguna bordadura ny otra cosa alguna."

"Vea *vuestra señoría*," dyxo el duque, "que sy no llevamos syno damasco será asco."

"No curés, primo, d'eso, que para aquí y en este tienpo basta que todos no ternán qué gastar, y quiçá los mejores justadores no justarán por no tener dynero ny aparejo para salyr con mucha ponpa."[3]

"Sea," dyxo el duque, "como[4] quyera; pues que justemos para quando dyze el cartel, para de mañana en ocho dyas, que será dya de San Mateo apostol byen aventurado."

Salydos de palacyo, pregonaron el cartel por toda la vylla con mucha ponpa y estruendo; todos los señores de la corte yvan aconpañados. Los rreyes de armas acabados, los pregones se fueron a rreposar.

Capítulo IX. Como llegó un correo del rrey de Inglaterra

Pasados VI dyas—que casy todos estavan apunto para la justa—llegó /XXXI[r]/ un correo con cartas del rrey de Ingelaterra—que gran rreyno y rrico es—en las quales le hazya saber como él enbyava al noble señor Rrogier, su hermano, con un embaxada, en la qual pensava que mucho plazer y honrra le será, y con estos dos no faltarya el provecho—que le rogava y pedya mucho por merced le quisyese oyr y dar entera fe como a su persona propya, y ternya en mucho que presto fuese

---

[2] *rropeta*: "doublet"; *paramento*: "caparison."

[3] High expenses, in fact, represented a real problem for medieval jousting contestants. See Barber and Barker, pp. 64, 176.

[4] ms=como como

despachado, que asy cumplya a entranbos partes. Traya otra carta del señor Rrogyer en que le suplycava que presto le pudyese ver, que mucho cumplya.

El correo dyo las cartas al rrey; estando comyendo el rrey, mandó al gran chanciller que las vyese y luego le hiziese rrelacyón: vystas, tornó al rrey y hizo rrelacyón- lo que arriba oystes.

Preguntó el rrey al correo: "¿Sabés vos sobre qué es su venyda?"

"No, señor, por cyerto."

"¿Ny la pensáys?"

"No, de verdad, señor."

"¿Quándo será acá?"

"Señor, muchos dyas tardará, porque, como vyene muy aconpañado, anda poco."

"¿Cómo muy aconpañado?"

"Señor, porque trae más de CCC de cavallo en que ay condes y señores de vasallos—más de XX—y dos arzobispos y IIII obispos y otra mucha gente principal."

Dyxo el gran chanciller: "Gran señor deve ser."

"Señor, más tyene de[1] myll monedas de oro de rrenta—syn lo qu'el rrey le da—que es tan señor del rreyno como el rrey."

El rrey estuvo callando un poco, y dyxo: "¿Padre, qué os paresçe?"

"Señor, que vaya vuestra señoría hazia donde vyene por que más çerca sea su jornada."

"Muy byen será," dyxo el rrey, y todos confyrmaron en la yda. El rrey dyxo al duque de Tala: "Primo, no es buen aparejo éste para vuestras justas."

"No, par Dyos, señor, mayormente sy será este otro correo como el de Ungrya—que vuestra señoría trae las cartas y los correos en la manga para darnos cantonada."[2]

---

[1] ms=de de

[2] This is a humorous reference to the stratagem with false letters previously used by the king.

El rrey se rretraxo; hizo llamar a los del consejo secreto y al duque d'Ater, capitán de las ásperas montañas, al qual hizo del consejo secreto. Juntos altercaron sobre qué sería, y no sabyendo qué, delyberaron yrse a ver con él y partyr otro dya. Luego enbyó por el duque de Enratan y por el arzobispo de Paludy y les mandó que a la hora partyesen, y muy aconpañados, por el derecho camyno por donde el correo dezía que el noble señor Rrogyer venya. Mandóles dar una carta de creyencya para él. Mandóles que lo saludasen de su parte y le hiziesen saber que presto sería con él, que ya partya para yrlo a ver. Mandóles que desde el dya que lo topasen lo hiziesen muy byen aposentar y proveer a él y a toda su gente de lo que ovyesen menester con mucha largueza y abundancya, y despúes de le aver vysitado procurasen de saber la causa de su venyda y gelo hiziesen saber, y qué persona hera, y de qué calidad y suerte: estos señores pusyeron en efecto lo que el rrey les mandó.

Capítulo X. Como el rrey quiso entender en el despacho del duque d'Ater

Otro dya, en acabando de comer, el rrey en presençya de todos llamó, dyziendo: "Primo, duque d'Ater, llegaos /XXXIIᵛ/ acá." Mandóle poner una silla y sentar, aunque no querya. "Primo, ya avéys oydo de la venyda deste señor, hermano del rrey de Ingelaterra, a un negocyo que no podemos saber qué sea, porque syendo su rreyno tan lexos del myo, y no tenyendo conversacyón ny amystad ny lyga, no sabemos açertar. Es fuerça de lo yr a ver—que no serya honesto esperar que él vynyese aquy—y pues my camyno es lexos, bye{n} será que vuestro despacho os haga saber—como lo tengo acordado—porque os podáys tornar, vos y esos cavalleros, a vuestras casas, porque presto creo de tornar en esta tierra y podremos más gozar los unos de los otros. Lo que tengo delyberado es que como os solyan dar de dyes en dyes años CCL myll monedas de oro y paño—que venya XXV myll monedas cada año—que os sean dadas XL myll monedas de oro cada año para socorro a vuestros gastos, los que os serán pagadas juntas cada año o por quarterones, como se paga la gente de my casa, corte y ordenanças. Esta cantydad rrepartyda, vos, primo, con las señores y cavalleros de las montañas, como rrepartyades los CL monedas de oro de dyes en dyes años, porque mejor serán rrepartydas por vuestra mano que por otra nynguna." El rrey calló.

El duque estuvo pensando un poco; dyxo: "Señor, my voluntá byen la sabrya dezyr, mas las destos cavalleros querrya qu'ellos las dyxesen porque después yo dyrya la mya."

"Byen dezys," dyxo el rrey, "mas no hera menester que vos os conçertares con ellos."

El un capitán, conde del valle, dyxo: "Señor, esta rrespuesta a *vuestra merced* toca, que no a nosotros: lo uno por ser nuestro capitán general y lo otro por ser el mayor señor de nuestras montañas, y lo más principal porque nuestras voluntades y deseos de servyr a su señor como nosotros mysmos las sabe. Por tanto, rresponde, señor—que aunque contra nuestras voluntades fuese os seguyremos, mayormente que sabemos la voluntá que *vuestra merced* tyene al servycyo de{l} rrey, nuestro señor, que es muy conforme a las nuestras."

"Yo os rruego, señor conde," dyxo el duque d'Ater, "por que no paresça que yo solo puedo hazer y deshazer, que rrespondáys por vos y por esos señores, y yo rresponderé luego, y asy suplyco a *vuestra señoría* que ge los mande."

El rrey dyxo: "Conde, hazed lo qu'el duque, my primo, quiere—yo os lo rruego."

El conde y capitán, hyncada la rrodylla en el suelo, dyxo: "Señor, lo que estos capitanes y cavalleros..." El rrey no lo quiso escuchar hasta que se levantó, y tornó a dezyr: "Señor, lo que estos capitanes y cavalleros deseávamos hera servyr a *vuestra señoría* de la manera que devemos servyr a Dyos—no por premyo ny galardón de los servycyos que le hazemos, mas por su bondad, grandeza y merecymiento, y por ser myserycordyoso y verdadero. Asy hera nuestro propósyto de servyr a *vuestra señoría*, syn esperar premyo ny galardón ny rreçebyr nada fyado. Dygo antes de lo servyr, para que las mercedes vengan antes de los servycyos. En lo que *vuestra señoría* (h)a dycho, ay dos cosas en que muestra querernos tornar a echar en aquellas pobres y bestyales montañas con más yra y mala voluntá que nunca rrey nos tuvo: lo uno por nos mandar que de su corte y servycyo nos partamos—lo que /XXXII^v/ ya hecha profesyón, tenyamos de jamás no se partyr ny salyr della; lo otro por nos mandar tomar dyneros antes de servyllos, los quales serían mal y injustamente llevados. Lo que, sy estas dos cosas *vuestra señoría* no nos las mande, que *sobre eso morena*;[1] que dygo de verdad que sy *vuestra señoría* delybera que asy se haga, yo y quien me querrá seguyr nos yremos por el mundo paseando y jamás en el rreyno de Polonya me veas. Pues en las montañas, montaña me torne yo; en los infyernos—sy jamás más çerca dellas estuvyere—digo que agora estoy. Asy que *vuestra señoría* (h)a oydo my voluntá, dygan estos cavalleros las suyas."

Luego rrespondyeron todos: "Esa es nuestra voluntá y deseo, y juramos sobre la fe de rreales y leales cavalleros que os servyremos y aconpañaremos."

El duque d'Ater se levantó, con chapeo en la mano, y se fue al conde y lo abraçó, llorando de plazer, y dyxo: "Señor, lo que avés dycho dygo, y asy lo juro y prometo," y alçó la mano derecha. Bolvyóse al rrey, dyziendo: "Señor, byen conosço yo porque los deservycyos de nuestros anteçesores y por nuestro poco comedymiento y atrevymiento que más pena merecyamos que este destyerro que tomaremos—*vuestra señoría* lo acepte para enmyenda y descargo de nuestros pasados malos deseos. Y agora quedará hecha la pas y la guerra para syenpre, estando nosotros ausentes, lo que a *vuestra señoría* suplyco'os perdone al pueblo y buenos que en las montañas quedarán; que asy servyrán y obedeçerán a *vuestra señoría* como la mejor vylla de Polonya, y no paguen justos por pecadores."

El rrey y todos los presentes estavan muy maravyllados de la mucha voluntá y amor que al servycyo del rrey mostravan.

---

[1] *sobre eso morena*: "to proceed at any cost."

El rrey rreplycó: "Sy vos, primo, me amáys y deseáys servyr, harés lo que yo quiero."

El duque rrespondyó: "Señor, los vasallos y cryados son oblygados de servyr y obedeçer a sus señores en las cosas lycytas y onestas, mas en ésta de tomar dyneros antes de los servyr, y quitarnos que no os servamos, echándonos de su casa y corte—sería mucho en dymynucyón de nuestra honrra y fama porque *vuestra señoría* no nos lo mande en nynguna manera."

El rrey dyxo: "Yo quyero que se haga entre nosotros el juyzio de Salamon: *nec michi nec tyby sed dyvydatur*[2]—quiere dezyr ni se dé a my ny a ty, mas sea partydo por medyo. Yo no quyero salyr con my intencyón ny quyero que salgáys con la vuestra; y para esto, destas dos cosas, hágase la una a my voluntá, y la otra a la vuestra, y sea desta manera: que pues querés estar y seguyr my corte—yo soy dello muy contento y alegre; y pues quieres ser de my casa—que tengáys acostamiento como lo tyenen todos quantos en ella andan, que de otra manera no seríades contynos, mas ydores y venydores. Y todos los que aquy veys, allende de les dar acostamiento, syenpre les mando dar ayuda de costa, según me paresce. Yo os rruego, y sy os puedo mandar, os mando que pase como agora he dycho, syn más rreplycar."

Todos los señores de la corte y principales della dyxeron: "Señor,"—al duque—"sy vuestra *merced* tyene voluntá de servyr al rrey, nuestro señor, servylde a su gusto /XXXIIIˡ/ y a su plazer."

El duque se hincó de rrodyllas, dyziendo: "Hágase como *vuestra señoría* fuere servydo," y besóle la mano por fuerça, y todos los otros capitanes, luego todos los grandes de la corte, besaron las manos al rrey por dalles tan honrrados señores y cavalleros en coñpanya. Besadas las manos al rrey, [se] fueron al duque y a todos los otros y les tocaron la mano en señal de amystad y confederacyón. Luego el rrey se entró en su cámara y todos se fueron adereçar el duque y los capitanes; aunque

---

[2] I Kings 3:26: "nec mihi nec tibi sit, sed dividatur."

muchos atavyos y plata tenyan, enbyaron por mucha más a las montañas—la que muy presto vyno. Otro dya de mañana el rrey se puso en camyno de Rrogena algo de priesa—en syete dyas llegaron a Rrogena. Aquella noche llegó un correo de los señores que a rreçebyr al señor Rrogyer eran ydos, con una carta para el rrey, la qual dezía desta manera:

Capítulo XI. De la carta que el correo traya al rrey

«NOBLE RREY Y SEÑOR:

Vuestra Señoría sabrá que avemos andado tanto que hallamos al señor Rroger en la vylla de Tyburtyna: fuymos luego a tocalle la mano. Rrecybyó nos muy alegre y cortesmente. Es persona muy sabya y rreposada: habla latyn y muy byen, y aunque trae intérpretes no cura dellos, avyendo quyen en latyn le entyenda. Mucho se alegró quando supo que vuestra señoría sería presto con él; en muchas cosas {h}a hablado con nosotros, asy de la nobleza deste rreyno que {h}a vysto por do {h}a pasado; a nos dycho muchas cosas del rreyno de Ingelaterra—en negocyos nynguna cosa. Parésçenos que para sacalle algo del cuerpo que son menester anzuelos, y no bastarán; enbyamos tal despacho que antes que llegásemos estava hecho el aposentamiento y proveydo de todo lo que hera menester para su merced y toda su gente: tan abundante que {h}a sydo maravylla. Mucho {h}a holgado en ver la cuenta y estyma que vuestra señoría {ha} hecho dél, mas de otra parte mucho le pesa y no quiere consentyr que le sea hecha la costa en nynguna manera, y dyze que la comysyón que trae no fuera de [ver] a vuestra señoría que desde ally se tornará. Y que sy asy lo porfyamos de hazer, que no pasará adelante, y que mucho se quexará a vuestra señoría de nosotros, que tal afruenta le queremos hazer, y promete sy más porfyamos, que quanto dynero, plata, joyas y atavyos trae, de lo hazer echar por las calles y por los camynos, porque después vuestra señoría por pobre le mande dar lo que agora, syendo rrico, le queremos hazer tomar por fuerça. Tenemos acordado de no le enojar en nynguna manera, porque muy de verdad lo toma. Lo que queremos hazer: todos los dyas presentalle mucha caça y frutas y vynos y otras cosas que nos paresçerán, y éstas muy contynuas y en gran cantydad y sobre todo pescados frescos—que muy afycyonados les son. Todos los que con él vyene[n]—ay mucha gente principal y de mucha autoridad y rricos entre ellos—ay más de X que hazen plato—y larga y cunplyda-mente a quantos van. Y en la vylla que llegan, van buscan-do quanta gente de byen hallan para los llevar a comer con ellos; traen tantos dyneros que no es cosa de creer; hasta los rapazes y moços y muy liberalmente los gastan. Vuestra señoría nos haga saber lo que avemos de /XXXIIIᵛ/ hazer, en especyal de su venyda, de paso en paso. Dyos todo poderoso aumente y creça el estado y vyda de *vuestra señoría* y su persona guarde como lo deseamos y avemos menester: de la vylla de Tyburtyna a XVI de *vuestra señoría* humyles servydores y vasallos que sus rreales manos besamos.»

EL ARZOBISPO DE   EL DUQUE DE
PALUDY   CURATAN

Capítulo XII. Como se supo a lo qu'el Señor Rrogyer venía y lo que se acordó

Vista la carta, el rrey mandó llamar al duque d'Ater y a los V del consejo secreto. Tornaron a leer la carta y mucho más pena tenya el rrey que primero, por no poder saber a qué venya.

Altercadas muchas cosas y no haziendo pye en nynguna, dyxo el duque d'Ater: "Por my fe, señor, que el invyerno vyene," y mostró de se encoger con fryo, "y *vuestra señoría* tyene poco cuydado de enforros y será byen hazer provysyón."

El rrey, syn más pensar, dyxo: "Por my vyda, primo, que ay tantos en my rrecámara que bastarya para dyes rreyes, y dellos quiero que os proveáys."

"Señor, creo que el rrey de Ingelaterra tyene mucha gana y

cuydado de os dar enforros, que más calyente y a plazer os
ternán; que muy buenos los de veaver[1] en aquel rreyno—
mejores que los que *vuestra señoría* tyene—que éstos son para
de dya y el rrey quyere que *vuestra señoría* no (h)aya fryo la
noche."

El mayordomo dyo un gran grito: "¡Válame Nuestra Señora
de Contalet! El s*eñor* duque (h)a açertado, syn duda," corriendo,
lo abraçó con gran alegrya: "Por my fe," dyxo rriendo, "que está
byen que ayáys venydo, señor duque, de las montañas a publicar
quan symples somos los de tierra llana." Todos se rryeron.

El rrey lo abraçó: "Vos, primo, nos avés sacado de duda—
que no puede ser otra cosa, y pues estáis—¿qué os paresce que
se deve de hazer?"

Altercado mucho, hallaron que en cristianos[2] avya pocas
hijas de rreyes, y que el rrey de Inglaterra hera grande y rrico
rrey y del linaje de los rreyes y emperadores de Francya. Los V
rrespondyeron: "En todo, señor, os vyene byen, sabyda la edad
y la despusycyón de la infanta y la cantydad del casamiento,"
y en esto pusyeron mas pye.

El rrey dyxo: "Primo, ¿y vos, qué dezys en esto?"

"Señor, que quando uno quiere una cosa y que tenga IIII o
V propiedades y falta una—que no es de las más principales—
más son IIII que no una. Sy ésta, señor, es hija de tal rrey como
dyzen y tan noble y rryco en el dynero, no es de pensar a rrey
que tan liberalmente lo gasta y lo da como *vuestra señoría*. Mas
quando en esto se ovyere de hablar—no escuchar partydo ny
precyo ny mostrar querer[3] mas de a su persona sola—de la qual
con mucho dylygencya se deve de informar. En lo demás, sy el
rrey es tal, no la enbyará desnuda; mayormente que quanta más
liberalidad se mostrará en aceptalla, mucha más (h)a de usar él
en enbyalla. Sea ella tal que se dyga *tal para tal Marya para
Juan*, que en lo demás, a my parescer, *tanto me darya de ocho*

---

[1] *veaver*: some type of fur, like miniver.
[2] ms=xpianos
[3] ms=querer(excised de) mas de

como de ochenta[4]—pues linaje y bondad van delante."

El rrey dyxo: "Por Dyos, primo, que sy en mys entrañas y corazón os /XXXIIII^r/ vyérades y mys deseos y parescer os ovyera dycho, no avryades acertado tan a my voluntá y sabor. Por eso no se hable nada fuera de aquy syno que paresça que descuydado me toman; y tienpo tendremos de hablar por el camyno. Tened manera que su gente sea muy byen tratada y honrrada y proveyda de lo que avrán menester, que yo esperaré qu'él me hable sobre ello. Yo jamás estaré solo, que todos no estéys comygo quando con él estuvyere. Agora sygamos nuestro camyno."

En salyendo de la cámara, llegó un correo que traya cartas de los señores que el rrey avya enbyado a tener compañya al señor Rroger.

Vystas las cartas, el rrey preguntó: "¿Adónde quedan?"

"En la vylla de Gomaçan," rrespondyó el correo, "ocho leguas de aquy."

Luego mandó despachar un correo y tras él al conde de Alaben para que ally esperase y que espera luego ally, y no lo dexasen pasar adelante en nynguna manera. Asy fue hecho.

El rrey, otro dya, fue a dormyr dos leguas de Gomaçan y luego le hizo saber como estava ally, y llegó tan çerca por que el señor Rrogyer no pasase adelante y tanbyén porque pudyese pasar su rrecámara y fardaje—asy suyo como de toda la corte— que mucho hera en demasya. Pues, grandes señores: tantos que no los quiero nombrar por no ser prolixo—y ally estuvo aquella noche.

Otro dya el señor Rroger hizo llamar a los señores que el rrey abya enbyado, a tenelle conpañya. Venydos, les dyxo rryendo: "Señores, ¿qué avemos de hazer?"

"Señor," rrespondyeron, "el rrey entrará aquy esta noche porque está esperando que el aposentamiento se haga; que asy lo usa, que jamás entra en nynguna vylla que todos los de la

---

[4] *tanto...ochenta*: "esso me da ocho que ochenta, si los ocho son diezes" (Covarrubias).

corte no estén primero aposentados."

"¿Dónde está su señor?"

"Señor, anoche estuvo dos leguas de aquy en un pequeño lugar. Oy vyene a comer a un monesteryo medya legua de aquy."

"¿No yrés a ver a su señor y venyr con él acá?"

"No ay, señor, para qué yr ny qué consultar, pues para aconpañalle vyenen tantos mayores y mejores que nosotros, que *vuestra señoría* no lo creerya, y presto se verá sy dygo verdad."

En la sala de su aposentamiento estava un clérygo rrevestydo para dezyr mysa; dyxo: "Señores, oyamos mysa."

"Sea como *vuestra señoría* mandare."

Oyda mysa, ya estavan puestas las mesas.

Dyxo: "Señor, bevamos—que como vengo usado de almorzar de mañana, ya lo tengo gana."

"Como *vuestra señoría* mandare," dyxeron aquellos señores.

Muy abundantemente y de muchas cosas comyeron; levantados de la mesa, dyxo: "Señores, cavalgemos y vamos cerca del camyno por donde an de venyr y veremos la gente y el fardaje."

"Vaya *vuestra señoría* cavalgando."

Los III de Polonya y otros seys señores que ally se hallaron, de los del señor Rrogyer, juntos salyeron de la puerta de la vylla por donde la gente y fardajes entravan.

Dyxo el señor Rrogyer: "Por cyerto, mucha gente y fardaje vyene."

"Sy, asy es syenpre—no porque allá no traemos mucha—mas no usamos yr quando la corte se parte todos juntos; unos van oy y otros de ally a III o IIII dyas, y asy de mano en mano," desta manera los llevó hablando hasta cerca del monesteryo, y myrando el arzobispo dyxo:

"Señor, no pase *vuestra señoría* más adelante—bolvamos."

"¿Por qué?" dyxo el señor Rrogyer.

"Porque en este monesteryo /XXXIIII^v/ está el rrey."

"Por eso mejor: que ally lo quyero⁵ ver y que nos veamos
syn rregozijo ny çerymonyas; que las ponpas ny aparatos no
despachan los negocyos."

"¡O, señor, que el rrey se enojará con nosotros!"

"Mucho holgaré dello por las afruentas que me avés hecho
y por vuestra mala conversacyón y conpañya." Esto dezía con
tanta rrisa que plazer hera de lo ver.

"No pase *vuestra señoría* más adelante, por amor de Dyos."

"Vaya como fuere, que allá tengo de yr; sy inprovyso
tomare a su señor yo no voy tan aconpañado de los myos que
le pueda hazer demasya ny ventaja."

"Señor, dexe *vuestra señoría* yr uno de nosotros delante."

"Soy contento—quando avré descavalgado a la puerta del
monesteryo."

En llegando, descavalgó y entró por el monesteryo adelante;
solo el conde de Alaben se aventajó—no treynta pasos entró por
un gran rrefytoryo adonde el rrey estava comyendo. Antes que
el conde llegase al rrey, ya el señor Rrogyer entrava por el
rrefytoryo.

El conde dyxo al rrey: "Señor, el señor Rrogyer vyene—que
nos {h}a engañado y traydo en palabras hasta aquí."

El rrey se levantó de la mesa, dyziendo: "Denme un
cavallo."

"¿Para qué, señor?" dyxo el conde. "He aquí al señor
Rrogyer," y mostrógelo.

El rrey se fue para él y lo abraçó con mucho amor y
cortesya, y el señor Rrogyer se le humylló mucho.
/XXXIIIIʳ/

Capítulo XIII. De lo que el rrey pasó con el señor Rrogyer

Después de averse abraçado y hechas sus cortesyas, el rrey
tomó por el braço al señor Rrogyer y se yva a entrar en una

---

⁵ ms=quyero (excised tomar) ver

cámara. El señor Rrogyer en latyn le dyxo: "Señor, no es ése el camyno," y tornando hazya la mesa le dyxo: "Coma vuestra señoría, que ya nosotros avemos comydo; que tienpo tendremos de entender en negocyos." El rrey mandó poner una sylla a la mesa para que comyese; él dyxo: "Señor, ya he comido." El rrey comyó, hablando en muchas cosas.

Alçaron la mesa—el rrey hera muy buen latyno porque en aquella tierra por ser la lengua muy cerrada toda la gente principal aprende gramátyca. Luego el rrey se levantó, queriendo entrar en una cámara.

El señor Rrogyer dyxo: "Señor, vamos a la vylla."

El rrey dyxo: "¿No quiere rreposar vuestra señoría un poco?"

"No, señor, que allá rreposaremos."

Cavalgando de conpañya, el rrey enbyó a mandar a los VI del consejo secreto que dél no partyesen. Yendo hablando, hallaron un muy gentyl y fresco prado con fuentes de muy fresca y clara agua, de la qual ny unos ny otros beven gota.

El señor Rrogier dyxo: "Señor, apártese vuestra señoría por este prado."

El rrey rrespondyó: "Vaya vuestra señoría," y syguyéndolos los del consejo, dyxo el señor Rrogyer:

"Mande tornar estos cavalleros, vuestra señoría."

El rrey dyxo: "Creo que vuestra señoría quyere hablar a lo que vyene, por despacharse presto."

"Asy es verdad."

"Pues señor, todo lo que hablaremos an de saber estos por fuerça, antes que se despache nada ny se concluya, porque ésta es la usança deste rreyno; no para que ellos veden ny estorven de hazer lo que yo querré hazer, mas para que lo sepan, y no dygan que se haze cosa de inportancya syn consejo, como deve de ser ésta que vuestra señoría vyene—que sy tal no fuera otros enbaxadores vynyeran. Pues el tienpo que se {h}a de perder en dezyrmelo a my y yo a ellos y tornarme la rrespuesta y yo tornalla, no podrya ser syn dylacyón, y podrya /XXXV'/ ser tal la cosa que antes que a la vylla vamos, vaya despachada y dada my rrespuesta."

"En nombre de Dyos," dyxo el señor Rrogyer.

Capítulo XIIII. Como el señor Rrogier dixo su enbaxada y se concluyó

"Pues la costunbre desta tierra es—que byen me paresçe—que los rreyes y señores hagan de sus cosas con acuerdo y consejo de sabyas y nobles personas de mucha concyencya y esperyencya; pues asy es: *vuestra señoría* los mande llegar."

"Primo," dyxo el rrey, "llegaos aca con esos cavalleros." Llegados, quysyeron descavalgar.

El señor Rrogyer: "Suplico a *vuestra señoría* que les mande que dexen aquellas cortesyas: que no descavalgasen." El rrey ge lo mandó y se llegaron. El señor Rrogyer dyxo: "Muy magnífico rrey y señor, el muy noble rrey de Ingelaterra, my señor y hermano, os enbya muchos saludos y rrecomendacyones como a[1] quien mucho ama y precya por la gran fama que de vuestras grandezas y virtudes que tyene, y por las cosas dynas de loar que tyene muy cyerta informacyón que en la persona de *vuestra señoría* caben, de las que [muy[2] larga y cyerta informacyón tyene] y sy posyble le fuera venyr él mysmo en persona, ovyera venydo con la enbaxada que yo vengo, por que más fruto de su boca que de la mya sacara. Mas lo que agora dexa de hazer, con él tienpo podrá poner en efecto. Creo que, *vuestra señoría*, su carta y una mya [h]a ya vysto: la del rrey, my señor hermano, es de creencya—¿[h]a las vysto?"

"Sy, señor: dyga *vuestra señoría* lo que querrá."

"¡O válame Dyos!" dyxo el señor Rrogyer. "No me dé *vuestra señoría* tytulo de señorya, que no es onesto que en presencya del mayor cesa etc.;[3] por tanto no me[4] lo llame más,

---

[1] ms=a a
[2] ms=muy muy
[3] *en presencya del mayor cesa*: This appears to be a legal formula.

que prometo a fe de rreal y leal cavallero y señor que no hable
más."

El rrey dyxo: "Señor, yo quiero ser el mal cryado y esforçado en este rreyno—que de *vuestra* m*erced* es—y porque quiero
y deseo servylle y contentar y no enojar al muy noble señor, el
rrey de Ingelaterra, hermano de *vuestra* m*erced*, tengo en
mucha merced su vysytacyón y por tal persona, y pluguyera a
Dyos que tan çerca fuera a las cosas de my rreyno {que}
asentadas estuvyeran, como no lo están—por aver tan poco que
heredé, que yo tornara con *vuestra* m*erced* a vysytar y a ver a
su señor. En lo que más su señor manda, *vuestra* m*erced* me lo
haga saber—qu'en lo a my posyble no saldré de su querer y
voluntá."

"Señor, el rrey, my señor hermano, tyene una hija de edad
de XIX años: muy hermosa y apuesta donzella, honesta y de
muy buena cryança y maneras, humylde, muy sabya y rre-
cogyda. Muchos partydos {h}a hallado para la casar, que sy los
querrá *vuestra* s*eñoría* saber, será informado de la verdad. {H}a
delyberado de no la dar a nyngún príncipe ny rrey—por grande
que sea—queriéndola *vuestra* s*eñoría* por muger. No he tocado
en lynaje y sangre porque es tan públyco, de donde venymos,
que sería demasyado dezillo. En lo que su padre le quiere dar en
casamiento, es lo que *vuestra* s*eñoría* querrá pedyr que le sea
dado—qué dyneros ella tyene y tenemos tantos que por eso no
quedará allende: que la s*eñora* infanta tyene joyas, plata y
tapeçerya y vestydos de gran valor que fueron de su auela, my
señora madre, y tanbyén de la s*eñora* rreyna, su madre, /XXXVᵛ/
que muy rricas heran entranbas. Lo que la s*eñora* infanta tyene
es más de un myllón de nobles de la rrosa: que cada noble es
una moneda[5] y medya de oro desta tierra, poco más o menos,
syn lo qu'el rrey le dará—que ser quanto le pydyeren. Pues el
rreyno—quando las infantas se casan, syrvenlas en tanta

---

[4]{...continued)
[4] ms=me me
[5] *nobles de la rosa*: English coin of the second half of the
fifteenth century .

cantydad que hasta la proeva no lo oso dezyr, pues yo no me
meto en aquella cuenta; pues en dalle quanto tengo, sería tan
poco que no sería nada. Yo, señor, he dycho a lo que vengo y no
tengo más que dezyr," y calló.

En las hablas y señales del duque y de los otros señores,
conoscyó que dezyan al rrey que se apartasen a consultar y
hablar sobre ello. Dyxo el señor Rrogier, syn apartarse: "Puede
vuestra señoría hablar aquí, que vuestra lengua es tan çerrada
que yo os terné buen secreto."

El rrey se rryó y dyxo: "Sea, señor, asy."

Luego dyxo el rrey en latyn: "Pues que el señor Rrogyer
quiere que aquí sea la consulta sobre su enbaxada, hágase aquy
y no quiero que sea en nuestra lengua syno en latyn, por que su
merced vea lo que cada uno dyrá. Vos, primo duque, empeçá."

Dyxo el duque: "Señor, en las cosas de casamiento muestra
Dyos grandes mylagros, que es domar los coraçones y las
voluntades de los padres y parientes: dar sus amadas y queridas
hijas y lo que tyenen con ellas a personas que jamás an vysto ny
conoscydo, y desto no se sabe la rrazón, mas de ser voluntad de
Dyos y secretos a sy mysmo rreservados: que antes que
nacyesen estar ya dyputados el uno para el otro y es cosa que
no se puede huyr; y que sea verdad, vea vuestra señoría qual
rrazón consyente que desde Ingelaterra vengan hasta aquí a
traeros aquella señora y noble infanta por muger, y que para
que la conoscáys carnalmente y que hagáys, señor, hijos en ella.
Y creo que sy el magnífico y noble rrey, su padre, hera della tan
çeloso y la tenyan tan çelada que sy al señor Roger o al
príncipe, su primogényto heredero, tomara hablando en lugar
secreto—solos o en apartado—les ovyera muerto. Lo que quiero
dezyr, señor, es, que sy de vuestra señoría es muy vyento ny
agua que os lo quite,[6] y sy no, en balde son los paresceres y
consejos de nynguno, sy el de Dyos es al contraryo. Asy que
vuestra señoría lo rremyra y encomyende a Dyos que El lo
encamyne como más a su servycyo sea," dycho esto calló.

---

[6]The meaning of this phrase—probably a proverb—is elusive.

Dyxo el rrey: "Y vosotros, ¿qué dezys?"

Rrespondyó el condestable: "Señor, el condestable no {h}a querido dexarnos qué dezyr: a él me rremyto."[7] Los otros IIII dyxeron lo mysmo.

El rrey dyxo: "Lo que el duque, my primo, {h}a dycho es asy: [no ay más que dezyr], porque en dyziéndome el señor Rroger desta noble señora infanta se me {h}a cryado un amor tan grande y entrañable en tan poco tienpo que creo que sea voluntá de Dyos; y por esto, señor Rrogyer, syn más dylacyones ny arengas quiero saber de *vuestra* m*erced* una cosa, y es sy esta noble *señora* infanta tyene algún defecto mostruoso en su persona o es tan fea que no pueda estar entre otras damas de medyana hermosura: destas cosas quiero que me dygáys la verdad, como quyen, señor, soys—que en lo demás hablaremos."

"Señor, en vuestro rreyno no he vysto más gentyl dama que my sobryna, aunque muchas y asás damas hermosas he vysto en los rrecebymyentos que me an hecho. Pues que tenga defecto en su persona, no lo tyene, porque desde nyña—quando hera tan pequeña que en su edad aun vergüença no se podya aposentar— muchas vezes la desnudé /XXXVI'/ y la vy enbolver—por ser una cosa hecha de alabastro o de manteca maravyllosa, que quantos la vyan davan gracias a Dyos por avella cryado. Conclúyase lo demás; que yo quedaré aquí hasta que vayan avella, y sy no fuere como dygo, que rreçebyré la pena que mereçe quien de tan lexos vyno con tal mentyra y que tanto inporta."

El rrey dyxo: "Señor, ¿eso que *vuestra* m*erced* {h}a dycho es asy?"

El s. Rrogyer dyxo: "Sy, señor, syn falta a fe de leal y rreal señor," y alçó la mano.

El rrey dyxo: "Señor, de tal cavallero y señor como *vuestra* m*erced* es, n'osa ny deve creer que dyga syno verdad. Yo, señor, soy muy contento de tomalla por muger y por esposa con las

---

[7] ms=me remyto (excised no hay más que dezyr)

solenydades que manda la madre yglesya, lo qual se pondrá en
efecto quando *vuestra merced* mandare; y desto os doy, señor,
la fe como rrey que no deve mentyr," y tendyendo la mano para
el señor Rrogyer la suya se las tomaron.

"Señor," dyxo el señor Rrogyer, "otra cosa quedava de hazer
antes que no ovyéramos concluydo."

"¿Qué queda de hazer?" dyxo el rrey.

"Señor, el número del casamiento que ha de traer."

"Señor, yo no quiero ny pido más de a su persona sola, que
con ella me terné por contento y satisfecho."

El señor Rrogyer rreplicó: "No [h]a de ser, señor, desa
manera, que antes que de aquy nos partamos, [h]a de quedar
sabydo el número del dynero que se le [h]a de dar."

"Señor," dyxo el rrey, "¿cómo se llama la *señora* infanta?"

"Señor, madama Aurelya."

"Pues, por vyda de madama Aurelya—que ya su prisyonero
soy—que en eso, agora ny en nyngún tienpo se hable más, que
venyda para segurar su casamiento y lo que traerán sobre
algunas vyllas deste rreyno; entonçes se sabrá. Que con lo que
traerá, será muy byen venyda el dote y arras: *vuestra merced* le
dyga que aquello se asegurará."

El señor Rrogyer: "No pudyera *vuestra señoría*—aunque
mucho le porfyara—hazer que no quedara número cyerto, mas
la jura que [h]a jurado—quiérola yo, y ámola tanto que no
osarya quebralla—y quando vendremos lo que agora no se haze,
se hará a my plazer, pues agora va al de *vuestra señoría*"

"No rrespondy," dyxo el rrey, "quando dyxo *vuestra
merced* que quando tornará se hará. No ay necesidad de yr para
tornar—que aquy esperara *vuestra merced*—que los que de allá
en servycyo de *vuestra merced* vyenen y los que yo enbyare
bastarán para venyr en su conpañya."

"No, señor, que no la fyarya yo de nadye y—puesto que yo
la fyase—el rrey my señor no lo consentyrya, que a fe de rreal
señor, más que a sy propyo la ama y aun no esto[y] fuera de
duda que él no venga en persona; y vynyendo su señorya es
fuerça que yo quede en el rreyno, y sy algo a d'estorvar que el
rrey no venga, no será otra cosa syno que yo querré venyr a

cunplyr lo que tengo dycho, y que *vuestra señoría* vea sy soy verdadero."

"Señor," dyxo el rrey, "por my alma que nynguna duda me queda," y tomados por las manos se fueron a la vylla.

Capítulo XV. De lo que hizieron entrados en la vylla

Entrados en la vylla, el rrey se fue a descavalgar con el señor Rrogyer a su posada, y en un quarto mandó hazer su aposentamiento, y en el quarto del señor Rrogyer çenó con él y en aquella posada estuvyeron juntos; luego /XXXVI'/ vynyeron todos los grandes y señores—asy de los forasteros como del rreyno. Estuvyeron hablando hasta que los mastresalas entraron con el manjar; sentados a la mesa fue la çena de mucho rregozijo y plazer.

Los señores de Polonya procuravan de saber a qué hera la venyda del señor Rrogyer, syendo tan gran señor y de tan lexos tierra, y no lo açertavan; al querer alçar la mesa, dyxo el rrey, myrando a todos los grandes: "Sy me querés dar albrycyas, daros he unas buenas nuevas."

El duque de Tala dyxo: "Señor, dellas mysmas, sy me days my parte."

"Guarda dyablo," dyxo el rrey, "d'eso me guardaré, que aun de n'os lo dezyr m'a pesado."

Mucho rryó el señor Rrogyer, que byen lo entendyó porque el rrey avya mandado que todos los que supyesen la lengua latyna no hablasen otra lengua en presencya del señor Rrogyer, y sy alguno en lengua Polonya hablase—por no saber la latyna— que él que más çerca estuvyese lo tornase a dezyr en latyn, porque cosa no se dyxese que el señor Rrogyer no la entendyese; y como entendyó lo que el duque de Tala avya dycho, myrava al rrey y conoscya avelle pesado; mucho holgava y rreya dello. Calló un poco y tornó a dezyr: "¿No me quieres dar albrycyas por muy buenas nuevas?"

Muchos dyxeron: "Dygalas, que *vuestra señoría*, que sy daremos."

El duque de Tala dyxo: "Buenas deven ser para *vuestra señoría*, por my vyda, que sy lo sabemos, hazer que nos pague porque las oyamos."

"Por cyerto," dyxo el rrey, "que no an de ser burlas, syno que señalés las pieças que querés dar en albrycyas."

El mayordomo mayor dyxo: "Señor, no sea asy, syno que demos las albrycyas conformes a las nuevas."

"¿Eso que dezys," dyxo el rrey, "es por vos o por todos?"

Muchos rrespondyeron: "Señor, por todos."

"Sea en nombre de Dyos, que soy contento."

"Sabed que vuestro rrey Dyonys de Polonya es casado con una noble infanta, hija del magnífico rrey de Ingelaterra, que es muy hermosa, sabya, dyscreta y de muy buenas costunbres y del mayor y mejor lynaje de todos los rreyes y enperadores del mundo. De todo lo que he dycho y de lo demás yo estoy muy satisfecho y contento y porque sé que os plazerá os doy las buenas nuevas."

El duque de Tala se hyncó de rrodyllas delante del rrey dyziendo: "*Domyne pecavy miserere mey*—que el dyablo me hizo dezyr lo que *vuestra señoría* ny todo el mundo me hiziera pensar." Todos se rreyeron.

El rrey dyxo: "Primo, yo os perdono porque no supystes lo que dexystes, con tal condycyón: que en vuestra justa no ganés el precyo syno de la gran cayda."

"No sé nada," dyxo el duque, "quanto a eso, allá nos veremos."

Estuvyeron gran pyeça hablando en el casamiento con mucho plazer y rregozijo. El rrey se fue después a su aposentamiento, y el señor Rrogyer se quedó en el suyo. Luego fueron las nuevas por toda la vylla; hizieron muchos fuegos y lumynaryas, muchos rrepiques de campañas, muchos bayles y danças por las calles. Anduvyeron todos los señores de Polonya cavalgando, con muchas hachas y tronpetas y menystryles altos, hasta casy al dya, dando muchas colacyones en las casas de los grandes por donde pasavan; fuéronse a dormyr aquello poco que de la noche quedava.

/XXXVIIʳ/

Capítulo XVI. Como se juntaron otro dya

El rrey enbyava otro dya de mañana a Nyçeto, un pajezito suyo, a ver qué hazya el señor Rrogyer y sy era despierto. Salyendo el paje corriendo, halló al señor Rrogyer con muchos cavalleros y señores en la sala del aposentamiento del rrey. Como el paje yva rrezyo y lo vyo, tornávase; dyxo el señor Rrogier: "Paje, por cortesya llegaos acá."

El paje fue luego y, hecha su rreverencya, dyxo el señor Rrogyer: "¿Adónde yvades?"

"Señor, aquy yva fuera—la verdad."

"La verdad—yvades por espyón, a ver lo que hazya." El paje, su cara ençendyda de vergüença, se sonrryó y baxó los ojos; nynguna cosa rrespondyó. "Ora ved, señores, qué vyrtud tyenen los adyvynos: que como acyertan no ay quyen pueda rresponder. Gentyl donzel, asy Dyos os dé tanta bondad y esfuerço como os dotó de toda buena dyspusycyón y cryança. Que dygáys a su señor—que acá os enbyava—que sy tanto y tal camyno le estuvyese aparejado, sy rreposarya las mañanas, que sy yo esperase con su partyda lo que su *señoría* espera con la mya, que yo lo echara d'aquy con un palo anoche, en avyendo çenado. Id, señor, y tornáme la rrespuesta." El paje le hizo rreverencya y se partyó. Dyxo el señor Rrogyer: "Te profetyzo que as de ser bueno y en todas buenas maneras que un bueno {h}a de tener."

El duque de Foya quitó su sonbrerete: "Señor, de tan buena profecya muchos nos avemos de alegrar, y más aquellos a quyen toca. Yo, por my parte, lo tengo en mucha merced y plega a Dyos que él y yo y todos los de su lynaje lo podamos servyr a vuestra señorya, como, *señor*, toca algo a *vuestra merced*."

"Sy, señor," dyxeron muchos, antes que el duque rrespondyese:

"¿Que es su hijo? De verdad mucho soy alegre que venga aquel donzel de tan buena parte y de tan alto honbre, que serán sus cosas dorar sobre oro."

Estando ellos en esto, ya el paje tornava con la rrespuesta; hizo gran rreverencya: "Señor, dyze el rrey, my señor, que para

tal enbaxada y de tal persona como la enbya que no es sufycyente ny my saber ny ingenyo para traer la rrespuesta, y
aunque no se mejore mucho entra ella quien la traerá, que su
señoría será aquy presto con ella, que ya queda levantándose."

El señor Rrogier, tomando al paje por la mano, dyxo:
"Vamos, que en vuestra conpañya no (h)e menester más seguro
ny salvoconduto." Muchos señores, tras él, entraron en la
cámara del rrey, después de dados los buenos dyas. Dyxo el
señor Rrogyer: "Señor, yo he hecho esta mañana una presa de
que no poco alegre estoy, sy vuestra señoría será contento," y
bolvyéndose al duque de Foya: "y tanbyén vuestra merced ,"
tenyendo sienpre el paje por la mano—que hera de hedad de X
años.

"No ay aquí, ny en todo el rreyno, cosa que para el servycyo de vuestra merced sea que deva pedyr lycencya—pues todo
es suyo a fe—y esto es asy como lo dygo a fe de rreal rrey y
señor. El duque, my primo, soy cyerto que dyrá lo mysmo."

"Lo que he ganado y quiero, señor, es este donzel: que sea
la primera cosa que vuestra señoría dé y presente a la noble
infanta madama Aurelya, vuestra esposa y my sobryna;
/XXXVIIʳ/ porque donde tanta verguença y buena sangre y
cryança cabe no puede herrar en nada, para que desde agora sea
suyo y la serva. Y como la edad y el tienpo decrecerá en dyas y
en cuerpo, que vuestras señoryas le acrecyenten en byenes y
honrra y estado; y con esta condycyón lo acepte en nonbre de
la noble infanta rreyna, que será plazyendo a Dyos deste
rreyno."

El rrey se vyno, los braços abyertos: "Señor, ésta es una
gran merced que vuestra merced me haze; que dygo de verdad
que sy my hijo fuese no le ternya más amor nynguna para
hazelle mercedes," y tomando el rrey a Nyçeto por la mano.
Dyxo al señor Rrogyer: "Suéltelo vuestra merced de la mano"—
luego lo soltó. Dyxo: "Duque primo, tomá a vuestro hijo por
esotra mano." El duque lo tomó. "Señor," dyxo el rrey, "el
duque, my primo, como padre, toda la libertad y poder que
sobre el hijo tyene la da y syrve a vuestra merced con ella. Yo,
como su rrey y señor natural, os lo doy y syrvo con el poder y

señoryo que sobre él tengo, y sy *vuestra merced* lo colocará en casa y servyçyo de la señora rreyna madama Aurelya, yo desde agora prometo de cunplyr las condyçyones que *vuestra merced* me {h}a puesto." El duque de Foya se hyncó de rrodyllas delante del rrey y le quiso besar las manos. El rrey lo levantó; buelto al señor Rrogyer quyso hazer lo mysmo, el qual lo abraçó con mucho plazer y tornó a tomar el paje por la mano, hablando en cosas de mucho plazer hasta que los llamaron a oyr mysa.

Acabada, luego fue traydo el manjar; comyeron. En levantando la mesa, dyxo el señor Rrogyer: "Ya, señor, es tienpo que entendamos en my despacho—que quanto más presto fuere, más presta será my tornada."

"Señor," dyxo el rrey, "estoy entre dos grandes estremos: el uno es que no querrya partyrme de *vuestra merced* ; el otro que tanto deseo la venyda desta *señora* mya que no sé que me haga, syno que *vuestra merced* hordene y mande cómo y quándo querrá que sea su partyda; que yo mandaré a muchos destos señores y cavalleros que vayan muy aconpañados y en horden."

"Señor, a my m'a pesado muchas vezes por traer tanta gente por que mucho trabajo hemos pasado por falta de aposentamiento y vytuallas: my parescer es que vayan pocos y buenos y yo asy yré y la *señora* infanta con su casa: ofycyales damas y mugeres, y sy el rrey, my señor, querrá enbyar—como la hará— que sean pocos y buenos, de manera que entre todos no pasemos de D de cavallo, y estos es mucho."

"Señor, yo quisyera enbyar," dyxo el rrey, "al menos myll de cavallo."

"Todo lo rremyto a *vuestra merced* y esta tarde se hordenará todo como lo mandare."

El rrey se fue luego a su aposentamiento; el señor Rrogyer quedó en el suyo y Nyçeto con él. Luego mandó que le dyese las cosas syguyentes. El camarero llamó a Nyçeto y llevólo a otra posada, çerca de la del señor Rrogyer, donde tenya la rrecámara. Dyole tantas sedas y paños y olandas que cargaron dos azémylas, con dos arcas de vestydos a la usança de Ingelaterra y dos cadenas que pesavan más de myll monedas de horo, mas dos hacaneas: la una blanca y la otra grysa, muy byen

guarneçydas; y myll nobles de la rrosa. Dado esto, el camarero
gelo mandó llevar y lo acompañó hasta la puerta de la posada
del duque, su padre.

El camarero se despydyó dél y se tornó. Quando el duque lo
supo, no menos maravyllado que alegre se halló; no tanto por
la valya de la merced—aunque mucho hera—mas por la honrra
y favor: valya V myll nobles. /XXXVIII^r/

Capítulo XVII. Como se ordenó la partyda

A la tarde el rrey, con los VI de su consejo y el señor
Rrogyer—no quiso nynguno de los suyos—hordenaron que del
rrey fuesen el arzobispo de Paludy, con XXX de cavallo; el
obispo de Neda y el obispo de Rrogena, con cada X de cavallo;
el duque de Dalçan y el gran condestable, con cada XXX de
cavallo; el marqués de Fenyça y el marqués de Hyerica y el
conde de Marçara, alferes mayor, y el conde de Dyçano, con
cada veynte de cavallo; el conde de Modançyon, como padre del
rrey, y su mayordomo mayor, con L de cavallo; dos señores de
su casa, tras L de cavallo; Furmydato, señor de Tyntyran,
Nubyn, señor de Mitela, Ugon señor de Votalen, Pantaleo, señor
de Medynçan, con cada X de cavallos: todos avyan de aconpañar
a guardar al conde de Modançon, y obedeçer como a la persona
del rrey.

El señor Rrogyer no quisyera tantos, y queriendo el rrey
muchos más, se conçertaron que aquéllos fuesen.

"Señor," dyxo el rrey, "lo mas es hecho: lo demás esta
noche lo despacharé, y haré hazer mys poderes muy cunplydos
y bastantes para que el conde de Modançon—a quyen yo tengo
como a padre—para que él, en my nonbre, se despose y asyente
allá todo lo que vuestra merced mandare, y en esta jornada no
quiero syno una cosa de vuestra merced : y es la presta tornada."

"Señor," dyxo el señor Rrogyer, "enpeçaré a rresponder por
lo postrero: que es del presto tornar. Crea vuestra señoría que
hasta que acá la tenga, en vuestro poder, no estaré descansado

y, quanto a esto, no quiero dezyr más. Quanto a los poderes: tengo yo tanta confyança de *vuestra señoría* que las solya traer y dexar syn más concyerto ny escrytura ny seguridad, y sy algo se hará, será para contentar a los de allá que no an vysto a *vuestra señoría* ny saben sus cosas—como de my serán informados—vayan muy pomposas y en horden; de manera que allá conoscan la grandeza de vuestro coraçón y estado, como yo la conosço. No me queda más qué dezyr syno que *vuestra señoría* me dyga 'yos en buen hora'—que no esperaré que me dyga 'yos' en la otra." Tomándolo el rrey por la mano, salyeron a una sala donde hablaron en cosas de pasatienpo hasta que vynyeron con el manjar: lo qual gozaron con mucha plazer.

Alçada la mesa, el duque de Tala llegó y dyxo al rrey: "Señor, perdóneme *vuestra señoría*, que no puedo yr en este camyno de Ingelaterra."

El rrey estava descuydado y hablando con el mayordomo mayor; no myró quien le hablava. Dyxo: "¿Por qué?"

"¿Por qué? ¡En cuerpo de Sant Arnao!—porque me dexa acá *vuestra señoría* por desútyl."

El, myrándolo, se rryó y dyxo: "Callá, primo, que ordenaremos justas y torneos y muchas cosas de rregozijos y fyestas para quando vynyeren, y haremos maravyllas y los que allá van estarán myrando."

"Sy," dyxo el duque de Tala, "mayormente sy avemos de sacar mucho damasco." El rrey y todos uvyeron mucho plazer, y contó al *señor* Rrogyer por que dezya lo del damasco.

Luego dyxo el rrey: "Todos los que avés de yr a Yngelaterra, yos a la fortaleza. Allá hallarés el tesorero y contadores, los quales os darán lo que les he mandado, asy para gastar como para atavyaros muy pomposamente y rrico. El gastar (h)a de ser muy esplendydamente—syn que se puede conoscer myserya ny escaseza—y tornados, los que más ovyerdes gastado hablaremos." Todos le qui /XXXVIIIᵛ/ syeron besar las manos; el rrey no quiso, mas dyxoles: "Myrad, cavalleros, que de aquy a XV dyas esteys apercebydos para partyr."

El señor Rrogyer se levantó en pye y dyxo: "Señores, el partyr de vuestras mercedes será quando su *señoría* mandare; yo partyré de aquy a VI dyas, syn falta nynguna; yo yré despacyo, esperando por el camyno."

El rrey rreplycó que no se fuese tan presto—no aprovechó. Vysta su voluntá, dyxo: "Yo os rruego a todos los que avés de yr, que trabajéys de os adereçar lo mejor que será posyble y partáys con el señor Rrogier, que mucho me contentarés y servyrés, y sy su *merced* querrá andar seys leguas cada dya, que le hagáys andar doze."

El señor Rrogier rrespondyó: "Señor, el camyno y el tienpo nos hará ser mesurados y corteses," y con esto se fueron todos adereçar.

Capítulo XVIII. Como partyeron

Todos se dyeron tanta prisa que al tienpo señalado de la partyda ya todos estavan a punto, porque en aquel rreyno y en los comarcanos no usan bordaduras ny oro de martyllo syno rricos brocados y sedas y paños fynos y enforros muy exçelentes, de que muy bastecydos yvan.

Al tienpo que el señor Rrogyer se quiso despedyr del rrey y tomar licençya para se partyr, dyxo el rrey: "Señor, yo quiero yr con *vuestra merced* por toda my tierra para guardalla que nyngún daño rrecyba de *vuestra merced* ny de su gente, porque creo que muy descontentos, señores, partys todos, del mal tratamiento que se os ha hecho."

Mucho porfyó el señor Rrogyer, mas no aprovechó. El rrey, el quinto dya, con sus ofycyales, enbyava a los señores y cavalleros que con el s. Rrogyer avyan venydo, a los unos mucha cantydad de moneda, a otros grandes baxyllas, a otros muchas sedas y brocados, a otros cadenas y cosas de oro, a otros joyas de gran valor y cavallos y hacaneas muy byen guarnecydas. Vyno a orejas del señor Rrogyer porque los suyos le avysaron—a quien él avya mandado que nynguna cosa rrecybyesen y que le avysasen.

Fuese luego al rrey; dyxole: "Señor, antes que me parta quiero una merced de *vuestra señoría*."

Rrespondyó el rrey: "No tyene *vuestra* merced neçesydad
de dezyr eso, syno que mande y haga lo que querrá; que en ella
rrecybyré yo merced y muy aseñalada."

"No, señor," dyxo, "syno que *vuestra señoría* me la {h}a de
prometer."

"Pues que *vuestra* merced con tanta instancya lo manda y
lo quiere, yo lo prometo."

"Señor, lo que pido es que *vuestra señoría* no haga mercedes ny dé a nynguno de los myos ny de Ingelaterra nynguna
dádyva ny merced, pues hasta agora no ay por qué. Plaziendo a
Dyos, quando tornaremos, daros emos y entonçes darnos as;
agora no crea *vuestra señoría* que lo tengo de consentyr en
nynguna manera, y esto {h}a der ser asy por vyda de Madama
Aurelya."

"Y agora conosceré cómo está."

"Está, señor, en gracya de *vuestra señoría*."

Rrespondyó el rrey: "Señor, la jura es tal que no se {h}a de
quebrantar—antes perder my vyda. Yo quiero guardar lo que
tengo prometydo, que es no dar nada a nynguno, mas lo que ya
está dado y dyputado a quien y quanto, ya señor es dado y es
dellos, y no myo—esto no entra en la promesa."

"No cure *vuestra señoría* d'eso, que no me puede hazer
cosa de que tanto me pese y más me pesará: conoscer que tyene
en poca aquella señora a quien más que a my propyo amo,
quebrantando su vyda, pues la tengo jurada."

"No más, señor, no más," dyxo /XXXIXʳ/ el rrey, "que yo
quiero ser esforçado y afrontado y tenydo por escaso y myserable." Asy quedaron y otro dya se partyeron. Juntos fueron tres
jornadas juntas, que nunca quiso el rrey quedarse. Llegó hasta
Cyrtan—una gran vylla—al tienpo del despedyrse.

El señor Rrogyer llamó a Nyceto, que syenpre con él
andava—dyxo al rrey: "*Vuestra señoría* aya por muy enco-
mendado este donzel: que por my hijo ge lo dexo y encom-
yendo. No lo llevo comygo, como quisyera, por ser el camyno
luengo y presta la tornada y él tyerno y niño: seríale mucho
trabajo. Y vos, hijo, holgad y estad en servycyo del rrey hasta
que la rreyna, vuestra señora, venga, y vos verés lo que su

señorya y yo haremos por vos." El paje se le omylló y quiso
besar las manos; no lo consyntyó. Abraçólo, dyziendo: "Dyos os
haga tal qual querrya que fuesen mys hijos."

El rrey y el señor Rroger se despidyeron el uno del otro, y
los de Ingelaterra, de los de Polonya. El rrey se tornó, camyno
de Rrogena, para adereçar las cosas que a tales fyestas convenya,
y para hazer cortes—que nunca las avya hecho. El señor Rrogyer
seguya su camyno—dexémoslos yr, porque en todo el camyno
no ay cosa que de contar sea.

Capítulo XIX. Como llegaron a Ingela tierra

Tanto anduvyeron por sus jornadas el señor Rroger y los
polonyos, que llegaron a Marlensy, que es el más cercano puerto
para entrar en Ingelatierra, adonde hallaron muchas charuas y
pynaças[1] que el rrey avya mandado venyr para pasallos;
tanbyén hallaron otras muchas barcas para pasallos de la tierra.
Pasados en el puerto de Londres, hallaron en la playa infynyta
gente de la vylla; en entrando por el puerto las naos que en él
estavan—que byen poblado estava—enpeçaron a tyrar toda su
artyllerya, y de la vylla y fortaleza les rrespondyan con asás
artyllerya muy gruesa: era tanta y tal que no avya honbre que
a otro pudyese oyr. Enpeçando a desenbarcar, salyeron de la
vylla más de dos mill cavalgaduras de muchos hydalgos,
mercaderes y cyudadanos y gente de honrra y byen vestyda y
adereçada: los que hizieron gran acatamiento y rrecybymiento
muy alegre con corteses y plazibles palabras. Llegados más cerca
de la puerta de la[2] vylla, salyó un gran tropel de muchos
grandes y señores y cavalleros muy rricamente vestydos con
muchas cadenas y joyeles y cavallos y hacaneas muy buenas y
rricamente adereçados y guarnecydas: lo que gran acatamiento

---

[1] *pynaça*: "embarcación pequeña de remo y de velas" (Real
Academia).
[2] ms=la (excised cibdad) vylla

y mesura hizieron a los que venyan. Ellos les dyeron el contra
canbyo, que podyan ser más de CCCC de cavallo; tras ellos
venyan IIII rreyes d'armas y tras ellos IIII maçeros con sus cotas
d'armas con las armas y devysas del rrey: el qual salyó con una
rropa de tercyopelo carmesy morado, forada de armyños, con
una cadenyca delgada y un chapeo con muchas pyedras y perlas
y un joyel sobre la frente³ de inestymable valor.

Salyendo por la puerta de la vylla, el mayordomo mayor y
el condestable y todos los polonyos enpeçaron a apear,⁴ lo que
vyendo el rrey, bolvyó su hacanea y tornóse dentro de la vylla.
Enbyóles a dezyr /XXXIXᵛ/ que por no se tener por seguro entre
ellos, se avya tornado a entrar—que cavalgasen: que cavalleros
heran, y señores, que a cavallo los querya y no a pye, que de
otra manera no acordava de esperallos. Oyendo los señores
polonyos lo que el rrey mandava, cunplyeron su mandado. El
rrey tornó a salyr, adonde los polonyos le hizieron gran acatamiento y rreverencya, uno a uno todos los principales. El rrey
les rrecybyó muy alegremente; luego tomaron el camyno por la
vylla—el mayordomo mayor de una parte y el condestable de la
otra. Todos se fueron apear a palacyo, adonde estavan aposentados el señor Rroger y el mayordomo mayor; el rrey los llevó
hasta su aposentamiento, y se despydyó dexando con ellos a
señor Rroger. Cada gran señor de los polonyos fue aconpañado
de grandes señores: sy duque, duques, sy conde, condes etc.
Llevados a sus posadas, les dyxeron que rreposasen; que quando
fuese hora de hyr⁵ a palacyo tornaryan por ellos. Quando les
parescyó, tornaron a palacyo y les aconpañaron al aposentamiento del mayordomo mayor. Syendo juntos, el rrey enbyó por
ellos muchos señores y cavalleros y les dyxesen que les quedava
esperando con el rrey. Quedava el cardenal, su hermano, con los
enbaxadores. Venya el señor Rroger; entrados donde el rrey

---

³ Jewelry for men, worn on the hat, or even directly in the hair,
is a late fifteenth—century Italian innovation.
⁴ ms=apear (excised descavalgar) lo
⁵ Hypercorrective silent h.

estava, hechos sus acatamientos y rreverencyas, el rrey muy
alegre y amygablemente les rreceybyó con mucha cortesya.
    Hablaron una pyeça; el rrey les preguntava cómo les avya
ydo por el camyno. Pasadas estas bovadas, el mayodomo mayor
le dyo las cartas del rrey de Polonya—que de creencya heran.
Leydas, dyeron al rrey muchas rrecomendacyones y profertas de
parte de su señor. El rrey rreplycó, agradecyéndolos mucho,
proferiendo de hazer lo mysmo por los mysmos consonantes.
Concluyda su enbaxada, dyxo el señor Rroger: "Señor, byen será
que *vuestra señoría* oya a estos, señor, aparte con el rreverendo
cardenal, porque se enpyeçe a entender en su despacho."
    "Byen es," dyxo el rrey, "mas donde vos, señor hermano,
venys y lo avés conçertado ¿qué más es menester? syno que sea
en buen hora y Dyos, Nuestro Señor, ponga su mano y les dé su
bendycyón, de tal manera que ellos byvan contentos y alegres
y nosotros syn cuydado y pena y satisfechos. Dezid, señor
hermano, lo que acá avemos de hazer, que eso se haga."
    "No, señor," dyxo el señor Rrogyer, "syno que *vuestra
señoría* sepa todo lo que queda asentado y cómo, para más
contentamiento de todos y para más satisfacyón y descargo
myo."
    "Yo, señor hermano," dyxo el rrey, "no quiero saber más
syno sy vos venys contento y satisfecho de las cosas que acá
nos dezyan de{l} magnífico rrey de Polonya, y aunque sean en
parte y no en todo. Syendo tantas y tales, contentos devemos
estar tomar su deudo—mayormente syendo tan syervo y amygo
de Dyos y por quien tantos mylagros ha hecho, según acá se
dezya."
    "Crea *vuestra señoría* que lo que acá sabyamos hera nada,"
dyxo el señor Rroger, "en conparacyón de ver su persona y
dyspusycyón, saber y sosyego y lyberalydad y esfuerço, pues el
rreyno y rrenta—nunca pudyera creer que tal y tanta fuera; pues
grandes y señores—tanto que es cosa increyible y de grandes
rrentas y estados; los pueblos grandes y muchos, y muy rricos
mercaderes, grandes rriquezas, y para dezillo todo nunca
acabarya. Tyene una cosa sobre todos los rreyes y príncipes del
mundo: /XXXXʳ/ que es ser byenquysto y amado de chicos y

grandes de todo su rreyno, y para echar el sello a todo es muy verdadero y es muy crystyanysymo, temeroso de Dyos y muy justo y amygo de pobres en gran manera. Estos señores traen poderes muy bastantes y cunplydos para asentar las cosas a plazer de *vuestra señoría*, y para que el desposoryo se haga con el mayordomo mayor en su nonbre, quien el rrey tyene y acata como a padre; y hecho, luego partamos."

Dyxo el cardenal: "Señor hermano, byen será que su *señoría* sepa la cantydad que dexáys asentada que esta señora (h)a de llevar—allende de lo que la *señora* nuestra sobryna tyene— porque esté aparejado y puesto en canbyos e dallo en dynero a estos señores que por ella vyenen, en su nonbre."

"Señor, nunca pude con el rrey que me dyxese lo que querya que le dyésemos en casamiento. Lo que pude sacar fue que me dyxo 'Señor Rroger, a madama Aurelya quyero en camysa y no más. En Inglaterra dezid 'Señores, lo que querrés que yo asyente sobre algunas vyllas deste rreyno—que yo lo haré de grado y con todas las segurydades que, señores, querrés—que yo no quyero más desta *señora* en camysa, y con ella seré muy contento y satisfecho'—esta fue su voluntá, y nunca della le puede sacar en esto; no ay más qué dezyr syno que se haga como a nuestras honrras convyene: lo que, señor, me paresçe," dyxo el señor Rroger, "es que *vuestra señoría* vea los poderes y que haga las escrituras lo más fuertes y fyrmes que será posyble y que se concluya syn dylacyón."

"Yo no quiero," dyxo el rrey, "ver más escryturas ny poderes. Que pues él se fyó de *vuestra merced* de la persona y de los dyneros, fyemos nos dél de lo mysmo y de lo demás, pues nos fyamos de tan alto y noble príncipe."

"Como, señor hermano, dezys: de tal planta no puede salyr cosa mala. Pues, señor, entyéndase mañana en el despacho."

"Asy se hará," dyxo el rrey.

Capítulo XX. Como entraron a ver a la señora infanta

Acabada la habla, como oystes, dyxo el señor Rroger:

"Parésceme, señor, que vayan estos señores a vysitar y tocar la mano a la *señora* madama Aurelya."

"Byen será, mas vaya alguno delante y hágale saber como van a vysitarla."

"No {e}s menester, señor, que todos yremos de conpañya."

"Sea en nonbre de Dyos," dyxo el rrey, y tomando de braço al mayordomo mayor, en esto llegó el príncipe y tomó al condestable; al cardenal tomaron en medyo el arzobispo de Paludy y el obispo de Rrogena, y asy de mano en mano, el señor Rroger con nynguno, mas rregozijando y burlando con todos, muy alegre, fueron hasta donde la *señora* infanta madama Aurelya estava en un muy rrico estrado, y por la cámara muchas señoras y damas rryquisymamente vestydas y a maravylla hermosas.

Los polonyos les hizieron gran acatamiento y rreverencya y todos le suplycavan que les dyese la mano; la señora infanta les rrecybyó muy alegremente y con mucha onestydad y mesura, y no pudyeron acabar que a nynguno dyese la mano, y como mucho y mucho la inportunavan tantos y tan grandes señores, de la mucha verguença y inportunydad y de verse en trançe que nunca s'avya vysto, cobró /XXXXᵛ/ el rrostro tal bermejés y color, y syendo demasyadamente blanca, estava tan hermosa que más celestyal que humana parescya—de lo que todos los señores que por ella venyan quedavan espantados de su estremada hermosura, y de todo lo demás que en una dama se pudyese hallar. En muchas cosas estuvyeron hablando más de dos horas, y después se despydyeron.

El rrey y cardenal y príncipe se fueron a su aposentamiento y el señor Rroger con sus forasteros se fueron, aconpañados de muchos señores de Ingelaterra. Los señores polonyos—que no quisyeron quedar a cenar ally—se fueron a sus posadas, muy acompañados. El señor Rroger les preguntava con muchas conjuras y juras que les echava que le dyxesen qué les avya parescydo de la *señora* madama Aurelya; ellos dezyan tantas cosas que del contentamiento que della tenyan que el señor Rroger holgava mucho. Queriendo el tyo saber partycolarmente de qué estavan más contentos, ellos dezyan que estavan maravyllados de su gran hermosura y sosyego y de su gran dyscrecyón y saber, y de su mucha cryança. "Señores," dyxo el señor Rrogyer, "por vyda de quanto más amáys, que me dygáys sy en las cosas que yo dyxe al magnífico rrey Dyonys de my sobryna sy le falta algo."

Rrespondyó el condestable: "Señor, más faltó *vuestra merced* en no dezyr quanto en su señoría cabe, que no ay falta en lo que dyxo."

Mucho se holgava el tyo porque mucho la amava. Buelto a los señores, les dyxo: "Señores, ya de aquy adelante no serés mys huespedes; que mejor y más rrico patrón de la posada tenés—y (h)a de ser desta manera: que aquí quedarán a comer los que querrán por estar en conversacyón y conpañya, y los que no, en sus posadas tomarán pacyencya con lo que hallaren. Asy que, señores, éste es el primer y el postrer conbyte que se os hará en esta vuestra casa: byvid, señores, y holgad a vuestro plazer, que todo este rreyno y lo que en él está es del menor vasallo del muy noble rrey de Polonya,[1] quanto más de vuestras mercedes. En esto no dyré más, vos otros señores de Ingelatierra: hazed muy buena conpañya a estos señores, que muy byen la mereçen, dándoles todo el plazer y pasatienpo que os será posyble acá, y en sus posadas y en las vuestras, no los dexando comer ny estar solos en nynguna manera, porque son muchos y muy valerosos y esforcados: que no se nos levanten con el rreyno."

Muchos se fueron a sus posadas y muchos quedaron en las posadas; muy servydos heran y muy abundantemente, asy de vyandas como de servydores, con gran concyerto y sylencyo, que byen parescya que lo tenyan en contynuo uso: pues aparadores y baxyllas y tapeçerya en cada posada—avya tantas que hera cosa de admyracyón y de ver y de loar.

---

[1] ms=Polonya (excised Ingelaterra) quanto

Capítulo XXI. De lo que se hizo en la çena

Luego los mastresalas entraron con el manjar, muy suntuoso y de muchas cosas; mucho a plazer y en sosyego lo gozaron.
Acabada la çena, en alçando los manteles, entraron por la sala
XXX donzellas: que la mayor no llegava a XII años, /XXXXI'/ y
la menor no baxava de dyes años; que parescya ser cortadas por
una medyda: muy hermosas y rricamente vestydas, todas de una
lybrea, con hachas ençendydas en las manos, y los cabellos
sueltos por las espaldas como hilos de oro. Tras ellas venyan
doze damas: hijas de grandes señores, los mayores del rreyno—
rriquisymamente vestidas y de estremada beldad y hermosura.
Delante dellas venya una dama con un plato grande de plata
hecho de maçonerya dorado, y en él tres joyas: un joyel y un
puñal y un gorjal de oro de maravyllosa hechura. No heran de
gran valor, que la que más valya eran cyen nobles de la rrosa—
que son CL ducados. Llegada la del plato cerca de la mesa,
hecho gran acatamiento a los señores que a ella estavan, todos
se levantaron en pye y le saludaron muy cortesmente. Las otras
doze damas se quedaron en medyo de la sala, algo apartadas.
Dyxo: "Señores y cavalleros, estas damas y señoras que
veys, tan hermosas, vyenen por ver sy hallarán aquí algunos
cavalleros que quyeran dançar o baylar, cantar o tañer toda
manera de ystrumentos con ellas. Aquellas joyas que en el plato
vyenen—y sy alguno en las cosas que he dycho las sobrare o
hiziere mejor a lo que salyere—que escoja la joya que mejor le
parescerá, y sy todas, señores, las ganarés, aquella dama postrera
trae en aquel cofre muchas más, y del valor destas, que luego
serán puestas en el mysmo plato. No an puesto más de tres
joyas porque creen y tyenen por cyerto que nynguna ganarán
vuestras mercedes. Y el que a esta ventura se pusyere y no
açertara, o herrare en lo que {h}a de hazer y a lo que salyere—
que dé una cosa de las que encyma de sy trae, qual él querrá.
Yo, señores, he dycho[1] y hecho saber a lo que venymos.

---

[1]ms=dycho (excised a lo que venga) y

Rrespondan vuestras mercedes lo que más os plazerá; que quando por no saber o por no querer o por enpacho no avrá entre tantos señores cavalleros quien se quyera poner a esta ventura, estas señoras y damas hermosas entre sy pasarán tienpo y os darán plazer para que, donde señores fuerdes—y en el vuestro noble rreyno de Polonya—podáys dezyr de la manera de los juglares de Ingelaterra," y hyzo una gran rreverencya y calló.

Todos los que a la mesa estavan se myraron, los unos a los otros; a la fyn dyxo el condestable al señor Rroger: "Señor, rresponda vuestra merced por todos."

"No," dyxo el señor Rroger, "que no hablan syno con los polonyos."

Dyxo el mayordomo mayor: "Mucho nos quexaremos del rrey y de vuestra merced avernos hecho saltear, estando tan seguros y sosegados y de tal gente que rreparo ny defensa no tyenen ny se les puede poner. Vea vuestra merced ¿cómo dançaré, llena la pança y el bocado en la boca—que sentado no puedo estar, quanto más saltar y hazer pasetes y mudanças? ¿Pues cantar?—la cabeca está tan llena de umores que del estómago suben que la b. quadrada se me hara b. mol.[2] Mas con todo esto, asy vyejo como esto{y}, me ensayaré y provaré my suerte en tan fuerte y áspera ventura," y myrando a los /XXXXIᵛ/ a los otros dyxo: "—y vos otros señores, ¿qué dezis?"

Todos rrespondyeron: "Lo que vuestra merced {h}a dycho, dezimos."

El señor Rroger estava tan alegre y rreya con tanto sabor que hera plazer de lo myrar. El mayordomo mayor dyxo: "Señora hermosa, ¿quyén {h}a de ser el jues deste trançe?"

Rrespondyó la dama: "El señor Rroger."

Levantóse el condestable, dyziendo: "Eso no será su merced—que quien en tal çelada nos {h}a metydo no querrá que ganemos los precyos ny la honrra. Mas sea jues el rrey: lo uno

---

[2] la b....b. mol: a musical joke: cuadrado probably had had the meaning "sharp."

porque estando en su reyno no consentyrá su *señoría* que estas
señoras nos hagan demasya ny seamos mal tratados; lo otro
porque no me paresce trance éste que se deva de hazer syn su
señorya, y más desto querryamos aver socorro de lo nuestros,
que en sus posadas están seguros y syn pensamiento que
nosotros estemos en tanto trabajo pelygro y afruenta. Por tanto,
gentyl dama, sy os plaze, vamos al aposentamiento del rrey y ay
nos provaremos, y verés para quanto somos; y en este medyo
yrán a llamar toda nuestra gente y cavalleros para que gozen del
plazer y se alegren de la vytorya que ganaremos, y tanbyén
porque entre ellos avrán alguno que se quyera provar en todas
estas cosas que vos, dama, pedys."

"No será, señor, menester," dyxo la dama, "yr al aposentamiento del rrey, que su *señoría* es tan plazible y umano y cortés
que sabyendo lo que v*uestra* m*erced* dyze—que querrya que sea
jues—no dexará de venyr y estar presente; que yr allá, serya
gran rregozijo y mucho enpedymento y tardança; pues yr a
llamar a los señores de Polonya: luego será hecho, por que no
tengáys, señor, escusa, quando avrás perdydo los que presentes
estarés; que sy los que en sus posadas están se hallaran aquy,
que hizieran maravyllas—que son cosas muy acostunbradas de
los onbres para descargo de sus faltas."

Delante las damas, buelta a un cavallero, dyxo: "Vaya
v*uestra* m*erced* al rrey: ya sabés lo que avés de dezyr a su
señoría. Y vosotros, señores y cavalleros, que venys en nuestra
conpañya y guarda, dad horden que todos los cavalleros y
señores de Polonya sean llamados—que no quede nynguno—
mandando poner a la puerta de la sala mucha guarda, que
nynguno entre sy no fuere de Polonya, y los que entraren no los
dexen salyr por que no se nos vayan huyendo syn pagar los
precyos que perderán."

Capítulo XXII. Como el rrey vyno a ser jues

El que fue al rrey hízole saber a lo que yva; el rrey, vysta su
enbaxada, vyno luego con algunos cavalleros y señores. Entran-

do, todos se levantaron y le hizieron gran acatamiento y rreverencya; el los saludó muy alegre y cortesmente. Luego la dama del plato rrelató todo lo pasado, y como calló, dyxo el rrey: "Dama, más corteses y byen cryados an sydo estos señores en darme parte deste negocyo que no vos ny vuestras damas y conpañeras, y de justa rrazón y justycya devryades rrecebyr mucha pena y castigo, porque en my rreyno nadye puede poner carteles ny desafyo[1] syn my sabida y lycencya, mayormente a estos señores; que más que my persona an de ser honrrados y servydos y myrados."

En callando el rrey, la dama dyxo: "Cada qual en su ofycyo, para mejor mostrar su sufycyencya, puede hazer lo que hazemos; quanto más que éstas no son cosas en deservycyo de *vuestra señoría* ny menos cabo /XXXXIIᵛ/ de vuestro rreyno, mas en loa y honrra del que las tyernas damas—súdytas y vasallas de *vuestra señoría*—pasen y sobre pujen a los esforçados y valerosos cavalleros. Y para esto no hera menester pedyr licencya ny dar parte a *vuestra señoría*; que en cosas de damas y mugeres no es su jues, ny ha de querer saber más de sus cosas de lo que ellas mysmas os querrán dar parte; que los rreyes y grandes príncipes en las cosas que pertenecen a la cavallerya an de entender y para ellas an de ser llamados y rrequeridos y pedylles lycencya, y no en tales cosas porque no ay rrazón porque..."

El mayordomo mayor se levantó en pye con el chapelete en la mano, dyziendo: "Señor, suplico a *vuestra señoría* que no pase más adelante este rrazonamiento, que todo este mal y contyenda {h}a de descargar sobre nuestras espaldas; que ya esta dama hermosa se enpieça a enojar y quiçá no querrá que *vuestra señoría* sea jues—que de otra persona no nos fyaremos."

"Por eso," dyxo la dama, "no lo dexaremos de tomar por jues; que sy mal jusgare, mejor nos pagaremos de su señorya que de vosotros."

---

[1] A reference to proper jousting procedure, which requires official authorization and posted notices.

"¡No aya más, no aya más!" dyxo el condestable. "¡Enpeçemos, empeçemos!"

Las doze damas se pusyeron al cabo de la sala; la del plato, dexándolo en la mesa delante del rrey, se fue para las otras damas. Las donzellas, con sus hachas en las manos, se pusyeron de la una parte y de la otra de la sala, delante de la gente porque por medyo pudyesen dançar más syn enpacho ny enbaraço.

El rrey dyxo: "Damas, ¿este desafyo es para quantos en él querrán entrar?"

"No, señor, syno para los polonyos."

"No lo myrastes byen, ¿que no aya sydo para todos general?"

Rrespondyó la dama: "Sy *vuestra señoría* se siente agravyado porque cree que ganará algún precyo, dalle emos lycencya."

"Sy me la days, tomalla he."

"Tómela *vuestra señoría*," dyxo la dama, "y sea el primero en dançar y en errar y perder el precyo."

"Soy contento," dyxo el rrey, "—y con vos, gentyl dama."

"Como soy alegre," dyxo la dama, "que llevaré el precyo que *vuestra señoría* perderá." Levantándose el rrey, vyno la dama y hyzo gran rreverencya; el rrey la tomó por la mano.

La dama del plato dyxo: "¿Qué dança quyere *vuestra señoría?*"

"La que esta dama querrá."

"No, señor, syno la que *vuestra señoría* quysyere."

La dama que por mayor y cabeça de todas venya—que hera hija del duque Arnao de Bona, que se llama madama Calastyna—dyxo: "No (h)a de ser d'esa manera, syno que los menestryles y istrumentos tañan lo que querrán. Quien no lo conoscyere ny entendyere—su daño."

"Byen es," dyxo el mayordomo mayor, "más an de tañer nuestros istrumentos y las danças a nuestra usança."

Sobre esto ovo gran contyenda, y a la fyn se conçertaron que vynyesen los istrumentos y menestryles de Polonya y que dançasen tantas danças con los unos como con los otros syn que dyxesen lo que tañyan, y asy enpezó el rrey.

Capítulo XXIII. Como el rrey enpeçó a dançar

El rrey, tomando su dama, se puso al cabo de la sala; tañero(n)le la baxa morysca—dançáronla con su alta.[1] Tañeron luego las ganbetas, que por maravylla las dançaron, y despúes el tordyón, que fue mu

y a tienpo y byen dançado. Acabadas las tres danças, el rrey dexó a su dama cabe las /XXXXII'/ otras con gran cortesya.

La del plato dyxo: "Aquy no ay pérdyda ny ganancya, mas de otra manera (h)a de ser en lo porvenyr."

"No sé cómo será," dyxo el mayordomo mayor, "vengan nuestros menestryles."

"Aquy están, señor."

"Pues tañan."

El condestable fue el segundo—que buen dançante hera—y tomando por la mano a otra dama—que muy cortesmente se saludaron; enpeçaron a tañer los de Polonya una dança que la gryega se llama: y es que myentra más a priesa los istrumentos tañen tanto andar, más a paso y sosegados los que dançan; y quanto más a paso y sosegados los istrumentos tañen, entonçes paresce que los dançadores se quieren hazer pedaços con mudanças y meneos de la persona. Las damas seguyan la manera de los sones: quando a paso, paso; quando a priesa, priesa—al rrevés de los cavalleros. Hera tanta la dyversydad de las damas a los cavalleros que hera el mayor pasatienpo del mundo de manera de ver su dyversydad, asy de los unos y de los otros: era tanto el rreyr y el burlar que hera la mayor y mejor fyesta del mundo.

Acabando de tañer los de Polonya, tañen los de Ingelaterra y con este mudar de sones, acabaron de dançar todas las damas con otros tantos cavalleros. Luego la del plato vyno delante del

---

[1] This is a part of the late fifteenth-century basse dance, but, alternatively, Covarrubias defines *alta* as: "un género de dança que truxeron a España estrangeros, que se dançavan en Alemaña la alta..."

rrey. Dyxo: "Declare *vuestra señoría* quyén {h}a perdydo y quién ganado."

"Dama," dyxo el rrey, "es menester que nos informemos destos señores y cavalleros de Polonya y ver qué es lo que dyzen."

"Byen es, señor, mas dyganlo luego syn más dylacyón."

El rrey, buelto a los polonyos, les dyxo: "¿Qué os paresce, señores, desto que esta dama hermosa {h}a dycho?" Todos rremytyeron la rrespuesta al mayordomo mayor. "Señor," dyxo el rrey, "pues a vos rremyten todos estos cavalleros: que rresponda y declare sy estas damas an herrado alguna dança de las vuestras, que lo dygáys y quyen."

Rrespondyó: "Señor, byen será que *vuestra señoría* pregunte sy açertaron alguna, que por my vyda quantas danças nuestros tañedores tañeron todas se les pasaron por alto, que nynguna entendyeron ny dançaron. Tanbyén, señor, dyré quan byen dançamos las suyas, que maldyto sea el paso que honbre de nosotros dyo ny syntyó—ny sy tañyan danças o la pangelyuga o algún anyfana.[2] Asy, señor, que a my parescer todos avemos perdydo, y el jues gana todos los precyos; y syendo *vuestra señoría* el jues los gana todos. Tome las d'estas hermosas damas y a nosotros mande que demos por nuestro rrescate, y sy *vuestra señoría* quyere saber sy yo acyerto, pregúntelo a las damas sy dygo verdad, que todos se le pasaron por alto." Sy mucho avyan holgado del dançar, mucho holgaron y rryeron de la rrespuesta.

"Gracyosas y hermosas damas, ¿qué dezys a lo que avés oydo?"

Rrespondyó la cabeça y capitana de todas: "Aunque queramos negar lo que su *merced* {h}a dycho, no es onesto; pues que {h}a pasado y fue a vysta de tan altos honbres como aquy están, *vuestra señoría* rrecyba nuestras joyas y haga dellas lo

---

[2] *pangelyuga o algún anyfana*: The "pange lingua" is a hymn, while "anyfana" is probably a corruption of "anáfora," a part of the Greek mass.

que por rrazón y justycya hallare las de los cavalleros—creo
byen que no nos hará syn rrazón y justycya."

"Yo fyo," dyxo el rrey, "de vos, como la principal y
capitana de todas esas gentyles damas, para que mañana
después de comer vengáys a oyr sentencya y las trayáys; a estos
señores rruego mucho que se hallen presentes porque no ayan
de ser conde /XXXXIII'/ nados en ausencya por rrebeles y
contumaçes; y que trayan joyas para pagar cada uno por sy—sy
será condenado—en el precyo que sy conçertara ovyera ganado:
y que nynguna de las joyas de las que traerán valga más de lo
que valen las de las damas. Vos, dama hermosa—por vuestra
vyda que dygáys—¿quánto vale la joya que más vale de quantas
traes?"

"Señor, vale cyen nobles de la rrosa."

"Señores," dyxo el señor Rroger, "no avés de traer mañana
joya que valga más de cyento y cyncuenta pesos de oro, que son
C nobles"

Anbas partes consyntyeron y con esto se despydyeron las
damas con mucha cortesya y onestidad. El rrey estuvo un poco
y se fue, no consyntyendo que nynguno de los polonyos lo
aconpañase—los que luego se fueron a sus posadas.

Capítulo XXIIII. Como el rrey ordenó la partyda

Después de aver oydo mysa otro dya en palacyo con
muchos y excelentes cantores, se salyeron sobre una loja de
donde se parescyó la mar y el puerto y mucha parte de la vylla.
El rrey se apartó con el señor Rroger y con el cardenal y
hablaron mucho sobre el despacho de la señora infanta y que se
tomase de mercaderes, a—tanbyé{n}—lo que el rreyno servya,
porque no se podya esperar a cobrallo: lo qual cometyó el
cardenal al señor Rroger, que fuese con los tesoreros y contadores al tesorero y que sacase la cantydad que se avya de dar, y
después desto hecho, dyxo: "Señores, entenderés en ver y
mandar adereçar todas las joyas, rropas y tapecerya, mandándo-
las poner con mucha horden, que solamente quedan las cosas

de la cámara, que heran menester contynuas; y lo primero y
principal que avés de proveer que se ayan naos, muchas y muy
buenas, y que vayan muy bastecydas de muchos bastymentos:
armas, pólvora y artyllerya y mucha gente y buena asy de
guerra como para navegar," dyziéndoles, "señores hermanos,
trabajad vosotros que vuestra sobryna se parta, y que sus cosas
vayan byen conçertadas y en gran horden que no les falte nada,
que yo, después de su partyda, harto terné de trabajo, dolor y
fatyga en aver partydo de my la cosa del mundo que más amo,
y este poco tienpo que de vella y gozalla me queda no quiero
perder un solo momento."

Los hermanos le loaron su propósyto y voluntad, proferyén-
dose de lo hazer como su señor lo mandava. El señor Rroger
dyxo: "Señor, una cosa me paresçe que devrya de hazer, y es la
infanta tyene dos coronas: la una de la rreyna, nuestra señora y
madre; la otra de la señora rreyna, su madre, que son rricas y de
buena hechura y son hechas al antygua: que de entranbas se
hiziese una, que llevase todas las joyas, piedras y perlas de
entranbas y la hechura que sea muy exçelente a la moderna."

"Por my alma," dyxo el rrey, "señor hermano, que avés
acordado lo mejor del mundo, y asy se haga, y yo le daré
muchas joyas de valer."

Como se dyxo, se puso por obra: hízose una corona que
valya más de cyen myll nobles de la rrosa. Dyóse tanta priesa
que antes de la partyda estava hecha y puesta en la rrecámara;
todos los que /XXXXIIIᵛ/ la veyan s'espantavan de su gran valor
y hechura.

Salydos de la loja a una grande y hermosa sala adonde
estavan los señores polonyos esperando el rrey, se fue para ellos
y tomando al mayordomo mayor y al condestable de las manos,
y les hizo saber lo que tenya hordenado y que muy presto sería
su despacho. Los polonyos dyeron muchas gracyas y gelo
tuvyeron en merced.

El condestable dyxo: "Señor, el despacho de lo que se [h]a
de llevar es lo menos en que pensamos. Lo que deseamos y
querryamos es que se concluya lo principal—que todo lo demás
es acesoryo—y es que presto partamos de aquy, que esotras

cosas—que vayan agora o después o que nada vayan—poco nos
pena, que el rrey no nos enbyó acá por más de por la señora
madama Aurelya; y pues syn ver a su señora no querya más
que[1] a su persona—¿qué hará quando la vea? Y plúguese a Dyos
que tanto valyese lo que tengo quanto el rrey Dyonis me darya
sy yo gela mostrase, y la tuvyese en parte que su señoría no me
la pudyese tomar. Asy que, señor, dénos *vuestra señoría* señora,
que hasta agora tanto tenemos como quando venymos."

"¿Por qué lo dezis?" dyxo el rrey.

"Señor, porque nos deys señora, pues tan lexos estamos de
nuestro señor y le besamos las manos por señora."

"¿Querés dezyr que se haga el desposoryo?"

"Por eso mysmo lo dygo," dyxo el condestable, "que
estamos como las ovejas syn pastor."

"Hágase," dyxo el rrey.

El arzobispo de Paludy dyxo: "Señor, ¿quándo será?"

"Será al dya de Sant Andrés apostol byen aventurado, que
es de aquí a tres dyas, en los quales se aparejará todo lo que es
menester."

Y asy quedó concertado y fueron a comer con el rrey. Fue
un vanquete muy suntuoso y de muchas cosas; alçadas las
mesas, las damas enbyaron la dama del plato a saber sy el rrey
querrya que vynyese, que estavan esperando.

El rrey preguntó a los señores de Polonya: "¿Qué les
parescya de lo que la dama dezya?"

Todos rrespondyeron que aquello que a su señoría más
agradase querryan.

"No," dyxo el rrey, "hágase como más a vuestra voluntá y
plazer."

El duque de Dulçón dyxo: "Señor, las damas están syn
persona principal que las favoresça y torne por ellas: que sea
persona poderosa; que nosotros—syendo *vuestra señoría* jues y
syendo honbre—ternán sospecha que será de nuestra parte. Sy
vuestra señoría mandare, sería bueno yr a dar esta sentencya al

---

[1] ms=de

aposentamiento de la señora infanta, nuestra señora, para que con su favor y debaxo de su sonbra[2] myradas, y no puedan alegar que se les (h)a hecho syn justycya, y en este medyo vernán los maestros y se podrá dar la justycya y rrazón a quyen la tuvyere, juntamente con la esecucyón."

"O, cómo avés, señor, dycho byen," dyxo el mayordomo mayor, "sy a vuestra señorya plaze."

"¿Sy me plaze?" dyxo el rrey, "antes os lo rruego y os lo tengo en mucha gracya." Luego enbyó a hazer saber a la infanta como yvan a su aposentamiento y a qué. Luego enbyaron a llamar a los señores de Polonya que a sus posadas eran ydos a comer: venydos, todos juntos se fueron de conpañya.

Capítulo XXV. Como el rrey dixo la sentencya

Entrados donde la señora infanta estava, el rrey la abraçó y todos se le humillaron y hizieron gran rreverencya; ella los rrecybyó muy gracyosa y amorosamente. /XXXXIIIIᵛ/ Después que el rrey fue sentado y los principales señores y todos puestos en sylencyo y sosyego, entraron las damas, y—hecho su acatamiento y mesura—la dama del plato hizo rrelacyón a la señora infanta de todo lo que la noche pasada avya acaecydo, que nada quedó, contando con tanta gracya y por tan gentyl estylo, contrahaziendo a los unos y a los otros, que los que no lo avyan vysto les parescya aver estado presentes, y rreyan todos, tanto que no pudyeran aver pasatienpo ny fyesta más agradable.

Después de la dama aver contado—lo que todos quisyeran que jamás acabara aquella rrelacyón tan plazible y sabrosa— dyxo: "Ya vuestra señoría (h)a oydo todo lo que anoche pasó. He aquy las joyas que estas damas hermosas llevavan para dar a los que les ganasen. Sy tanto saber, desenvoltura y ventura

---

[2] ms= sombra s..ce? myradas. I cannot suggest a suitable resolution here.

tuvyeran—lo que todo faltó a estas señoras que a esta ventura
se provaron—tómelas *vuestra señoría*, y haga justycya y dé la
rrazón a quien la tuvyere de la une parte y de la otra; y haziendo lo contraryo yo protesto en nonbre de todas estas damas, que
más pagaremos de *vuestra señoría* y de sus byenes, sy tantos
tuvyere que basten pagarnos, como se haze de los juezes
parcyales y que no hazen justycya." Hizo una gran rreverencya
y calló.

El rrespondyó: "Dama hermosa, no dudés que, en quanto
my saber y juyzyo bastare, no os quexarés de my." Buelto a los
cavalleros, dyxoles: "Poned, señores, vuestras joyas aquí
juntamente con las de las damas, y sy las perdystes serán dadas
a las que las ganaron y sy las ganastes no os serán quitadas."

Los señores polonyos, que ya proveydos venyan: quien
sacava una cadena, quien un joyel, otro un gorjal, otro cuentas,
otro axorcas, otros cordones de horo esmaltados para ceñyr,
otros gargantyllas.[1] Todos pusyeron sus joyas conformes al
precyo de los C nobles. Dadas todas las joyas al rrey, llamó la
dama con quien avya dançado; dyxole: "Dama, dezy la verdad:
¿perdy yo my joya?"

"No, señor."

"Ny vos tanpoco. ¿Quál es vuestra joya?" dyxo el rrey.

"El joyel," dyxo ella.

"Pues tomaldo." La dama lo tomó.

"La mya hera este cordón, y porque confesastes la verdad,
os lo doy para que por my amor lo rrecybáys y trayáys."

"Muchas mercedes," dyxo la dama, y tomándolo dyxo:
"para traello por vuestro amor quisyera que más moço fuérades," y con estas palabras se rrenovava la fyesta y el rreyr
pasado.

"Dama," dyxo el rrey, "por dar conclusyón a estos señores
y damas no os rrespondo; que las obras os dyera por rrespuesta
y por testygo."

"Sy, a la fe," dyxo la dama, "a los honbres nunca les faltó

---

[1] *gargantillas*: "necklaces."

palabras quanto más donde faltan las obras."

El rrey, buelto al mayordomo mayor, dyxo: "Señor, ¿con quién dançastes?"

"Con aquella dama," y mostrógela.

Tanbyén llamó la dama, y preguntados, anbos confesaron aver herrado.

"Pues asy es, vos, dama, tomá la joya del mayordomo, y vos, señor, tomá la joya que la dama perdyó." Y desta manera dyo todas las sentencyas, de suerte que sy de una manera perdyan, de la otra ganavan y quedavan en pas, con mucho plazer y contentamiento y syn perjuyzyo ny pérdyda de nynguna de las partes. Ally tornaron a dançar las damas con sus tañedores y los polonyos con los suyos, de que los unos y los otros muy contentos quedaron; y syendo ya tarde todos se despydyeron. /XXXXIIII^v/

Capítulo XXVI. Como se hizo el desposoryo y de lo que n'el acaescyó

En lo que avés oydo y en un vanquete muy sunptuoso que el reverendo cardenal hizo, pasaron los tres dyas con mucho plazer. (El) dya de Sant Andres apostol, byen aventurado, como oystes, estava concertado: el rrey de Ingelterra y el cardenal y el señor Rroger y el príncipe se fueron a la yglesya mayor de la vylla de Londres[1] con toda la cavallerya del rreyno—que muchos señores y de grandes rrentas heran y señores de vasallos syn número—porque de todo el rreyno avyan venydo para aquellas fyestas.

Hecha oracyón, el señor Rroger se partyó y fue a palacyo al aposentamiento de mayordomo mayor, adonde halló a todos los grandes y señores de Polonya, tan rricos y ponposos y byen vestydos que el señor Rroger, myrando a los unos y hablando

---

[1] ms=Londres (excised hecha oracyon el señor Roger se partyo y fue) con

con los otros, burlando y rriendo, andava tan alegre que a todos
rregozijava y alegrava, pues la coñpanya que con él venya de los
de su casa y vasallos no les faltava nada, que muchos heran.
Muy rricos y galanes, los que en la yglesya con el rrey quedavan; podés creer que hera el oro y perlas y piedras tantas y tales
que sería inposyble escrvyllo.

Todos juntos salyeron del palacyo al yglesya don' el rrey
estava. Hecha oracyón, dyeron los buenos dyas al rrey; él les
dyo el contra canbyo. Los forasteros y los de la tierra se
rrecybyeron y saludaron muy amygablemente. Avyendo hablado
un poco, dyxo el señor Rroger: "Sy vuestra señoría manda,
yremos por la señora madama Aurelya, y hágase lo que se {h}a
de hazer."

"Bien será," dyxo el rrey, "vaya vuestra merced en buen
hora." Salidos del yglesya, no podyan ser llegados a palacyo que
dyxo el rrey: "Señores, salgamos aquí fuera y veremos la mar y
gozaremos del sol."

Salydos, myrando unos a una parte y otros a otra, vyeron
venyr por la mar de Levante una cosa tan grande que no sabyan
determynar qué fuese.

Unos dezyan: "Nao es."

Otros: "No es."

"Sy es."

"No es."

Asy estavan altercando: no se afyrmavan qué pudyese ser.
Llegándose más hazia la vylla conoscyeron perfetamente ser una
vallena—la mayor que nunca fue vysta—que parescya una gran
montaña, con dos vallenatos, uno más grande que el otro.
Venyan con tanta furya que parescya que bolasen, y tanta
feroscydad que espanto ponyan a los myradores. La que,
metyendo la tronpa en el agua la echava más alta que las torres
las más altas del mundo, y tanta agua que no ay nao, por grande
que sea, que sy encyma gela echase no la anegase. Dando[2] muy
grandes sylvos y con la cola tales açotes en la mar que a

---

[2] *dando*: governs both subsequent nouns: *sylvos* and *açotes*.

nynguna nao açertara que no la hiziera pedaços. Lo mysmo hazían los vallenatos que la madre, que cosas maravyllosas hazian según su grandeza y cuerpo.

Estándola myrando, llegaron el príncipe y el señor Rroger con la *señora* madama Aurelya—muy hermosa dama y muy rrica y galanamente vestyda—con muchos señores y damas en gran manera adornados. Deziros sus primores,[3] bordaduras y rriquezas sería para nunca acabar. Fue del rrey y de todos aquella señora rrecebyda con gran acatamiento y rreverencya. Dyxo el rrey: "Señor hermano, ¿avés vysto esta tan espantable y maravyllosa cosa /XXXXVʳ/ como hazia el puerto vyene?"

"No, señor," y buelto a myralla se santyguava, dyziendo, "¿Qué puede ser esto?"

Algunos rrespondyeron: "Señor, vallena es."

"No es posyble; que yo vysto he vallenas, mas ésta es mayor que dyes; antes creo que sea dyablo o montaña que traen algunos nygromantes por la mar encantada."

"Ya de aquy a ella poco ay," dyxo el rrey, "que puede aver dos myllas. Según vyene presto, será acá y veremos[4] sy pasa o sy entra en el puerto, o en qué para—que tal fyesta como la nuestra no me paresçe que la hagamos de priesa ny con sobresalto que, hasta ver la fyn, no estarya con el ánima rreposado." Muchos rrespondyeron que hera muy byen: la vallena y vallenatos trayan tanta furya que parescya que bolasen. Todas las naos que en el puerto estavan s'avyan tyrado en tierra quanto podyan, por myedo de la vallena. Llegada con los hijos en medyo del puerto, un nao de las que apercebydas estavan, y armada toda la artyllerya—porque todas lo estavan, para en syendo hecho el deposoryo que tyrasen su artyllerya por alegrya—tyró una lonbarda asás gruesa a la vallena, y dyole en el costado gran golpe. Tornó la pelota atrás más de XXX pasos, de que muy maravyllados quedaron. Luego de la vallena enpeçó a desperar tanta y tal artyllerya que todos los que myravan

---

[3] *primores*: "beauties."
[4] ms=veraremos

creyeron que no quedava nao ny navyo sano en el puerto, y
aunque en la vylla ovyese hecho mucho daño, según la mucha
y gruesa artyllerya tyrava—que parescya que la tierra y paredes
hiziese tenblar.

Dyxeron al rrey: "Métase vuestra señoría en la yglesya."

Rrespondyo: "Sy es venyda y tyene poder de nos hazer mal,
ny bastara yglesya ny fortaleza ny vylla ny gente della, que ésta,
cosa dyabólyca me paresçe."

Hera tanto el humo del artyllerya que ny naos ny vallena
ny puerto se parescya; ya que el humo hera algo quitado que
algo se devysava, syntyeron un gran traquedo de tronpetas y
atabales en gran cantydad tanydas dessonadas; ya el humo hera
casy quytado; syntyeron tantos sacabuches y charemyas[5] y
clarines que parescya que el puerto se hundyese. El humo del
todo quytado, parescyó que la vallena desde la cabeça a la cola
se abrya por medyo, y cayendo las dos partes a la mar quedó
una muy hermosysyma galeaça: la mayor que nunca fue vysta.
Las vandas tan altas como un honbre, toldadas de brocado rraso
y tercyopelo carmesy; el toldo de popa de brocado muy rrico en
tres altos con unas çenefas[6] anchas casy una vara, de carmesy
rraso, bordada de perlas y aljofar; allende de ser rriquísymo, hera
hecho a maravylla de estremada labor.

Debaxo dél venyan seys damas: syn comparacyón sus
atavyos y rriqueza y su[7] hermosura, conforme a los atavyos
desde el tendal[8] hasta la proa venyan, todo lleno de damas: por
la cruxia[9] las unas con dulçaynas, otras con harpas, otras con
laúdes, otras con hórganos, otras con dulçemelas y otras con
salteryos, otras tantas con lybros de canto; quando cantavan,
çesavan los istrumentos; quando el canto çesava tañyan los

---

[5] charemya: chirimía="instrumento de boca, a modo de
trompeta derecha, sin vuelta" (Covarrubias).

[6] çenefa: a type of sail.

[7] ms=su (excised s)

[8] tendal: "awning."

[9] cruxia: "midship gangway."

istrumentos. Hera la música tal, que, olvydada la vallena y su espanto, estavan todos tan atentos que no avya quien con otro hablase; tanto tenyan qué myrar y qué escuchar. Estando en esto, subyó una dama asas hermosa /XXXXV^v/ y rricamente vestyda; arrymóse al tendal y sacando un chifleto. Lo tañó, y muy byen; luego çesó toda la música. Tornándolo a tañer, salyeron en cada vanco tres damas hermosas, vestidas todos de una manera, del brocado y tercyopelo carmesy de las vandas, con unos sonbreretes de lo mysmo y en cada uno un penachón de ayrón muy grandes y muy blancos. A la terçera ves que la dama tornó a tañer, descubriendo la cruxya, sacaron el árbol o mastil de la galeaça con la xarcya y cuerdas de oro y seda carmesy. Luego fue puesta en él la entena, y en ella la vela: que hera de rraso carmesy en dos hazes, en medyo della un laberyntyo de argenterya y piedras y perlas que mucho rrelunbrava, con una bordadura alderredor de toda la vela, por anbas partes, de lo mysmo que el laberynto, de una vara en ancho. Luego fue guyndada la vela, y tras ella fueron arboradas muchas banderas por las vandas y en proa y por medyo de la galeaça y encyma del arbor pusyeron una vandera, de lo que la vela, con la mysma señal que todas las otras vanderas. A popa pusyeron un pendón rreal y al tendal un estandarte, llenos de leones y castillos y flores de lyses muy rrica y sotylmente bordadas.

Los ballenatos quedaron hechos dos barcos: la una más grande que la otra, toldadas a la venecyana, la cubyerta d'encyma y por baxo de brocado y carmesy: en la una XX damas, y en la otra doze damas. La meytad dellas de cada barca rremavan, y las otras hazían música de canto y de tañer, tan suave que nunca otra tal fue vysta. Llegada la galeaça çerca de tierra, salyeron de la popa las seys damas; entradas en la barca mayor, luego fue puesta a la popa de la una vandera de lo mysmo que los otros. Llegaron a tierra [con los barcos, y luego] salyeron de la barca; a la hora alçaron por las vandas de la galeaça muchos faraones ençendydos de instymable olor, suavydad, y en el fogón muy alto fuego de los mysmos olores y suavydad. ¿Qué—me dyrés—de los myradores: rrey y príncipe, señores y damas? Que nynguno hablava y el que más hazya hera myrar a los otros, syn hablar ny dezyr nada.

Las seys damas con las otras de la música syguyeron su camyno para donde el rrey estava. Las damas que rremavan, partydas sus señoras, se tornaron: las unas en fygura de osos, otras en leones, otras en elefantes, otras en serpyentes, otras en dragones—tales que no avya persona que las osase myrar, tan fieras y espantables estavan; parescya que queryan saltar en tierra. La gente que en la playa estava, todos se apartavan más que de paso—que cyerto no avyan menester aguardadores. Llegadas las damas, que en tierra salyeron delante del rrey, le hizieron gran acatamiento y rreverencya. El rrey las rrecybyó con mucho plazer y cortesya.

La una de las damas dyxo: "Señor, antes que dygamos a lo que venymos, rreposaremos un poco; no porque cansadas vengamos, mas por que vuestra señoría y estos señores y cavalleros rreposéys y soseguéys del alboroto y sobresalto que an avydo con nuestra venyda."

"Gentyl dama," dyxo el rrey, "mucho tienpo sería menester para tornar en nuestro perfecto acuerdo y rreposo, lo que con vuestra venyda mucha rrazón huvo para perdello; lo que con vuestra /XXXXVIª/ vysta mucho nos avés alegrado y asegurado: que es gran rremedyo y medycyna para olvydar lo pasado. Por ende, dama, sy algo querés de my o en este rreyno, dezildo: que en todo lo a my posible procuraré que muy contentas y satisfechas seáys de todo lo que pidyerdes."

"Muchas mercedes," dyxo la dama, "de vuestra buena proferta, mas no venymos a vos: a quien venymos es la señora infanta madama Aurelya, que presto ser{á} rreyna y puesta en gran 'stado. Y dycho a lo que venymos, y hecha nuestra enbaxada, nos tornaremos, que nynguna neçesidad acá nos trae; que oro y plata, pyedras y perlas, sedas y brocados y dyneros más tenemos nosotros sobrados que tenéys todos los rreyes del mundo. Y con vuestra licencya dyré más a lo que venymos."

"Dezid," dyxo el rrey, "sabyas damas, lo que querrés—

públyco o[10] secreto—como más os contentare."

"Públyco," dyxo la dama, "lo dyremos por que todos lo
oyan y sepan y mejor se tenga en memorya, que byen será
menester que se tenga y byen tenyda. Yo, señor, empeçaré..."
y buelta a la señora infanta le dyxo lo syguyente.

Capítulo XXVII. Como la dama hizo su enbaxada

"Muy noble señora infanta madama Aurelya: abra vuestra
merced las orejas y todos los que presentes están, y noten byen
nuestra enbaxada y tenganla byen en memorya. Las sabyas
Sebylas, mys señoras, que son: Yrytrea, Cumana, Saba, Arabya,
la rreyna Libya, Astrye, Cypryna, Samya, Norça, Esponte,
Frygya, Sorya; que por todas son doze: las quales profetyzaron
del advenymiento de Xpo,[1] y tanbyén que Rroma sería sujecta
a lo eclesyástico y que en ella estarya la sylla de San Pedro, y
que serya domada y sujecta syn armas; y tanbyén profetyzaron
la destrucyón de Troya y el tienpo y cómo y por quién y otras
muchas cosas largas de contar.

"Te hazen saber que ellas compañeras fueron mucho tienpo
en la ysla de Dolfo, donde procuraron por sus cyencyas y artes
mágycas y saber de se hazer inmortales y no pudyendo(morir)
para syenpre jamás, alcançaron de estar en la forma que oy
byven: que es en muchas rriquezas y abundancya y plazeres y
deleytes, tales y tantos como los piden y desean—que nada les
falta de quantos se pueden pensar y pedyr—que asy los tyenen
ellas y todas las que las quisymos seguyr y estar en su servycyo,
hasta agora y hasta el dya del juyzyo, que vendrá el justo y
verdadero jues, hazedor del cyelo y de la tierra a jusgar los
byvos y los muertos; después del qual juyzyo, será para syenpre
nuestra danacyón syn fyn.

---

[10] ms=y
[1] The Sybils were reputed to have foreseen the coming of
Christ; also see Gil Vicente's *El auto de la Sibila Casandra*.

"Avemos estado hasta agora dos myll y dozientos y syete
años y meses y dyas, y turará hasta el dya del juyzyo como
tengo dycho—sy sola una cosa no nos la estorva y ataja: y {h}a
de ser un cavallero hadado y encantado, que nyngún encanta-
miento ny arte mágyca tendrá fuerça ny vygor contra él, ny le
podrá inpedyr ny estorvar de quebrallos y deshazellos—todos
quantos él querrá y como le plazerá, syn nynguna pena ny daño
suyo—por mano del qual hallan nuestras señoras—por sus
cyencyas—que de ser ellas y nosotras sacadas de los lugares
encantados donde estamos y avemos estado, y que seremos
puestas en este mundo, do a nadye la muerte perdona,
/XXXXVIᵛ/ y sacadas de nuestras fuerças, tendrá la muerte la
mysma fuerça y vygor contra nosotros que contra vosotros, los
mundanos tyene. Y la muerte corporal serya poco daño, mas
nuestra danacyón perpétua y perdurable—tras la muerte—
mucho nos aflyge y fatyga, venyrnos sobre un mal otro tan
grande.

"Está muy provado y averiguado por las artes y cyencya de
nuestras señoras que este tal cavallero {h}a de ser de vuestra
casta y descendencya. Será señalado de las armas o devysas, que
el estandarte o pendón de nuestra galeaça trae. El tienpo quando
será está rreservado a la voluntá del alto Señor, Hazedor del
cyelo y de la tierra. Quisyéramos tenello secreto—y no {h}a sydo
en nuestra mano tenello cubyerto ny secreto—mas que sea
públyco porque ésta {h}a sydo y es la voluntá del alto Señor,
contra la qual ny vale rresystencya ny contradycyón alguna.
Antes dél verná quien mucho mal y daño será causa, para los
que tras él vendrán y para las tierras de donde salyeren; después
destos verná quien mucho mal y daños pensamos que nos hará,
y todo el mal de sus tierras, la mayor y mejor parte, rremedyará
con grandes fatygas y trabajos, y con mucho derramamyento de
sangre, asy de su persona, como de los que lo syguyrán, y
mucho más de sus antyguos enemygos.

"Byen avés oydo lo que he dycho: asy {h}a de ser syn falta
nynguna; y myentra byvyerdes, vos, señora, y vuestro marydo,
serés—por mandado de mys señoras—vysytados y servydos, en
lo que sus fuerças y cyencyas bastaran—y después, de mano en

mano a vuestros suçesores, hasta que venga aquél que dycho tengo y con las señas que oystes, el qual nasçerá con cosas y vestydura estraña. Vysytaros y servyros emos hasta su venyda: quiçá podrá ser que por nuestro buen y leal servyr nos dexe estar como estamos y no nos dé mal sobre mal, pues a él nyngún provecho le vendrá más de un poco de humo de fama y memorya, que en breve pasa y buela y es olvydada; y tanbyén por que su venyda sepamos—la qual plugyese a Dyos—sy mal por su nacymiento nos ha de venyr, que nunca nacyese ny vynyese en este mundo, y sy su venyda no se puede escusar, y mal por ella nos ha de venyr, que nosotras nunca fuéramos engendradas.

"Tanbyén hago saber a los señores y cavalleros de Polonya que en térmyno de XX dyas salgáys deste rreyno con la *señora* madama Aurelya, que en el térmyno que he dycho gran aparejo tendrés. Sy pasados los XX dyas estarés, pasarán meses y dyas y quiçá años que no saldrés ny podrés hallaros en vuestro rreyno y casas, en las quales mucha falta harán vuestras ausencyas por las muchas y grandes cosas que en el mundo suçederán. He dycho a lo que venymos: acordaos byen dello; que hallarés ser muy cyertas nuestras palabras y más las de mys señoras que acá nos enbyaron: que serán gran prenda y seguridad para las otras vezes que por su mandado serés vysytados— vos, señora y vuestro marido—que somos cyertas que mucha fe nos darés en lo por venyr. Yo he dycho a lo que venymos. Hora señor rrey y señores: háganse los desposoryos, que yo quiero dezyr allá lo que aquí se haze, como /XXXXVIIʳ/ testygo de vysta."

Aunque el rrey y todos muy espantados estavan, dyxo: "Por cyerto, dama, yo querrya saber y poder rremedyar a todo lo que dezys que en daño vuestro y mal {h}a de venyr, mas como dezys que es voluntá de Nuestro Señor, y que para ello no ay medyo ny rremedyo, a él lo remytamos, suplycándole que más piadad, clemencya y mysericordya que justycya haga. El estar vos presente a nuestra fyesta y desposoryo, yo lo tengo por muy buena y huelgo mucho porque con vuestra presencya más autorizado y honrrado seremos,[2] en nonbre de Dyos."

La dama tomó el rrey por la mano y el mayordomo mayor de la otra parte; el cardenal y el señor Rroger llevavan a la señora infanta en medyo, el príncipe y el condestable tomaron otra dama, y asy de mano en mano todos los grandes las suyas. Desta manera entraron en la yglesya adonde por el cardenal fueron desposados, la señora infanta con el conde Modançón,[3] mayordomo mayor del rrey de Polonya, a quyen tenya como a padre. En syendo desposados, hizieron señal a las naos y fortaleza, que mucha y muy buena artyllerya tyraron. Luego todos los señores de Polonya, las rrodyllas en el suelo, llegaron a besalle las manos, tenyéndola el mayordomo mayor por el braço con el chapelete en la mano; aunque mucho porfyó de no les dar la mano, fue forçado que gela dyese por que los queryan levantar, y el rrey ge lo mandó. Besadas las manos de todos, salyeron del ygleysya, las damas de la galeaça aconpañadas como avyan ydo al ygleysya; asy de conpañya fueron hasta palacyo adonde, llegados, las damas se despydyeron.

El rrey mucho les rrogó y porfyó que ally quedasen a comer y que rreposasen algún dya. La dama rrespondyó: "De la buena voluntá, señor, vuestra, os damos muchas gracyas y os la tenemos en merced; por fuerça es de yr a comer con nuestras señoras, las sabyas Sevyllas, que acá nos enbyaron."

"¿En la galeaça están?" dyxo el rrey.

Las damas se rreyeron y rrespondyeron: "Señor, en la montaña de Norça se juntaron todas doze para enbyarnos con esta enbaxada, y tornadas que seamos, luego se tornará cada una a su casa. Esta montaña donde quedan está LX myllas de Rroma, çerca de una çibdad que se llama Norça y de otra que se llama Espolytro, çerca de la marca de Ancona."

"¿Cómo puede ser," dyxo el rrey, "yr a comer tan lexos?"

"¿Sy es, señor?—¡que no ay myll y quinyentas leguas de aquí a la montaña! Ya de dya partymos: d'allá más tardamos en

---

[2] ms=veramos
[3] ms=Modançon (excised hermano) mayordomo

llegar acá, después que nos vystes, que en todo el camyno—por daros qué altercar y qué dezyr, y por llegar al tienpo que llegamos, que asy nos hera mandado."

"Pues asy quieres," dyxo el rrey, "ved, sabya y hermosa dama, sy yo puedo hazer algo para vuestro rremedyo y descanso, que de grado lo haré."

Rrespondyó la dama: "Nynguna cosa que se haga nos puede hazer byen ny mal, que asy estaremos hasta el tienpo que ya tengo dycho. Señor, señora y cavalleros: Aquél que puede os dé descanso y rreposo y contentamiento." Hizo una gran rreverencya y bolvyó camyno a la mar con sus damas syn otra nynguna conpañya. Aunque muchos la quisyeron aconpañar, no consyntyó que nynguno fuese con ellas. Llegadas a la mar, entraron en sus barcas; los anymales se tornaron en muy hermosas damas, /XXXXVIIᵛ/ como antes heran. Subydas en la galeaça a vela y al rremo, las barcas, por popa salyeron del puerto; en un quarto de hora desaparescyeron.

El rrey y todos quedaron tan espantados y maravyllados como el caso lo rrequerya; hablando en lo que avyan vysto estuvyeron más de dos horas, que no se les acordava de comer ny sy eran nacydos. El rrey preguntava sy se acordavan de lo que la dama avya dycho.

Uno dezya: "Un poco."

Otro dezya: "Más."

Asy que de muchos se tornó a rrelatar todo lo que la dama avya dycho. Luego lo hizo escrevyr a un su secretaryo y mandó hazer dello algunas copyas; dyólas a algunos señores que los guardasen: a la infanta y a sus hermanos y hijo y a otros, y él para sy tomó algunas. No avya una hora hasta la noche quando los mastresalas entraron con el manjar, que nynguno se acordava. Comyeron todos en gran cuydado por no entender lo que la dama avya dycho, y porque les parescya aver soñado lo que avyan vysto y oydo—lo que muchas vezes unos a otros se preguntavan, dyziendo:

"¿Vystes la tal cosa?"

Otro dezya: "¿Oystes la tal?"

—Como honbres dudés de no creer que lo avyan vysto ny

oydo—

Acabado de comer, cada uno se fue ado más le plugo, que ya hera tarde.

Capítulo XXVIII. Como se hyzo el despacho y otras cosas

El otro dya de mañana, el rrey con todos los principales de Polonya y de Ingelaterra entraron en consejo, y propuesto lo del dya pasado, y leyda la copya de lo que la dama avya dycho—myentra más en ella hablavan menos la entendyan—vysta y leyda muchas vezes deliberaron la declaracyón della dexalla al tienpo y a la obra. En lo que tocava a la partyda de los señores de Polonya y a su presto partyr acordaron dar mucha pryesa porque del presto partyr nyngún daño podya venyr, lo que en la dylacyón podya venyr mucho mal y daño. Y syendo el provecho claro y syn nynguna pérdyda, que se pusyese en efecto—pues la dama avya dycho que en poco tienpo tendryan gran aparejo para partyr—y que en esto podryan conosçer sy las cosas por venyr seryan verdad, que se dyesen tanta priesa en aparejar, que avyendo tienpo y oportunydad no se esperase una sola hora.

Luego fue cometydo a tales y tantas personas que en doze dyas ya todo estava a punto sy no hera el dynero con que el rreyno avya de servyr a la infanta: lo que avyendo sabydo el ayuntamiento de mercaderes—que es gran cosa—avyan acordado de enbyar al rrey dos consules y dos mercaderes rricos y principales, los quales estando en esto llegaron y dyxeron al rrey: "Señor, avemos sabydo quan çerca está la partyda de la señora infanta y que todas las cosas para su camyno están puestas en horden y aparejadas, syno es el servycyo que el rreyno es oblygado y suele hazer para su casamiento. Averse de cobrar del rreyno sería gran /XXXXVIIIᵉ/ tardança y dylacyón. Que *vuestra señoría* nos mande dezyr la cantydad con que el rreyno quiere servyr, porque el apuntamiento de mercaderes los quiere prestar luego de contado y syn nyngún interese ny cambyo y que ellos lo cobrarán del rreyno [con el tienpo], esperándoles y dándoles tienpo y término que con su comodydad puedan pagar."

El rrey gelo agradecyó mucho y lo tuvo en gran servycyo, dyzyendo: "Lo que el rreyno suele dar a cada hija que el rrey casa es dozientos myll nobles de la rrosa: esto se suele hazer tenyendo el rrey dos otras hijas o más; tenyendo yo una sola, y syendo ella tal y queriéndola yo tanto, parésceme que la devan dar más." El rrey calló.

El cardenal dyxo: "Por cyerto, honrrados consules y mercaderes, en mucho deve tener su *señoría* vuestra voluntá y obra, que a buen tienpo vyene y en lo por venyr de su *señoría*, y de todos nosotros, os será rremunerado y agradescydo el servycyo que hazés. La voluntá n'os podremos pagar, porque es tal que cunple no pagalla con palabras: al tienpo lo rremyto que lo verés mejor por obra que con palabras." Buelto al rrey le dyxo: "Señor, para que esto aya efecto y presto (h)ase de saber quanto el rreyno quiere dar, que los procuradores de cortes y rreyno en palacyo deven estar; y dyrán la cantydad y harán las oblygacyones a estos honrrados consules y mercaderes o al ayuntamiento, y ellos darán luego el dynero, de manera que mañana ya estará todo despachado."

Luego mandó el rrey llamar los procuradores; venydos, dyxo el rrey al señor Rroger que les dyxese la causa por que los avya mandado llamar. El señor Rroger gelo hizo saber con un cortés, corto y sabyo rrazonamiento, lo que oystes. Sabydo de los procuradores que el rrey querya saber la cantydad que el rreyno querya dar y servyr a su hija, entre ellos se rrogaron mucho para rresponder. El procurador de Londres dyo la rrespuesta que fue byen conpuesta y asás breve: "Ya *vuestra señoría* sabe, como de XV años, a esta parte este rreyno (h)a avydo muchos gastos, pérdydas y daños por la guerra que s'a tenydo con Francya;[1] por lo qual este rreyno está algo alcançado y fatygado y no podrán ny se hallan en tienpo para poder hazer el servycyo conforme al merecymiento de la señora infanta, ny al deseo que para

---

[1]This vague historical reference is not specific enough to be of help in dating the text.

servylla tyenen, ny que *vuestra señoría* conosça quanto su servycyo deseamos. Lo que estos procuradores y yo avyamos acordado y deliberado hazer es que queremos servyr a la *señora* infanta con trezientos myll nobles de la rrosa, de los quales haremos toda oblygacyón y segurydad de los pagar byen y llanamente en el tienpo que será vysto que los podemos pagar, con los intereses de vanco y torno de feryas. Mas, pues estos honrrados consules y mercaderes, en nonbre de su ayuntamiento, los quieren prestar al rreyno syn interese alguno ny costa, allende del servycyo que a *vuestra señoría* y a la señora infanta hazen, al rreyno hazen mucho byen y provecho, y a nosotros merced muy aseñalada, y pues—tan buen aparejo ay para sacar el dynero syn daño del rreyno—my parescer es que syrvamos con IIII cientos myll nobles de la rrosa, pues son syn costa ny interese, y sy alguno destos procuradores les paresce otra cosa, dygalo, que yo he dycho lo que me paresce."

Todos los otros procuradores confyrmaron y aprobaron lo que el procurador de Londres avya dycho. Hecha rreverencya al rrey, se partyeron todos juntos: los unos para hazer sus oblygacyones y los otros para traer el dynero. /XXXXVIIIʳ/

Capítulo XXIX. Como traxeron los dineros y hizeron un presente

Los procuradores del rreyno, consules y mercaderes traxeron los dyneros a palacyo otro dya syguyente, y en presencya de los señores de Polonya y de Ingla terra dyeron al rrey y a la infanta CCCC myll nobles de la rrosa. El rrey agradecyó mucho a los unos y a los otros, proferiéndose de les hazer muchas mercedes, asy al rreyno como al ayuntamiento y a cada uno partycularmente. Esto hecho, el rrey se levantava, tomando de la mano a su hija para entrar en su aposentamiento; los consules y mercaderes le suplycaron que su *señoría* se sentase y les oyese. El rrey y la infanta se tornaron a sentar; uno de los consules salyó fuera de la quadra. Señaló con la mano a muchos mercaderes que en una sala junto a la quadra estavan esperando; el

otro consul y mercaderes salyeron hasta la puerta de la quadra
a rrecebyr a los que venyan, y todos juntos vynyeron delante del
rrey; dyxeron: "Sy *vuestra merced* nos da lycencya, queremos
hazer un pobre y chico presente a la señora infanta; no es según
su merecymyento ny tanpoco según nuestra voluntad ny deseo,
mas, myrada nuestra poca posybylydad, será tenydo en algo,"—
callando, hizo una gran rreverencya.

El rrey dyxo: "Hazeldo mucho en buen hora; que dyg'os de
verdad que aunque my hija lo llevara, yo quedo en deuda de lo
pagar muy cunplydamente, mucho más que sy a my propyo se
dyera."

Acabado de hablar, pusyéronse delante de la infanta, y con
gran acatamiento y rreverencya le suplycaron quisyese aceptar
la voluntá con que trayan y no la cantydad, que poca hera. En
dyziendo esto, llegaron VI mercaderes con el presente: los tres
con tres platos de plata, grandes, muy byen hechos. En el
primer plato venya un collar ancho con muchas piedras y
perlas, de maravyllosa hechura, que valya X myll nobles. Luego
llegó el segundo plato, y en él una cynta de caderas, muy ancha
y luenga con infynytas pyedras y perlas de gran valor; la
hechura hera cosa de admyracyón—valya XII myll nobles. Llegó
el tercer plato: traya unos chapines, de hechura de pantufas
baxas, con capelladas largas, con pyedras y perlas de gran valor,
y seys sortyjas y seys joyeles rriquísymos y de estraña hechura—valya seys myll nobles. Luego llegó otro mercader; en los
braços tantas martas zebellynas,[1] las más fynas que nunca
fueron vystas—valyan IIII myll nobles. Luego llegó otro
mercader con muchos tynbros[2] de armyños, que valyan myll
nobles. Tras esto, llegó otro mercader con una caxa o cope en
los braços, de longura de una vara, hecha de marfyl, con muchas
lavores del marfyl, y con asas esmaltes de horo, con una gran
pedaço de olyarnyo[3] encyma, como por aldaba para lo tomar—

---

[1] *zebellyna*: "sable."

[2] *tynbros*: "bundles"?; I have been unable to find this word.

[3] olyarno: I have been unable to define this word.

que nunca otra tal fue vysto—valya IIII myll nobles de la rrosa.
Valya todo el presente XXXVII myll nobles.

Dadas estas cosas, el señor Rroger se levantó; dyxo:
"Amygos myos, la señora infanta no sé quando pueda rremune-
raros tal y tan rrico presente y tan delycado como es, que cyerto
bastará para presentar /IL'/ a dyes señoras, las mayores del
mundo. Su merced terná en memorya, para syenpre, gratyfyca-
ros y hazeros mercedes, syn jamás olvydar tan gran servycyo y
mucho más de vuestras voluntades. No quede por vosotros,
amygos, de suplycallo todo aquello que a vuestras honrras y
provecho tocare, que muy aparejada la ternés; y sy querés ver sy
dygo verdad, agora que la tenés en este rreyno, prová a suplycalle—como ya he dycho—que en mano de su merced sea y aun
en la del rrey, nuestro señor, y en la del reverendo señor
cardenal y en la mya—y verés sy es asy como lo dygo."

En acabando el señor Rroger, dyxo al rrey: "Por cyerto,
señor hermano, que no avés dycho cosa que no sea como la
dexistes, que yo por my lo confyrmo y prometo."

El cardenal dyxo: "Avyendo dycho vuestra señoría y el
señor lo que estos honrrados mercaderes an oydo, no me queda
más qué dezyr syno que quedo en la mysma oblygacyón que
quedan vuestras señoryas."

Los consules y mercaderes se le humyllaron mucho y
estymaron las profertas, asy del rrey como de los hermanos, en
tanto que no se podrya dezyr y con mucha humylldad se
salyeron. Todos los que ally estavan quedaron maravyllados de
tantas y tan exçelentes cosas como heran las del presente.
Luego el camarero las llevó a su rrecámara y les hizo hazer
caxas forradas en grana con sus cerraduras y llaves.

**Capítulo XXX. En que habla de las provysiones que el rrey de
Polonya hizo**

Ya tendrés puesto en olvydo al magnífico rrey de Polonya,
que partyó de Tyburtyna con el señor Rroger, y lo aconpañó
hasta Cyrtan—una noble y gran vylla—y una legua más allá, se

despydyeron y lo que a los de Ingelaterra y a los enbaxadores acaescyó—ya lo avés oydo.

Agora os haremos saber de lo que el rrey Dyonys hizo. Detúvose en Tyburtyna ocho dyas y despachó muchos correos para vyllas y lugares y grandes señores y perlados, que ausentes estavan, que para el dya de Sant Andres se hallasen en la vylla de Rrogena para hazer cortes, mandando a todos los pueblos principales que enbyasen sus procuradores, y a los grandes que por enfermedad o por otra causa legytyma no pudyesen venyr, que enbyasen sus enbaxadores o procuradores.

Mandó hazer muchos memoryales y lystas de las cosas que en las cortes se avyan de proponer y hazer y proveer y de todas las fyestas que se avyan de hazer, y de los socorros y dádyvas que el rrey avya de dar y de las lybreas, cometyéndolo a ofycyales y honbres de gran rrecaudo. Provysyones y mantenymientos—ovyese tantos y en tanta abundancya que no se syntyese falta, mas que sobrase más que fuese menester. Mandó hordenar muchas maneras de fyestas: sobre todas justas y torneos y barra, con gran suntuosydad y ponpa; cada una de las cosas ya dychas cometyda a personas sufycyentes y de gran rrecaudo. En las cosas de justycya, mandó muy afetuosamente que se tuvyese mucho cuydado. Mandó dar socorro y ayuda de costa a muchos señores y cavalleros de su casa en gran cantydad. Enbyó por IIII señoras grandes, byudas y muy vyejas, para que estuvyesen en conpañya de la rreyna. Sabyendo el duque d'Ater que el rrey mandava venyr señoras para tener conpañya a la rreyna, /IL^v/ mandando a su muger que luego vynyese y traxese a su hijo Ynaryo, primo gényto. El conde de Valle enbyó tanbyén por su muger y por su hijo primo gényto.

Estando el rrey entendyendo en las cosas ya dychas, a una ventana de una sala donde estavan muchos grandes y señores y los del consejo, dyxo: "El duque de Tala vyene: quiero que gozemos dél un rrato. Gran chanciller, después que sea entrado, de ay a un poco dyrés que será byen dezyr a cada uno lo que {h}a de hazer y entender en estas fyestas, y pues el duque está presente—que sepa para lo que le tengo dyputado, lo que avés d'escrevyr en un papel y dárgelo etc... y veremos qué dyrá."

Poco tardó el duque a entrar; hecha su rreverencya, el rrey le preguntó: "¿Dónde venys, primo, que no paresçés?"

"Señor, an me dycho que se an de hazer justos y torneos y voy apercybyéndome para mantenedor o para venturero."[1]

El chanciller escryvyó presto «el duque de Tala—para que entre dos vezes cada dya en consulta con el almyrante y con el arzobispo de Paludy—los quales an de estar IIII horas cada ves en consulta, para proveer en todas las cosas sobre todos los otros ofycyales.»

Acabando el duque la habla, dyxo el almyrante—que tyo hera del duque y mucho lo amava—"Señor, mande *vuestra señoría* que a todos los que están dyputados para proveer en estas fyestas y justas que les den sus cédulas."

El rrey dyxo: "Déngelas."

"Señor," dyxo el gran chanciller, "daré la suya al duque de Tala."

El rrey dyxo: "A él y a los otros gelas dad."

Luego dyo la cédula al duque; leyóla y levantóse en pye, dyzyendo: "¿Quién mandó hazer esta çédula? ¿Quién la hordenó?"

"Su *señoría*," rrespondyó el chanciller.

"¿El rrey? (dyxo el duque) ¿El rrey? ¡No es posyble que tal mandase! ¿Cómo dyablo que yo entre en consulta? ¿y para qué? El rrey herró el nonbre, o vos, gran chanciller, tenés mala memorya.[2] Éste es el mayor donayre del mundo—¿que yo entre en consulta para hordenar a otros, syendo yo tan desordenado? Por Dyos, que esto{y} fuera de seso, o que yo no soy el duque de Tala—o que m'avés tomado por otro—por my fe, que para dar plazer y de qué rreyr a toda la corte, no es más menester syno que se dyga que me mandar entrar en consejo y en cosas de cordura y de govyerno."

El rrey dyxo: "¿Por qué primo?—que para eso y para más

---

[1] *mantenedor... venturero*: In a joust, these are, respectively, the defender and the challenger.

[2] ms=morya

grandes cosas os quiero: yo creo que las sabrés vos mejor hazer que yo mandallas."

"No me dyga *vuestra señoría* , eso, que me daré al dyablo. ¿Quién so? ¿Señor, cómo me llaman?—que no es posyble que me conosçés," y buelto a los señores que en la sala estavan dyxo: "Señores, ¿conoscésme quien so? ¿Soy alguna fantasma o espyryto malyno, que asy m'a desconoscydo el rrey y todos vos de su consejo? Sy todo va tan byen hordenado, buenas yrán las cortes y casamiento y fyestas; por lo que yo sabré hazer, byen sabré dar con todo en el suelo," y bueltas las espaldas salyó de la sala dando bozes, y dezya a quantos topava: "¡O, que gran mal!"

Preguntavan: "¿Qué es, señor?"

"¡Que el rrey [h]a perdydo la vysta—que ya no conosce—y los del consejo el seso!"

Tornávanle a preguntar: "¿Por qué, señor?"

"Allá lo sabrés." Cavalgando, salyó de palacyo.

El rrey y todos rreyan tanto que, aunque el rrey lo vyo salyr de palacyo, no lo pudo llamar; lo mysmo que dezya por palacyo yva dyziendo por las calles. El rrey enbyó luego tras él para que tornase, mas poco aprovechó, que aquel dya ny otro nunca pudyeron con él que tornase a palacyo, mas queriendo se partyr para sus /L'/ tierras, el almyrante y el gran chanciller fueron a su posada y dyxéronle como avya sydo. Buelto a palacyo, el rrey le dyxo: "¿Asy os enojáys, primo, porque burlo con vos? Otros lo ternyan por bueno."

"Esas mercedes y favor hágalas *vuestra señoría* a otro, que parésceme que syenpre las burlas son comygo, y burlas rrebueltas en sangre, que ya no sé que me haga, que nunca creeré que habla comygo en seso—pues yo no lo tengo—y todo lo que *vuestra señoría* me dyere propongo que es burlando, y dyráme lo que se le antojare. Yo haré lo que quisyere—¿quién podrá entender y defenderse de tantas tranquillas y achaques y fycyones como para my habla?—que byen m'acuerdo de las de las albrycyas de la noche pasada. De aquy adelante, duque de Tala, has orejas de mercader—oye y calla—harás a tu plazer."

El rrey, rryendo, dyxo: "Primo, no aya más. Yo quiero que

el duque d'Ater y vos y yo seamos mantenedores de la primera justa."

"¿Yo, mantenedor?—yo me guardaré byen—otra burla es ésta."

El rrey dyxo: "Por my vyda, que no lo dygo syno de verdad."

"¿De verdad?" dyxo el duque. "Eso no será asy—¿que yo juste en conpañya de *vuestra señoría* ?—que antes me echaré en un pozo; que no tengo olvydado que me amenazó en Sygysmunda, y he propuesto de ver para quanto será *vuestra señoría*—que ally cesará las burlas y fyngymientos y çédulas y correos."

El rrey dyxo: "Asy querés, primo—soy muy contento dello y verés quan peores son mys hechos que mys palabras y burlas. De la primera justa, torneo y barra, sed vos uno de los mantenedores con quién querrés. En ponyendo los carteles, el duque d'Ater fyrmará por él y por my o yo por my y por él y después los que querrán."

"Deso soy muy contento," dyxo el duque, "mas sepamos sy avemos de llevar damascos o vytros o argeos para que se muestre la grandeza y franqueza destos rreynos."

"No, a la fe," dyxo el rrey, "syno que saque quanto querrés y pudyerdes, que agora es tienpo: aunque valgan los paramentos, rropeta y cyntura[3] y lybrea de los servydores un myllón de pesos de oro."

Rrespondyó (el duque): "Guarda dyablo, que agora es tienpo sy de quedar al espital;[4] agora creo que anda *vuestra señoría* por ponerme del lodo, pues vendydo quanto tengo no bastará para medya justa."

"¿No?" dyxo el rrey, "yo os daré un myllón de pesos de oro por lo que tenés—y justa y tornea y hartaos de gastar y de echar dyneros."

"¿Esto de verdad va?" dyxo el duque. "¿Que venda lo que tengo para loquear? Busque *vuestra señoría* de quyen conpre,

---

[3] ms=cynura
[4] *espital*: here signifies poor-house.

que yo no vendo; que a fe de cavallero que ny yo ny los que me servyrán en todas las fyestas ny los que me creerán sacarán syno solo tafetán," y dando voces, "¡Tafetán, tafetán!" se salyó de la sala.

Fue el rreyr y burlar de todos, que no se oyan en la çena. No se habló de otro syno del duque de Tala porque el rrey mucho lo amava; quando fue hora de rreposar todos se fueron a sus posadas.

Capítulo XXXI. Como el rrey mandó hazer otras muchas provysyones

El rrey mandó hazer muchas cosas de atavyos y cosas de oro, perlas y piedras y esmaltes: en especyal una rropa d'estado para la rreyna con mucha chaperya y joyas de gran valor, y una corona que no se /Lᵛ/ para la rreyna[1] porque los rreyes de Polonya no se pueden coronar syno con la corona que el papa Bonyfacio enbyó al buen rrey Tymoteo.

Como arriba os dexymos, pasados ocho dyas, el rrey partyó para Rrogena; hechas otras muchas provysyones—que no ay para qué dezyllas—mandó que dexasen un tercyo de la vylla—y lo mejor—syn aposentar a nadye: la qual mandó dar a los aposentadores de Inglaterra y para los de la rreyna; y los que de Polonya eran ydos por la rreyna, que los aposentasen como solyan, mas no en aquella tercya parte de la vylla.

La poblacyón de la vylla hera XVIII myll vezynos; tanbyén despacharon correos por todo el camyno por donde la rreyna avya de venyr; que le hiziesen grandes rreçybymientos y fyestas, no se olvydando de le hazer grandes presentes. En estos despachos y apercybymientos y aderecar las cosas neçesaryas se pasó hasta el dya de Sant Andrés, en el qual todos los grandes y señores y procuradores y enbaxadores heran llegados. En el

---

[1] ms=(excised para la rreyna) para la rreyna. Also there is a brief lacuna here, between "no se" and para la rreyna."

mysmo dya enpeçaron a hazer cortes. Rrelatar las provysyones, leyes y primatycas que para provecho y byen de rreyno se hy(zieron), es mejor no enpeçallo.

Las cortes turaron XV dyas; el rreyno hizo un gran presente al rrey de dyneros para ayuda a sus gastos y para las fyestas; todos los del rreyno acordaron de hazer otro presente a la rreyna—quando se hará lo sabrás—los correos de Polonya y de Ingelaterra byen tryllavan los camynos, trayendo nuevas de la una parte a la otra. Tuvo el rrey y todo el rreyno por buen aguero que el dya que él avya escogydo para hazer cortes le avyan desposado con aquella *señora* que más que a sy amava y deseava ver.

Capítulo XXXII. Como vinieron los navyos que la dama dyxo

Bien os acordáys que la dama de la galeaça dyxo a los señores de Polonya que en térmyno de XX dyas salyesen del rreyno de Ingelaterra con la infanta—y otras cosas que agora no hazen al caso—y que antes de XX dyas ternyan gran aparejo para su pasaje. Dyéronse tanta priesa en adereçar y estar a punto que a los doze dyas n'avya cosa por hazer. Podés creer que los dyas heran muy byen contados, porque syenpre por torres de la vylla y de las yglesyas estava gente myrando la mar, esperando quando parescya flota, para traer las nuevas a palacyo. Pasaron hasta los dyes y ocho dyas, que jamás parescyó navyo que al puerto vynyese, de lo qual muy maravyllados estavan, y tenyan por burla lo que la dama avya dycho.

A los dyes y nueve dyas, al salyr del sol, vyeron en alta mar IIII navyos grandes, y no sabyan determynar qué navyos fuesen, y vynyendo con buen tienpo, no en un hora llegaron tan çerca que conoscyerón ser galeaças. Conoscydas, muchas sentencyas y juyzios se dyeron, de manera que muy altercada hera su venyda, y dezían:

"Estas tanbyén son de la dama y llevarse an la rreyna."

Otros dezían: "No vaya en ellos."

Estavan en mucha dyferencya, asy dellos como de lo que se

harya. De ay a dos horas, entraron en el puerto, tyrando mucha artyllerya y arborando[1] banderas, y a la popa de la galeaça capitana un gran estandarte—en él y en todas las vanderas leones por San Marco apostol y evangelysta—por donde conoscyeron ser de venecyanos, de lo qual todos mucho se alegraron, /LIʳ/ mayormente que el capitán y patrones avyan estado ally otras vezes y heran muy conoscydos.

Todos dezían al rrey: "Señor, verdaderas son las palabras de la dama: por ende no se pase el tienpo, que mañana son los XX dyas, y quicá esperar más será tienpo contraryo y quedaremos en mucho peligro."

El rrey y todos acordaron que asy se hiziese: que luego enbarcasen.

"Byen será," dyxo el cardenal, "byen será, sy el capitán querrá pasallas y tomar tanta gente dentro, y a la rreyna. Para esto es menester que *vuestra señoría* hable al capitán y gelo rruegue y encarge mucho."

Esto hera a las VIII de la mañana. El rrey enbyó al capitán el archobispo de Londres y a su secretaryo, honbre princypal y byen sabyo: los que entrados en la galeaça dyxeron al capitán de parte del rrey que fuese muy byen venydo; que dyas avya que lo estava esperando; que deseava hablalle; que le rrogava mucho quisyese salyr en tierra a oyr mysa y a comer de conpañya. Oyda la enbaxada de parte del rrey, él los rrescybyó muy cortés y alegremente, y, a lo qu'el rrey mandava, dyxo que mucha merced fuera para él, mas que no hera posyble; que nyngún capitán de galeaças pueda salyr en tierra so pena del balçeto[2]— que es quando alguno quiebra el mandamiento de la señorya, mándanle que salga de una sala a otra donde tyenen consejo: entre las dos puertas de las salas está una trapa, como rratonera, que como está algo encyma se trastorna, y cae él que pasa más

---

[1] *arbolar*: "to hoist."

[2] *balçeto*: This seems to come from Italian: *balzare*, with the archaic meaning of *cadere*, or *gettare*. I have not found any mention of such a punishment in Venice, or elsewhere.

de cyncuenta[3] braços en alto en una gran hondura, y por todas las paredes[4] están puestas espadas y puñales, que antes que llega al suelo ny al medyo va hecho pedaços.

"Y quisyera," dyxo el capitán, "poder baxar como su señorya manda, mas ved señores ¿qué será de my?—que todo el mundo no bastarya alcançar perdón, y suplyco a su *señoría* me mande hazer saber lo que quyere, que en todo lo a my posyble cunplyré el mandamiento de su *señoría.*"

Tornados al rrey y dada la rrespuesta dyxo el rrey: "Yo quiero yr allá."

El cardenal y el señor Rroger dyxeron: "No vaya vuestra señorya, que nosotros yremos."

"Sea asy," dyxo el rrey.

Salydos de palacyo, llegaron a la rribera con toda la corte que los aconpañava. El capitán avya mandado a los patrones de las galeaças que vynyesen cada uno con dos barcas muy toldadas a la galeaca capitana, en la qual ya estavan otras dos barcas muy byen toldadas a maravylla, para enbyar en tierra por quien tornase con el mandado del rrey. Como los dos hermanos llegaron a la playa no turaron de esperar las barcas de las galeaças, que en una barca de una nao se metyeron y fueron a la galeaça capitana, queriendo el capitán entrar en su barca, llegaron aquellos señores. El capitán los rrecybyó con mucha cortesya y cryança, y sentados en la barca del capitán—que no quisyeron entrar en la galeaça por más breve—dyxeron al capitán la causa porque el rrey quisyera haballe: rrogándole mucho que quisyese pasar a la señora infanta, su hija, que por rreyna yva de Polonya a Bretaña, y no más en sus galeaças y que presto podrya tomar a despachar sus mercaderyas.

El capitán respondyó: "Eso, eso, señores, es poco para lo que yo deseo servyr a su *señoría,* y soy cyerto que todo el servycyo

---

[3] ms=cyncuenta (excised pasos) braços
[4] ms=las paredes las paredes

que yo haga, que la tierra Sereníssima[5] de Venecya lo terná por bueno y en servycyo. Yo haré desenbarcar /LIʳ/ las mercaderyas que para este rreyno vyenen. Luego pasaré a su *señoría*—verdad es que yo pasaré la rreyna y a sus damas y mugeres y algunos señores y no muchos; otros se podrán rrepartyr en esotras galeaças, tanbyén pocos y gente prinçipal, que más cabrán; que an de pasar la otra gente común y más baxa y cavallos: pasen en naos y chalupas y charruas—que en las galeaças no pueden pasar cavallos."

El cardenal rrespondyó, dándole muchas gracyas de su buena voluntá, mas quanto al desbarcar su mercaderya, sería mucha tardança, porque mañana a hora de mysa a de salyr de Londres y tomar su vyaje. "Esto creed, señor capitán, y es por fuerça, como después sabrá más largamente."

"Sea en buen hora," dyxo el capitan," yo soy contento. Enpieçen a baxar de la rropa a la rribera, y desbarcando una barca de mercaderya, traerán otra barca de la rropa que {h}a de pasar."

"Muy byen me paresce," dyxo el señor Rroger, "con que salgamos de aquy antes de las dyes de la mañana. Yo señores, oy en todo el dya haré desbarcar la más mercaderya que será posyble y haré enbarcar toda la rropa que {h}a de pasar; no hagan esperar las barcas que no tengan qué traer."

El cardenal dyxo: "Magnífico capitán, en lo del flete y paga deste vyaje para el trabajo de la gente, mande lo que se {h}a de dar: que luego vendrá uno con ello."

Rrespondyó el capitán: "Monseñor reverendo, nosotros somos mercaderes y andamos por el mundo[6] por ganar—{h}ase de entender dyneros y honrra principalmente—y en las cosas

---

[5] The Signoria of Venice was often referred to as the Serenissima.

[6] ms=mundo (a se de-xʼd out) por

grandes de honrra, somos grandes príncipes;[7] por tal cosa como
es ésta, yo devrya de dar dyneros al rrey y a vuestras mercedes;
pues honrra y merced me hazen en ello y sy yo rrecybyese paga
por tal cosa la my Seteníssima señorya me castigarya muy
cruelmente. Asy que, señores, pues no quiere subyr en la
galeaça, manden baxar luego toda la rropa a la rrybera, que a la
hora yrán las barcas cargadas."
    En tierra luego se despydyeron con mucho amor. En
partyéndose empeçaron a tyrar mucha artyllerya de las galeaças
por honrrar aquellos señores que se tornavan en tierra. Antes
que de la rribera partyesen dyeron cargo a muchos mercaderes
y cyudadanos, que con mucha gente fuesen a palacyo y traxesen
toda la rropa de la rrecámara a la rribera, mandando a los que
avyan de yr aquel vyaje que luego se enbarcasen todo lo que
avyan de pasar; a otros mandaron que luego enbarcasen los
cavallos y los mantenymientos para ellos y toda la gente
común.
    Hechas estas provysyones, fueron al rrey y dyéronle cuenta
de la rrespuesta del capitán y de lo que más avyan proveydo; no
avyan acabado de dezyr que entraron por palacyo más de CCCC
honbres ofycyales y mercaderes para llevar lo que a la mar se
avya de llevar: antes que las ocho barcas de las galeaças
salyesen en tierra ya avya en la rribera para cargar mas de
veynte barcas. Dyéronse /LIIʳ/ tanta priesa que antes de la
noche toda la rropa estava enbarcada; los cavallos y gente y
provysyones no quedavan atrás.

Capítulo XXXIII. Como se partyó la infanta

    El veynteno dya de mañana todos oyeron mysa en palacyo;

---

    [7] In fact, Pietro Casola notes that "when a son is born to a
Venetian gentleman, they say 'E le nato un Signore al Mondo.' "
Canon Pietro Casola's Pilgrimage to Rome in the Year 1494 trans.
M. Margaret Newett (Manchester: University Press, 1907) 143.

cada ves que el rrey myrava a la infanta sospyrava tan de coraçón que no avya quien del no ovyese conpasyón. La infanta no hazya syno llorar. Acabada la mysa, ya las galeaças estavan a punto: alçadas las ancoras, los rremos en las manos, estavan esperando. Todos los otros navyos ya heran partydos; antes del dya los maryneros dyxeron al capitan: "El tienpo se muda y según su senblante podrya ser de tal manera que no podamos salyr del puerto." El capitan enbyó luego a dezyr al rrey lo que los maryneros dezían y que luego vynyesen, mas el rrey estava tal del dolor que sentya que no le pesara que el tienpo fuera tan contraryó que jamás de ally salyeran. Oydo de todos los señores, llegaron juntos a dezyr al rrey que no esperase más, que el tienpo se trocava con vyento contraryo. Tanto inportunaron al rrey, que, salyó a una sala, y tras él todos los grandes y señores.

El cardenal llamó al mayordomo mayor, dyzyendo: "Señor conde, tome *vuestra merced* su esposa, pues el rrey no está tal que lo pueda dezyr." Luego quitó su sonbrerete y, hecha gran rreverencya, llegó y la tomó del braço, y el cardenal del otro. Desta manera salyeron de palacyo. Las cosas de plazer y de alegrya mucho alegra{n} los letores y oydores, aunque muchas vezes se dygan; las de dolor y trysteza—es mejor dexallas de dezyr que contallas y rrelatallas muy por estenso.

Dyré breve: que desde palacyo hasta la rribera nunca nadye vyo la cara de la infanta. Con el llanto, sospyros y solloços que dava el rrey, {ella} yva delante—la cara {de él} amarylla quando pardylla, los beços[1] blancos y mortazinos, los ojos encarnyçados de llorar, la narys afylada como sy muerto estuvyera, tan mortazino y mustyo que ny hablava ny dezya: estava atónyto como honbre espantado y fuera de sy. El cardenal yva tal que no sabya dónde ponya los pies; un pañyzuelo puesto delante los ojos, de los quales muchas lágrymas le corryan. Pues los señores, señoras y damas que aconpañalla salyeron y todo el pueblo. Eran los lloros y grytos y mesarse y darse de puñadas tanto que sy al rrey con sus hermanos llevaran a enterrar no

---

[1] *beços*: "labios gruesos" (Covarrubias).

fuera más.

Desta manera llegaron a la mar, donde hallaron las barcas muy toldadas con mucha tapeçerya. Suplycaron al rrey que ally se despydyese porque la mar enpeçava a levantarse, y ser el vyento contraryo y crecer fue fuerça que el rrey, syn rresponder ny despedyrse, la dexase yr. Quedó tan turbado que casy amortecydo ovyera de caer en tierra sy no lo tuvyeran; lo mysmo estava el cardenal, que a nadye habló palabra. Tomada del braço del señor Rroger—que más muerta[2] que byva andava—y de los grandes señores, fue puesta en la barca capitana. No yva con mucho más plazer y alegrya la hija que el padre quedava. Luego, syn más esperar, fue puesta en la galeaça; alcaron las velas, y con los rremos salyeron del puerto. Los que en tierra quedavan /LIIᵛ/ s'enbarcaron en las otras galeaças, y sy una hora más esperaran no pudyeran salyr del puerto—que una de las galeaças por esperar un poco no pudo salyr y quedó ally hasta que los otros tornaron, que pasó mas de seys meses.

En espacyo de dos horas desaparecyeron, syempre el rrey y los señores y el pueblo estuvyeron myrando; todos grandes y señores consolavan mucho al rrey, mas poco aprovechava, que quando algo rrespondya, dezya: "Dexadme, por Dyos." Con mucha fatyga y inportunacyón lo tornaron a palacyo. Todo aquel dya no fue posible hazelle comer syno estar echado y de rrato en rrato se levantava y paseava un poco, y como honbre fuera de seso arrojávase tan rrezio en la cama: dudavan que no se quebrase la hiel[3] en el cuerpo. Pues por todo palacyo y por la vylla no se sentya syno grytos y llantos. Sobrevyno la noche—despartydora de dolores y penas—por el rreposo que en ella se toma algo les puso en sylencyo, tan quevrantados y cansados estavan.

---

[2] ms=muerto que byvo
[3] *hiel*: this humor causes anger and fury.

Capítulo XXXIIII. Como llegaron a Bretaña

La infanta, en la galeaça, más muerta que byva, fue puesta en una cámara que muy toldada estava y rricamente adereçada y con muy suaves olores. El mayordomo mayor con ella, y un señor de LXXX años que la avya cryado, y otros dos señores de Ingelaterra, y el condestable y el archobispo de Paludy, y las señoras y dueñas que en su conpañya y para su servycyo venyan: todos la consolavan, dyziendo que el rrey quedava muy contento y alegre por enbyalla adonde yva, y que su *señoría* mostrava tanto sentymiento: que no lo hiziese. Que parescya que le pesava por salyr de Ingela terra—a donde hera infanta—y que yva para ser rreyna y muy gran señora, que sy se arrepyntya que mandase que la tornasen.

Una de las señoras que yvan—principal, como por su conpañera—dyxo: "Señores: vuestras mercedes la dexen rreposar un poco," los quales se salyeron. Aquella señora le dyxo: "¿Qué dyrán estos señores de Polonya de tantos estremos y sentymien-tos como hazés *vuestra señoría*?: o consuélese y mande tornar las galeaças a Inglaterra; ¡que presto y cyerto os casarán con velo prieto en qual quier monesteryo que querrés, adonde muy servyda y muy honrrada será syrvyendo y haziendo todo lo que la menor de todas las otras monjas hyzyere! Aconortaos, señora, y esforçá vuestro coraçón, que con vuestro padre no avyades de byvyr para syenpre, y escoje qual querés: *o seys o as*: [1]o ser rreyna o monja." Con estas cosas la hizieron callar.

Hízoles tal tienpo que en una noche y dos dyas llegaron en Bretaña, a un lugar—Rrenes[2] se llama—a donde desbarcaron y estuvyeron XV dyas. El quarto dya vyno la duquesa de Bretaña, muy aconpañada, a vysytar a la infanta, y como la grandeza y fyestas de aquella tierra toda para en comer y bever devotan y

---

[1] *o seys o as*: a proverb indicating that one one must choose; seemingly a reference to card-playing.

[2] *rrenes*: written in later, in the same hand, in a large blank space. The scribe had to go back and re-check the original.

en vanquetes y no ay más qué dezyr syno que todo se lo
comyan y no dexavan nada por bever. Un dya, después de
comer, la duquesa y la infanta, hablando en muchas cosas,
dyxeron de un collar que la duquesa tenya, muy excelente
/LIIIʳ/ y de gran valor, mas que no estava ally. Tanbyén dyxeron
que la infanta llevava muchas joyas de gran valor y de estraña
y maravyllosa hechura, y sobre todas le hizieron saber de la
corona y de su gran valor y hechura. "Dygo de verdad," dyxo la
duquesa, "que holgara mucho de la ver, y que estuvyera aquí
my collar; para que vuestra merced la vyera, y sy le agradara
que se syrvyera dél." La infanta gelo agradecyó y tuvo en
merced. La duquesa tornó a dezyr: "Por my alma, que mucho
holgara en ver tan rrica y hermosa pieça como deve ser la
corona."

El señor Rroger mandó llamar el camarero de la infanta, que
se llamava Tuberyo—honbre de LX años, byen sabyo y de gran
lynaje, tenya dos myll nobles de rrenta—venydo, dyxo el señor
Rroger: "Camarero, la señora duquesa querrya ver la corona de
la señora infanta: por vuestra vyda que la hagáys traer."

Rrespondyó: "Por cyerto, señor, que no avemos hecho syno
sacar toda la rropa de la rrecámara con mucha priesa por
despachar las galeaças y meter en dos salas syn nyngún
concyerto; yo no sabrya dezyr adónde está para luego traella,
mas yo la buscaré y lo haré saber a vuestra señoría."

"Hazeldo asy—id en buen hora."

Quedaron hablando en muchas cosas de plazer; despedydas
aquellas señoras la una de la otra, cada una se entró en su
aposentamiento.

Capítulo XXXV. De un gran caso que acaescyó a aquellas señoras

En la tarde se tornaron a juntar aquellas señoras; dyxo la

infanta: "¿Señora, ay alguna loja o açutea[1] de donde se vea la mar?"

"Sy, señora," dyxo la duquesa, y tomando a la infanta por la mano le preguntó para qué.

"Para myrar el camyno por donde venymos."

"Vamos, señora."

Pasando por mucha parte del palacyo, salyeron a una muy grande y hermosa açutea,adonde echados muchos tapetos y coxynes de brocado y de seda se sentaron. La infanta myrava hazya donde le dezyan que hera Inglaterra y respyrava mucho de coraçón.

La duquesa rreya, y dezya: "Allá, señora infanta, quedan vuestros amores." En oyllo la infanta llorava. Estando en esto, entró el señor Rroger, muy aconpañado de señores y cavalleros, y de vergüença del tyo la infanta calló y refrenó su lloro.

A la hora entró el camarero con la corona: como el señor Rroger la vyo, dyxo: "Señora, he aquí la corona." Un paje de cámara traya la caxa y un paño destrado[2] de carmesy pelo tendydo sobre los tapetes. El camarero sacó la corona de una muy rrica caxa en que venya; púsola sobre el paño.

La duquesa mucho la myrava. Dezía: "Esta es la más rrica joya y mejor hecha que jamás vy." Tomada en las manos, la myró mucho,[3] tornando a dezyr muchas vezes lo que primero avya dycho, y tomada con anbas manos, dyxo: "Señora rreyna, llegaos acá (pondrégela) y veremos cómo os paresçe."

La infanta se tornó muy colorada y tyróse atrás. El señor Rroger se rryó; dyxo: "Señora, nunca avemos podydo que se la ponga; dyze que él que la haze rreyna—ése gela {h}a de poner."

"Por my fe, señora, que tyene mucha rrazón," y tornada a ponerla en el paño, todos la myravan con mucho plazer. Estando en esto, baxó un aguyla caudal, la mayor que nunca fue vysta, que parescya que del cyelo vynyese; alçando todos /LIII^v/

---

[1] *açutea*: "azotea."
[2] *paño de estrado*: a type of heavy fabric.
[3] ms=la myro mucho la myro mucho

los ojos a myrar el rruydo que el aguyla traya, fue tan presta
sobre la corona que syn podella rremedyar ny defender tomó la
corona por un carbunco que sobre ella estava, muy grande y
muy ençendydo. Levantóse con ella tan alto hasta que casy la
perdyeron de vysta; antes que de vysta la perdyesen vyeron
otras aguylas conbatyr con ella por ge la tomar: a la fyn se fue
con ella la buelta de la mar.[4] Quedaron todos tan espantados—
como el caso lo rrequerya—la duquesa y la infanta con mucho
myedo. Luego se fueron cada una a su aposentamiento, muy
turbadas y asonbradas.

El señor Rroger quedó con muchos cavalleros y señores;
después de aver hablado en aquel tan gran caso, dyxo: "Por my
alma juro que no me pesa tanto por el valor de la corona como
por la mala señal y aguero: que me paresçe que nunca será
rreyna, y sy lo será que {h}a de ser poco tienpo."

Bueltas las espaldas, se fue a su aposentamiento que en
palacyo 'stava. Aquella noche y tarde estuvo la infanta tan
descontenta que no la podyan consolar; la duquesa, muy
medrosa y enojada, porque dezya que ella avya sydo causa que
la corona se perdyese.

Otro dya salyeron a mysa y comyeron juntas como solyan;
nynguno osava hablar en la corona por no rrefrescar el dolor. El
señor Rroger, después de comer, llamó muchos señores,
dyziendo: "Vamos a la rrecámara y tomaremos otras muchas
joyas y llevallas emos a la señora infanta por que pyerda
pensamiento de la corona."

"Byen será," rrespondyeron muchos.

Ydos a la rrecámara llamaron al camarero; dyxole la causa
de su venyda: que sacase muchas joyas, en especyal las que los
consules y mercaderes avyan presentado a la señora infanta—el
qual luego puso en efecto lo que le fue mandado, y tomando las
tres caxas: la del collar, la de la cynta y la de los chapynes.
Todas las joyas venyan puestas en los platos—como las avyan

---

[4]The meaning of these portents becomes obvious. This prefigures the usurping of the throne of Poland, which occurs later.

presentado—y después en sus caxas encoradas, enforradas en grana, como se suele hazer a pieças estymadas. En cada una venya su escrito de lo que en la caxa venya.

Dyxo el señor Rroger: "La cynta veamos primero." Abyertas las cerraduras, alçada la tapa de la caxa, y quitado un çendal[5] de carmesy colchado, vyeron alçar la cabeça de una culebra, que más luenga hera de XV palmos, tan gruesa como un grueso braço, la cabeça mayor que un cuerpo de un pollo, los ojos encarnycados rreluziendo, sacando la lengua, los dyentes blancos y luengos—dava grandes sylvos.

El camarero, que la caxa tenya de una parte y el señor Rroger por la otra parte, con vysta tan desemejada y fyera dexaron caer la caxa en el suelo. Ellos, y quantos en la sala estavan, salyeron huyendo más que de paso a un patyo. Los que detrás salyan, con el myedo que no les mordyese, myravan atrás y vyeron como aquella tan desemejada cosa y espantosa se metya por debaxo de los fardeles y lyos que en la sala estavan—que muchos heran. El rregozijo hera tanto que mucha parte del palacyo corryó ally. Las otras dos caxas que avyan ya sacado del palacyo—los que las tenyan en las manos—las pusyeron en tierra, y se apartaron dellas. El señor Rroger no hazya syno santyguarse y dezyr: "¡Válame Nuestra Señora!—¿y qué es esto?"

Estando en esta confusyón, dyxeron algunos: "Abranse estotras caxas antes que vayan delante de la infanta." Muchos lo dezyan que se /LIIIIʳ/ abryesen, mas nynguno las osava tomar ny abryr.

A las bozes y alboroto salyeron muchas mugeres a los corredores, y algunas baxaron al patyo; entre ellas baxó una vieja de muchos años con una caña en la mano, que parescya que no se pudyese tener en pye, y sus vestyduras de beata. Dyxo al señor Rroger: "Gran caso {h}a sydo éste."

"Por cyerto," rrespondyó, "madre: grande, que no puede ser mayor."

---

[5] çendal: "gauze."

"No consyenta *vuestra* *merced* que lleve estotras caxas delante de la señora infanta hasta que las abran y se vea lo que en ellas vyene: no venga alguna cosa mala de la qual le venga algún alteracyón y espanto—que sea más pérdyda que las joyas y oro."

"Madre, muy byen dezys, mas no ay quién las ose abryr ny llegue a ellas."

"No, señor," dyxo la vyeja, "pues yo soy muger y tan vyeja que no me puedo tener en pye, y las osaré abryr; que aunque muera, poco tienpo me queda de byvyr."

"De verdad, madre, que por las joyas que en ellas vyenen, ny su valor, querrya que vos ny nadye rrescybyese mal...pues, abryldas, madre, que yo os mandaré dar con qué holgéys."

Rrespondyó: "Yo fyo en Dyos que no me vendrá mal por ello." Dyziendo como en burlas: "Déxame, déxame; que yo veré qué es." Llegada a la una dellas, pydyó las llaves; luego le fueron dadas. Puesta la caña en el suelo y abyertas las cerraduras y quitado el otro çendal, colchado como el primero, saltaron tantas maryposas bolando de la caxa que parescya que al patyo quitavan la clarydad: unas blancas, otras amarillas, otras pardyllas, otras negras, otras pyntadas de infynytas colores y de tantas maneras que al paresçer se podya creer que no cupyeran en treynta hanegas, y syenpre salyan. La vieja, enojada, dyxo: "Y no acabarés: doyos al dyablo," y dando con la caxa en el suelo se sentó.

Destas maryposas más que cupyeran en medya hanega; entraron en la sala donde la infanta y duquesa estavan, de que mucho se maravyllaron. Algunos de los que en la sala estavan salyeron a dezillo fuera—no pensando en más—dyziendo lo que en la sala avya acaecydo al señor Rroger y a los cavalleros que con él estavan. Dyxeron algunos: "Enbye *vuestra* *señoría* a dezyr lo que (h)a acaescydo, aquellos señores."

Rrespondyó: "Yo quiero ser mensajero."

Queriendo yr, dyxo la vieja: "¿Adónde va vuestra señorya?"

"A hazer saber lo que acá (h)a sucedydo."

"No vays, señor," dyxo la vieja, "mas mandad que so pena de la vyda que nynguno gelo ose dezyr—que de las maryposas poco espantosa será, ny de lo de la culebra—lo peor es aver perdydo estas joyas tras la corona, y serya inposyble, syendo la infanta moça y nunca aver gustado de los tragos amargos que la fortuna encamyna y da a las gentes, quiçá serya más perdedor que piedras y perlas y oro."

"Asy m'ayude Dyos, madre señora, que avés acordado lo mejor del mundo." Luego mandó, so pena de la vyda, que nynguno fuese osado dezillo a la ynfanta ny donde pudyese sentyllo.

Acabado de mandar esto: "¿Qué haremos de esotra caxa? Por my fe, que sería buena echarla en la mar, que no puede estar en ella cosa buena, y tanbyén, que no ay quién la abra."

"Quiçá, señor," dyxo la vieja, "yo la abryré."

Pedydas las llaves la abryó; quitado el otro çendal, como los otros, salyeron de la caxa tantas byvoras y tarantas,[6] salamanquisas[7] y escorpyones y sapos que el patyo estava tan lleno que casy todo estava cubyerto. Los que en el patyo estavan enpeçaron /LIIIIᵛ/ a huyr, y no fueron perezosos de dexallo desenbaraçado, unos por las escaleras y por puertas de los aposentamientos, con tal pryesa que el patyo quedó desenbaraçado—que nynguno quedó en él syno la vyeja, que muchos grytos dava, dyziendo que la ayudasen: que la halda tenya llena de aquellas ponçoñosas cosas, las quales, unas por ventanas, otras por puertas baxas, otras por rrejas—que a los cavallerizas, bodegas y soterranos baxavan. En poco tienpo no quedó nynguna d'aquellas cosas en el patyo.

La vyeja, su caña en la mano, subya, dando bozes: "*Verbum caro fatum est.*[8] ¡Qué esforçados cavalleros de Ingelaterra y Polonya, cómo dexaron una tryste vieja en tanto pelygro!" Yendo asy, topó con el señor Rroger. Como lo vyo dyxo: "Y vos, señor, fuystes el primero que huystes y me dexastes sola— ¿éstas son las mercedes que me prometystes por abryr las

---

[6] *taranta*: "tarántula."

[7] *salamanquesa*: "gecko."

[8] John 1:14: "et verbum caro factum est."

caxas?"

"En verdad, madre, sy con my pelygro el vuestro fuera nynguno, yo n'os dexara; mas con my mal el vuestro poco se rremedyara. Lo que yo os promety, yo os lo quiero dar," y luego buelto a un cavallero suyo le dyxo: "Yd luego a my rrecámara y traed quinyentos pesos de oro y daldos a esta muger honrrada. Vos, madre, rreçebyldos y rrogad a Dyos por my y no dygáys nada a la infanta sy la vyerdes."

"Quanto a rrecebyr los D pesos de oro, aunque fuera de lana o de vyno, los rrecybyera para hilar, quanto más de oro. Que no lo dyga a la infanta—seguro estáys—no gelo dygáys vos."

Otra ves tornó a mandar que nynguno fuese osado de dezillo a la infanta, so pena de la vyda. El señor Rroger se partyó de ally, y al partyr dyxo: "Por cyerto que yo conosco y he vysto muchas vezes esta vyeja; que la habla me paresce conosçer." Fuese a la loja donde avyan perdydo la corona. Venydos muchos señores, estavan espantados de tan grandes casos y pérdydas, y no sabyan qué hazer más de encubrillo a la infanta hasta que fuese con su marydo, avysando primero a él para que tanbyén él lo encubryese y rremedyase—y tanbyén tener manera que el rrey de Inglaterra no supyese nada, por no le dar una pena tras otra.

Capitulo XXXVI. De muchas cosas que pasaron sobre las joyas

Ya hera tarde—todos se fueron adonde la duquesa y la infanta estavan; hablaron en muchas cosas. El señor Rroger estava muy pensatyvo; dyxole le duquesa: "Señor, algo está *vuestra merced* enojado."

"No ay, señora, por qué—es que la mar algo me rremovyó y estoy enojoyado y syento algo de alteracyón."

"Sy es por la corona, el pensar es por demás; pues en tales manos fue. Lo que se puede hazer: yo enbyaré por my collar y por quantas joyas tengo y hágase otra corona, aunque no sea tan rrica ny byen hecha, podrá pasar por agora—que corona en veynte años se pone X vezes, y éstas que se pone no la tyenen un quarto de hora. Asy que, señor, ny *vuestra* merced ny la señora infanta tengan pena /LVᵗ/ porque con ella o syn ella ay mal rremedyo para cobralla."

El señor Rroger y la infanta dyeron muchas gracyas y tuvyeron en mucho a la duquesa; y que en Polonya se harya otra despacyo, que muchas joyas llevava, que se podryan escusar de qué se podrya hazer otra.

El mayordomo mayor dyxo: "El rrey, my señor, tyene tantas joyas de que se podrá hazer otra que no será de menos valor, y por esto, señores, me paresçe que no se deva de hablar más en ella."

Estando en esto, llegó el cavallero con los D pesos de oro; dyxo al señor Rroger que no podya hallar la vyeja ny quien supiese dezyr della. Dyxo el señor Rroger: "Sy no paresçe, dexalda y guardaldos."

"Señor, ¿qué es eso?" dyxo la infanta.

"Señora, una vyeja que me pydyó lymosna y quando fue, este cavallero con ella no la puede hallar."

"¡O pecadora de my!—búsquela, que pues la pydyó no deve estar syn neçesydad, y sy la halláys, veny a my camarerro que os dé otro tanto."

Uno de la duquesa dyxo: "Con buen pye se levantó la vieja."

"¿Por qué?" dyxo la duquesa.

"Señora, porque el señor Rroger le manda dar D pesos de oro y la señora infanta otros tantos. Parésçeme que estará fuera de pobreza y de neçesydad. Sy *vuestra señoría* la vyera, con una caña en la mano, yva desta manera..." El cavallero hera gracyoso, y contrahazyala muy peor de lo que ella hera, de tal suerte que la infanta y la duquesa enpeçaron a rreyr tan de coraçón que lloravan—no solamente ellas, mas todos los que en la sala estavan.

El señor Rroger rreya, mas no de coraçón. Vysto el plazer de la sobryna, dyxo: "Por my fe, pues la vyeja no paresçe y vos, cavallero, la contrahezistes tan byen que no ay más que pedyr, quiero que lo que la vyeja avya de llevar, lo llevés vos," y mandó que gelos dyesen, y suplycó a la duquesa que gelos mandase tomar; la qual ge lo mandó y él los tomó syn llorar ny mesarse.

La duquesa dyxo: "Señor, yo dyxe a la señora infanta que avyamos de aver algunas buenas nuevas y de plazer, porque estando aquy hablando entraron por aquellas ventanas tantas maryposas de dyversas colores que quitavan la claridad. Luego se tornaron a salyr."

"Vea, señora, sy dyxo verdad."

"Sy, señora, por cyerto."

Los que estavan presentes remyravan los unos a los otros, syn dezyr nada. Un muchacho de X o XII años dyxo: "Myrá, qué buenas nuevas—mejores fueran hallar la corona," y en acabándolo de dezyr se salyó.

Dyxo la duquesa: "Por cyerto, sy myo fueras que no quedaras syn castigo."

El condestable dyxo: "¿Cúyo es?—que no es de nuestra conpañya {aun}que en el traje se paresçe."

Altercaron cuyo hera: no se halló honbre que supyese dezyr cuyo fuese. El señor Rroger se salyó y mandó llamar al camarero; dyxole: "Sy la infanta enbyara por alguna de las caxas, dyrés que en perdyendo la corona que yo tomé las llaves de las arcas donde están, y juré que hasta que esté con su marydo /LVᵛ/ no saldrán de aquel arca. No hagáys otra cosa hasta que proveamos en ello."

"No haré, señor." Asy se partyeron.

Capítulo XXXVII. De lo que ordenaron y el avyso que dyeron al rrey y de su rrespuesta

El tienpo que ally estuvyeron mucha dylygencya pusyeron por hallar algún rrastro. Muchas oracyones, mysas y lymosnas se hizieron por que nuestro Señor lo rrevelase, y quanto[1] más en ello pensavan concluyan ser obra del dyablo por que della

---

[1] ms=quantos

salyese algún gran mal. Encomendándolo a Dyos, quedó
acordado de no hablar más en ello {salvo de} dar avyso al rrey de
Polonya de todo lo pasado muy por estenso, suplycándole que
estuvyese mucho sobreavyso que la infanta no supiese de las
joyas de los mercaderes. En lo de la corona: que su s. mandase
hazer otra con que se coronase. La infanta estuvo con la
duquesa XX dyas; despedydas la una de la otra, la infanta fue el
camyno de Alemaña—por todo el ducado de Bretaña la servyan
y mucho le presentavan.

Salida de Bretaña, entró en Alemaña adonde muchos
presentes, fyestas, vanquetes y conbytes le hizieron. Syguyendo
su camyno, llegaron al primer lugar de Polonya que fue
Lyonçes—gran vylla. Fuele hecho muy gran rrecybymiento y
hecho gran presente, donde estuvo X dyas, hasta que el rrey
enbyó a mandar que pasasen adelante.

El rrey hera contyno avysado de lo que pasava; sabyda la
nueva de la corona, dyxo: "Poco va en ello—que paresçe que yo
adyvynava, que hize hazer otra; que por buena que fuese no le
harya mucha ventaja en valor ny en hechura." Leyendo la carta
más adelante y vyendo lo de las joyas y la manera cómo s'avyan
perdydo y el gran valor y delycada y nueva hechura mucho le
pesó y quedó espantado, mas hablando con los señores y
grandes sobre ello, dyxo: "Guárdeme Dyos a ella, que es
verdadera joya, que esotras con dyneros se rremedyará todo."
Luego tornó a escrevyr a los suyos que dyxesen que no devrryan
tomar tanta pena por tan poca cosa; que byen hera callar lo de
las joyas de los mercaderes, que para todo se darya rremedyo. La
de la corona—pues ya lo sabya—que le dyxesen que él tenya
hecha otra que no sería de menos valor ny menos gentyl y de
nueva y delycada hechura.

Al señor Rroger escryvyó una carta de mucho pabor y
burlas y en lo de la corona y joyas, de lo que el señor Rroger
mucho holgó y mostró a todos los señores las cartas, y a la
infanta dyxo: "Señora sobryna, más gran cosa es vuestro marido
que yo pensava, que sabed que es adyvyno."

"¿Cómo adyvyno?" dyxo la infanta.

"Que en perdyéndose la corona hizo hazer otra más rrica y

de mejor hechura. Mucho s'a rreydo de nosotros, en que muestra tenernos en poco rreçebyr tanta pena por tan poca cosa. Sy querrés ver las cartas, helas aquí," y mostrógelas como que gelas querya dar.

La infanta dyxo: "¿Que menester es ver cartas a lo que *vuestra señoría* dyze?" Mas aunque las quisyera, el tyo no gelas dyera /LVI^r/ por que no vyera lo de las joyas; la infanta muy alegre y todos los señores muy contentos en ver quan buen rrecaudo avyan avydo—y que procurase de camynar, que él se partya para los hallar[2] con más priesa que ellos traeryan por le ver.

Siguyeron su camyno—por donde el rrey avya escryto que venya—por donde la infanta pasava muchas fyestas y rrecybymientos: le hazian aconpañados con muchos presentes. Anduvyeron hasta que llegaron IIII leguas de donde el rrey estava, donde mandó que esperasen—que él sería p{res}to en Sotela, que en medyo del camyno a las dos leguas querrya rreçebyr la rreyna, junto a la puente de Olmeryn. Que en pasando la rreyna la puente, hallarya en aquellos hermosos y frescos prados y verdes y plazibles arboredas y claras fuentes; hallaryan puestas tyendas ado descansaryan y rreposaryan II o III horas; después se vendryan a Sotela adonde estava hecho el aposentamiento.

Olmeryn es un gran rryo, mayor que Guadalquivy ny Tybor ny lo Rreno, por el qual andan muchos navyos gruesos con mercaderyas y van a dar en el Denubyo, otro rryo asás grande. Juntos pasan por Ungrya muchas leguas y van a salyr el golfo de Venecya. En los navyos que en él navegan van muchos pelegrynos a Jerusalén—de Polonya, de Boemya, de Dacya y de Ungrya; salydos al golfo de Venecya, van a Chipre y Acenidya llegan hasta Cafa, adonde desenbarcan los pelegrynos y van por tierra hasta Jerusalén.

Este rryo vyene, antes que llege a la puente, más de X leguas entre dos montañas, tan altas que paresçe que llegan al cyelo, syn nynguna abytaçyón, y dos tyros de vallesta antes que

---

[2] ms=hallar (excised que ellos traeryan) con

llegue a la puente es llano. Muchas vezes vyenen tan grandes avenydas[3] que no se puede llegar a la puente con un tyro de dardo; son muy prestas y súpitas las avendas y tanbyén pasan presto.

El rrey llegó a Sotela el jueves y estuvo esperando los grandes y señores y mandando proveer en todas las cosas que eran menester. El domyngo hizo saber al señor Rroger y a sus enbaxadores que el lunes a medyo dya serya çerca de la puente de Olmeryn—que su *merced* podrya venyr quando quysyese—y otras cosas de plazer, haziéndole saber que él tendrya por bueno que la rreyna entrase en Sotela con la corona que él tenya hecha y con una rropa d'estado. Quales estas dos pieças heran no lo dezya, pues tan presto las avya de ver su *merced* El señor Rroger y la infanta estavan a prima el lunes de mañana; oyeron mysa y comyeron tenprano; salyeron de Turnabyn a las X.

Llegaron a la puente a las II después de medyo dya. El rrey oyó mysa en Sotela y vyno a comer al soto—que hera un tyro de vallesta de la puente—donde estava hecho un tendejón más de C pasos en luengo y más de XXX en ancho, sobre muchos pylares de madera, gruesos y harto altos, cubyertos de sedas y brocados y el techo dello mysmo por los prados. Estavan puestas muchas tyendas y alfaneches[4] y pavellones de grandes señores, que parescya un gran canpo o rreal.

El rrey mandó poner una mesa a una parte del tendejón, cerca de una muy hermosa fuente, çerca de la montaña que llena estava de infynytos arbores muy altos y verdes. En la mesa mandó poner su corona y la que para la rreyna tenya hecha /LVI°/ y dos rropas d'estado para entranbos. Quales estas IIII pieças heran, sería inposible dezillo; fueron muy myradas y loadas en gran manera de los myradores./LVI°/

---

[3] *avenyda*: " flash- flood."
[4] *alfaneque*: "campaign tent."

Capítulo XXXVII. Como la infanta llegó a la puente y lo que acaescyó

La infanta, con todos los grandes y señores, llegó a la puente entrando por ella, no treynta pasos—que luenga hera más de CC. Enpeçó a venyr una tal y tan súpita crecyente qual nunca s'avya vysto: enprovyso crecyó tanto que por la una parte ny por la otra se podya llegar a ella con cyen pasos; a las bozes que davan los de la puente, llamando y rrecomendándose a Dyos y a Nuestra Señora, corryó el rrey y todos los de la corte. Llegados çerca del agua, vyan que syenpre crecya y venyan por el rryo abaxo muchos grandes arbores, que rrezyos y terribles golpes davan en la puente y en sus pylares: heran tales que la hazyan tenblar y estremeçer. Sy mucha pena y pelygro tenyan los de la puente, al rrey y a los de la corte no les faltava congoxa, dolor y trysteza.

Estando en el trabajo que oyes, vyeron salyr por medyo de las syerras y montañas altas y venyr el rryo abaxo una barca luenga, con ocho[1] maryneros y XII pelegrynos y una muger ancyana pelegryna, vestydos con rropas luengas pardyllas y papahigos y sonbreretes y en ellos puestos cruzes de Jherúsalem[2] y bordones en las manos. La barca venya casy anegada, que ya los maryneros no se podyan ayudar ny rremar. Soltados los rremos, las manos altas al cyelo, con grandes bozes pydyendo mysericordya. Quando venya sobre agua, quando no la vyan todos la tenyan por anegada y perdyda. El rrey y toda la gente fueron hazya donde la barca venya.

Plugo a Dyos que una gran ola la hechó fuera de la rrezyura y corryente del agua hazya la rribera donde el rrey estava; luego mandó a mucha gente que saltase en el agua a socorrer la barca y tyralla en tierra, lo qual luego fue hecho. El rrey no se descuydava de myrar a la puente y sospyrar y myrar al cyelo,

---

[1] ms=ocho pelegrynos maryneros y XII pelegrynos
[2] *cruzes de Jhm y bordones* : The pilgrim badge of Jerusalem, and the pilgim's staff.

torcyéndose las manos y los dedos. Salyda la gente y tyrada la barca en tierra, preguntaron los pelegrynos qué gente hera aquella y cuya. Dyxéronles que hera el rrey de Polonya y mostrárongelo; los pelegrynos, pechos por tierra, le queryan besar los pyes; el rrey se tyró atrás y les hizo levantar.

El agua enpeçó a menguar—que aquellas avenydas poco turan a creçer y a menguar. Estando en esta pena, el camarero del rrey y tres pajes de cámara venyan dando bozes, dyziendo: "¡Socorro, señores, socorro!"

Oyéndolo, el rrey dyxoles: "¿Qué avés?—¿estáys locos?"

"Señor, (h)a salydo por medyo del espesura y arbores un sagytaryo—medyo honbre y medyo cavallo—la más fyera y espantable cosa del mundo, y tomó la rropa rrica con la chaperya y piedras: echósela encyma y tornóse a meter por medyo del bosque y arboreda, que parescya que bolase. Yvamos tras él—salyó un leon coronado, tamaño como un gran ternero, con una leona parida, con IIII leones harto[3] /LVIIᵛ/ grandes; llegó a la mesa; echó mano de la corona que agora se (h)a hecho, y con las manos y con la boca y dyentes parescya que la hazya pedaços; y con su leona y leoncyllos se tornó a meter por el bosque, la corona en la boca, con tanta priesa que en un súbyto desaparescyó. Mande vuestra señoría que vaya mucha gente tras ellos que ge la quyten."

El rrey se turbó mucho y dyxo: "Agora os dygo yo que el dyablo no duerme; pues haga quanto quierra y sabrá, que no escusará que con corona o syn corona que no sea rreyna de Polonya." Buelto a myrar la puente dyxo: "O Señora Vyrgen Marya, madre de Dyos: salva y guarda a la infanta de tanto peligro—que yo te prometo de hazer en estos hermosos y frescos prados un monesteryo muy suntuoso de cyen rrelygiosos: el nonbre del qual será Santa Marya del Socorro. Señora mya, ayúdala y sálvala y sácala en pace; que estotras pérdydas no son nada, pues tengo con qué se pueda rremedyar."

El rryo menguava de golpe, tanto que presto pudyeron salyr

---

[3] *leones harto* repeated on next folio

de la puente. El rrey y los grandes señores tomavan cavallos y muchos a pye fueron a rrecebyr a la infanta, y syn nynguna çerymonya vynyeron hasta el tendejón, adonde, sentados, hablavan y rreyan y no dezyan nada del caso ally acaescydo— syno fue que al señor Rroger uno gelo dyxo secretamente por el camyno, de lo que muy espantado y turbado estava.

Estando los señores que venyan con los otros señores que con el rrey estavan, en mucho plazer, llegaron los pelegrynos delante de la señora infanta, y, hecha rreverencya, humyllándo- sele mucho, della fueron muy byen rreçebydos. Tras ellos venya la pelegryna; que donde ponya el pye parescya que querya poner la cabeça. Todos la myravan y estavan espantados de una tan vieja y derrengada[4] cosa ponerse en camyno tan luengo. Como llegó, dyxo el señor Rroger: "¿Y para qué sacastes esta cosa tan syn provecho?"

"¿Para qué?—¿para qué?" dyxo la vieja. "Para hazer y dezyr lo que vos, señor, no osarés hazer. Y no huyré—como vos y esotros vuestros hezistes—dexándome sola en tanto pelygro. Cyerto que con las mercedes que me promettystes byen pudyera venyr a cunplyr my voto[5] mas no con las que me hezistes."

El señor Rroger la myró byen; dyxo: "¡Válame Dyos! Señora, ésta es la vyeja que me pydyó lymosna en casa de la duquesa de Bretaña, que nunca hallaron."

"No dygáys, señor, eso," dyxo la vyeja, "que yo nunca os pedy lymosna ny mercedes, mas vos me las promettystes porque abryese las caxas, y no dyré más por que no se sepa lo que muy escondydo y secreto tenés."

El señor Rroger, por que no declarase más, dyxo: "Madre señora, lo que no se hizo se hará muy más largamente y no aya más."

"Lo que, señor, dezys que harés: no tengo nynguna ne- çesydad dello, que estos pelegrynos que veys son mys cryados y vasallos: ved sy estarya byen librada venyr en vuestro horo y

---

[4] *derrengada*: "crippled."
[5] *voto*: the pilgrim's vow.

esperança, y no solamente estos, mas otra barca que allá atrás vyene—sy Dyos la trae en salvo—con mucha más gente /LVIIᵛ/ que en esta barca vyenen; que los que aquy están no me syrven de otra cosa syno de músyca para me consolar y dar plazer. No creáys, señor, que lo que he dycho que es por que me deys nada; que os dygo, de verdad, que un jarro de agua yo ny my gente rreçebyremos de persona del mundo; que sea verdad, en vynyendo my gente, nos partyremos y seguyremos nuestro vyaje, medyante Dyos. Mas en ese medyo que llegan, quiero que veáys y oyáys my músyca, aunque mal hordenada y de poca arte sea," y buelta a los suyos, les dyxo: "Cantad y tañed algo." Luego los seys sacaron cada uno su libro de canto. Los otros seys: el uno sacó una harpa, el otro un laúd, otro unas flautas, otro una dulçayna, otro una sordyna, otro un dulçemel;⁶ enpeçaron a tañer, tan conçertado y por arte que todos estavan maravyllados. Tañeron un poco y callaron. Los cantores enpeçaron a cantar de muy exçelentes y buenas bozes y con mucha arte y conpás, cosas muy fortysymas y plazibles en gran manera, y callaron. Dyxo la vieja: "Hora cantad y tañed todos juntos,"—lo que hecho hera una cosa çelestyal que estavan todos tan sosegados y callando que quisyeran que la músyca jamás acabara.

Estando en tanto plazer, asomó la otra barca, muy mayor que la primera, con mucha más gente: con honbres y damas que muy byen parescyan. El rrey mandava yr por ellos; la vyeja dyxo: "No vaya nadye por ellos, que ellos se vernán." Todos estuvyeron quedos, y como çerca llegasen, vyéronlos venyr rricamente vestydos y en medyo dellos muchas cosas que no podyan conprender qué fuesen. Llegados, hizieron gran acatamiento al rrey y a la infanta y al señor Rroger y pasáronse de la otra parte en fruente de la vyeja y de la músyca. Dyxo la vyeja: "Quiero que dançen estos que an venydo." Enpeçaron a tañer y los otros querer dançar. El rrey y todos bolvyeron las cabeças

---

⁶ *dulçayna*: wind instrument, like the chirimía, but shorter; *sordyna*: fiddle; *dulçemela*: psaltery.

para myrar los dançadores; los cantores y tañedores quitaron
presto sus rropas, papahigos y sonbreros: quedaron hechas doze
damas. La vyeja, quitados sus tocados y manto, dado con ello en
el suelo, quedó muy más hermosa y más rricamente vestyda
que las otras, con su caña en la mano.

No fue descubyerta que fue conoscyda de muchos, y davan
bozes al señor Rroger: "Señor, señor, he aquí la dama de la
galeaça." El señor Rroger la myró y la conoscyó, levantándose
con el mayor plazer del mundo, rryendo, los braços abyertos yva
abraçalla.

Dyxo: "Señor Rroger, téngase vuestra señorya atrás y no
llegés a my; que mucho os arrepentyrades dello, y no quedaryades, señor, syn pena, y los myradores syn enxemplo."

"Por cyerto, dama, que por myedo de nynguna pena que
venyr me pudyese dexara de abraçaros—mas lo que me espanta
y pone myedo es no quereros enojar, pues mucho os deseo
servyr y con plazer."

"Hora señor, dexemos dançar my gente."

"Sea como mandáys." /LVIIIᵛ/

Salyendo a dançar un cavallero y una dama, acabada la
dança llegavan delante la infanta, y hecha gran rreverencya le
presentavan de dos en dos un presente, y asy acabaron de dançar
seys cavalleros y seys damas. Los primeros le presentaron un
arca, los otros una cestilla, los otros, un canastillo, otros un
cofre, otros un portacartas, los postreros una maleta: todas estas
pyeças heran rricas y byen hechas.

Acabados de presentar estas cosas, la dama dyxo:

"Señora rreyna, en Londres en Inglaterra, delante el noble
rrey, vuestro padre, y de los señores, vuestros tyos, y de otras
muchas personas, os dyxe algunas cosas—que saldrán verdad
como las dyxe syn falta—y sé que están hechas copyas de lo que
dyxe y que vuestra señoría y los señores, vuestros tyos, y otros
las tyenen en escrito, en las quales está el byen y el mal que de
vuestros suçesores nos puede venyr. Y que myentra, señora,
byvyerdes bos y vuestro marydo, seryades por mandado de
nuestras señoras servydos y vysytados en todo lo a ellas
posyble—y tornar a rrelatar lo que en escrito está y se puede ver

y leer sería prolixidad. Ya es tarde—baste que aquello mysmo
el rrey lo tome como a *vuestra señoría* fue dycho, y como agora
avemos venydo a servyros en tienpo de alegrya y en tienpo de
trabajo—que os parescya[7] grande y no hera nada porque todo se
hazya por nuestro mandado y interçesyón por daros qué dezyr
y qué hazer—y tanbyén en tienpo de enojos—que secretos
están—para alegraros y quitaros de pena y congoxa y daros
plazer. Asy lo haremos en el tienpo por venyr, syn jamás nos
olvydar de os servyr y vysytar. Vos otros señores, n'os olvydés
ny descuydés de nuestros servycyos; quando avremos menester
de ser galardonadas, nosotras nos tornamos, con vuestra
licencya. Con estos pocos presentes con que os servymos,
conoscerés y podrés conprender para quanto y quanto son
nuestras señoras, las sabyas Sebylas, que mucho os aman y
desean servyr. Y no esperamos que veáys los presentes que os
dymos, porque despacyo los podrés, señores, ver, en syendo
partydas. No tengáys pensamiento que en ellos vyene cosa
mala, sobre my fe, y asy Dyos cunpla tras lo que andamos; mas
son tales joyas que no ay príncipe en el mundo que las tenga
mejores ny tales. Y aunque el valor es grandysymo, mucha más
será el alegrya y plazer que a todos dará por venyr de la manera
que vyenen y tal tienpo. Y con esta petycyón que os dexamos,
mandad proveer como lo pedymos—sy honesto y justo os
parescyere—que mucho byen merced y contentamiento nos
dará. Yo partyda, véanse los presentes y léase la petycyón y
suplycacyón, y no antes."

Hecha una gran rreverencya se despydyó, syn esperar
nynguna rrespuesta. El rrey se levantó y quisyera tenella algún
dya o al menos aconpañalla; la dama dyxo: "Quédese *vuestra
señoría*—que nuestra usança ya el señor Rroger la sabe."
Tornando a hazer otra rreverencya se partyó. Entrada en las
barcas pasaron por uno de los arcos debaxo de la puente, el rryo
abaxo. En poco tienpo desaparescyeron: lo uno por el mucho
andar, lo otro por la mucha arboreda.

---

[7] ms=parescyan

Capítulo XXXIX. Como vyeron el presente y leyeron la petyçyón

El rrey y todos los polonyos quedaron muy maravyllados; mas el señor Rroger y los polonyos que en Inglaterra avyan estado contavan de lo que avya (ac)aescydo allá, dyziendo al rrey que por entonces dexase de saber lo pasado; que después sería informado más cunplydamente.

Todos deseavan ver el presente: suplycaron al rrey que se vyese. Luego los mandó abryr; en cada cosa venya su llave. /LVIIIᵛ/ La primera que abryeron fue la caxa y sacaron della una muy rrica corona; en sacándola dyxo la rreyna: "¡Ay Dyos—aquélla me paresçe my corona!" lo que byen myrado de todos fue confyrmado ser asy. Lo que el señor Rroger hazya y dezia—él y todos—no se podrya escrevyr.

Abryeron la çestylla y sacaron un plato, y en él, la cynta de caderas: luego fue de todos conoscyda. Abryeron el canastillo y sacaron las pantufos[1] y joyeles y sortyjas en su plato. Abryeron el cofre y sacaron el collar en su plato; dyxo la rreyna: "Santa Marya, qu'estas joyas se parescen mucho a las que los mercaderes me presentaron."

"¿Que se pareçen mucho?" dyxo el señor Rroger. "¡Antes son ellas mysmas! ¿Pues cómo es esto?—dexémoslo por agora." La rreyna calló.

Abryeron un gran portacartas: sacaron la corona que el rrey tenya hecha para la rreyna; en vyéndola el rrey dyxo: "Agora nos maravyllemos todos juntos," y santyguándose dezya: "¿Cómo puede ser esto? ¡Yo sueño!"

"No, a la fe," dyxo el condestable, "que muy grandes cosas son las d'esta dama y en mucho se deven tener; que por quantas joyas aquí ay, no dyera esta rropa."

Abryeron la maleta y sacaron la rropa de la chaperya que el rrey avya mandado hazer para la rreyna; dezyr los mylagrones

---

[1] *pantuflo*: "calçado de gente ancyana, de dos corchos o más" (Covarrubias).

y santyguares que se hazían y dezya{n} sería para nunca acabar.

Dyxo el rrey: "¿Qué os paresce, padre?"

"Señor, que ny sé sy duermo o sy estó despyerto—que querya estar en una gran escuridad y solo por me hartar de pensar en tan gran caso—y pues tan byen se {h}a hecho, nynguno deve de desconfyar de la merced de Dyos, y pues a tan buen puerto avemos salydo. Vysta la rreyna la rropa de la chaperya, antes que otro la lleve; y la rropa y corona que la rreyna trae para sy, lleve vuestra señoría, pues ya está coronado con la corona que el papa enbyó al rrey Tymoteo."

Luego abryó el rrey la petycyón y él propyo la leyó alto, que todos lo oyeron. Leyda, dyxo [el rrey]: "Muy poco piden estas damas para lo que merecen," lo qual de todos fue confyrmado y suplycado que su señoría lo otorgase. El rrey, muy alegre, dyxo: "Ya es muy tarde; el despacho desto quede para que esta semana se despache en Sotela, muy cunplydamente y con consentymiento y todo lo que más será menester, asy nuestro como de todos grandes y señores y de todo el rreyno." El señor Rroger y todos le quisyeron besar las manos; el rrey no consyntyó.

Luego se partyeron y por ser tarde muy syn çerymonyas ny rrecebymiento; entraron en Sotela a dos horas de noche con infynytas hachas lumynaryas y faraones y hogueras, que parescya ser de dya. Llegaron a palacyo; poco tardó a venyr la cena—fue muy suntuosa y abundante. Acabada, enpeçaron a dançar—turó hasta medya noche. Luego vyno el archobispo de Paludy con muchos obispos y arzobispos y grandes señores del rreyno para los desposar, y asy lo hizieron publycamente.

Hechos, entraron muchos mastresalas delante y tras ellos una muy suntuosa colacyón de muchas y dyversas cosas y muy exçelentes. Hecha colacyón, tornaron a sus dánças hasta una hora antes del dya—no faltando muy a menudo colacyones. Antes del dya, aconpañados de toda la corte, fueron hasta la yglesya mayor de la vylla, adonde fueron velados. A un hora de dya tornaron a palacyo, donde las mesas ya estavan puestas; luego traxeron un tal almuerzo y de tales y tantas cosas que no sería posyble tener memorya {para} dezillas. Rretraydos, el rrey

y la infanta /LIXʳ/ hizieron del dya noche y de la² infanta
rreyna, y de la donzella dueña, con mucho contentamiento y
alegrya de entranbas partes y con plazer y consolacyón de todo
el rreyno.

Libro terçero de las cosas que al rrey acaescyeron después de
casado.

Capítulo primero de lo que se hizo en las fyestas y bodas

El madrugar del rrey y de la nueva rreyna fue un hora antes que
anochecyese, y no fuera tan temprano syno por la espesa
vysytacyón del tyo—que muy a menudo yva a la puerta de la
cámara y pedya a su sobryna—dyziendo al rrey cosas de mucho
plazer. Entre las otras que fue {que} halló al mayordomo mayor
a la puerta de la cámara—vysto, le dyxo:
    "Agora os dygo, señor, que os avés dado muy buen rrecau-
do—que tuvystes tienpo en Inglaterra y por el camyno de gozar
a vuestra esposa, y acá avesla puesta en manos de un mançebo
que no bastara todo el mundo sacárgela dellas,¹ y vos, señor,
muy rreposado, esperando que os la torne—a la puerta de la
cámara, escuchando el cruxyr y estallar de la cama, como sy
fuese alguna dulçe músyca, y a poco, señor, os puede aprovechar
el escuchar; que aunque al sabor os hallásedes, poco os aprove-
charya según vuestra muchedumbre de años."
    Estando en esto—aunque no quedó syn rrespuesta—el rrey
llegó a la puerta, y syn abrilla dyxo: "Nunca pudyera, señor,
creer que *vuestra merced* fuera tan çosquilloso y enbydyoso"—
querrya dezyr *el perro del ortelano.*² "Yos, señor, en buen
hora, que yo os prometo que de aquy a ocho dyas esta puerta no

---

² ms=la (excised noche) infanta
¹ ms=dellas (excised manos) y
² "el perro del hortelano, que ni come las berças, ni las dexa
comer a otros" (Covarrubias).

se abra."

"¿Que no s'abra?" rreplycó el señor Rroger.

"No, por cyerto."

"¿Que no?" dyxo,[3] "—pues yo os prometo," dyxo el señor Rroger, "que por las ventanas no os metan de comer ny cosa alguna: por ende daos a plazer—[4]que asy haremos nosotros. A Dyos seáys."

Salydo de la cuadra a una sala, oyó muchos sacabuches y cleremyas y rruydo de gente de cavallo que entravan por palacyo. Fuele dycho que hera Urban, duque de Foya, que entrava.

"El sea byen venydo, que ya yo avya preguntado por su merced y por my hijo, Nyçeto, que por tal lo tengo."

El duque subyó a los corredores adonde el señor Rroger lo rrecybyó; como el duque lo vyo, hizo el mismo acatamiento que hiziera al rrey: la rrodylla en el suelo—el señor Rroger lo mysmo—y por fuerça lo alçó, y, tomados por las manos, muchas vezes se abracaron. Llegó Nyçeto, puestas las rrodyllas en el suelo, syn querer se levantar hasta que fue fuerça que le dyese la mano. Dada, se levantó, y trayéndole la mano en el onbro se paseava con el duque—syenpre venyan muchos grandes y señores—y los unos y los otros con mucho plazer y cortesya se hablavan, contando de las cosas que les avya acaescydo, estando ausentes.

Asy estuvyeron hasta que el rrey se levantó. Salydo de la cámara, todos le davan la buena pro haga; el señor Rroger, tomando a Nyçeto por la mano, se entraron en la cámara de la rreyna. Dyxo: "Por cyerto, señora sobryna, que en poco tienpo avés olvydado paryentes y cryados, ¿qué hará de aquy a ocho dyas? Mañana me parto, /LIX[v]/ y antes que me parta quiero daros este donzel—que por hijo lo tengo—que es hijo de Urban, duque de Foya. Quien él sea, con el tienpo lo conoscerés. Señora, ya se os deve acordar que muchas vezes le dyxe dél, y

---

[3] ms=dyxo (excised el rrey) pues
[4] ms=por ende daos a plazer (excised por ende daos a plazer)

que os avya de presentar acá una muy rrica joya. Esta es—
rrecybala vuestra merced por ser cuyo hijo es y por el ser qual
es, y espero que sea. Querrya que él y todos conosçan lo que por
my contenplacyón y rrespeto se haze con él, que muy byen lo
meresçe y yo lo terné en más que sy a my propyo se hiziese."
Llegándose más çerca ge lo dyo por la mano; la rreyna, muy
vergonçosa, de lo que poco dolor y pena syntyó, mas mucha
alegrya y contentamiento, to tomó por la mano.

"Lo que vuestra señoría manda que se haga con este donzel
se hará, como es mucha rrazón; que no deva salyr de lo que m'a
mandado, y a las obras me remyto: que por hijo lo tomo hasta
que nuestro señor me dé otro, y entonçes quedará por hermano."

"Asy lo creo yo, señora, y en esto no es más menester."

Nyçeto le besó la mano.

El señor Rroger dyxo: "Señora, vystase vuestra merced, que
todo el mundo está esperando por veros y rreçebyros."

Bueltas las espaldas se salya, y myrando atrás, vyo que
Nyçeto venya tras él. Buelto, le dyxo: "Quedaos aquy y sy no
fuere a comer o a dormyr nunca salgáys de la cámara, aunque
el rrey esté en la cama con la rreyna o ella se vysta. Esté como
estuvyere este ofycyo, quiero yo que tengáys: que nunca la
rreyna estropyeçe syno en Nyçeto y quando de la cámara
salyere, cavalgando o a pye, syenpre id delante y muy çerça: que
no quiero que pueda hablar su merced ny hazer cosa que vos no
la sepáys."

"D'eso, señor, soy muy contenta, y asy os lo mando, hijo."

El señor Rroger se salyó de la cámara y halló al rrey con
muchos señores y cavalleros, con los quales estuvo hablando
hasta que la rreyna salyó. En salyendo, dyxo el[5] rrey: "Padre,
tomá vuestra esposa agora."

"Tómela vuestra señoría, que cyerto tengo pyadad de la
crueldad que usastes con ella oy todo el dya. Agora muy
dysymuladamente manda que tome my esposa." El rrey (y)

---

[5] ms=al rrey

todos se rryeron.

"Padre," dyxo el rrey "esto{s} rramos[6] son de çelos."

El señor Rroger se llegó a la rreyna; dyxo: "Por vos, buenos rrecaudos vuestros y del rrey. Os dexa vuestro vyejo esposo, aunque nunca me dexastes entrar en la cámara no he podydo sufryr de no me llegar a teneros compañya," y tomándola por la mano, syguyeron al rrey hasta entrar en un gran sala muy rricamente toldada y un rriquisymo estrado y en él tres syllas a maravylla, byen guarnecydas, donde se sentó el rrey y la rreyna y el señor Rroger.

Ally llegaron todos los grandes y señores que no la avyan vysto, a besalle las manos, los que della heran muy rreçebydos. Este rreçebymiento turó dos dyas y después otros III: la vysytacyón de señoras y dueñas principales—los quales pasados, el rrey y toda la corte se partyeron para Rrojena para hazer las cortes y fyestas y la coronacyón de la rreyna.

En el tienpo que la rreyna hera vysytada, el rrey y el señor Rroger y muchos s'acordaron de la suplycacyón de la dama, y acordaron dexalla para la hazer con más autoridad y fyrmeza en las cortes de Rrojena, con consentymiento de todo el rreyno, jurada con mucha fyrmeza. /LXʳ/

Capítulo II. De la entrada y coronacyón de la rreyna y de lo que acaescyó

De fyestas y rreçebymientos no haremos memorya, porque solos ellos bastaryan hazer gran escrytura. Partyda la corte de Sotela por muchos lugares y buenos, pasaron muy proveydos, donde de grandes presentes y rrecebymyentos se hizieron.

Llegaron a Ortylana, dos leguas de Rrogena: muy fresca y gran vylla. El rrey se detuvo ally IIII dyas por esperar el rreçebymiento de Rrogena, del qual no haremos memorya. Hera venyda tanta gente que ny en la vylla ny por los canpos cabya.

---

[6] *rramos...çelos*: "this is the first sign of jealousy."

III dyas después de la entrada, acordaron de coronar a la rreyna
con toda la solenydad y çerymonya que suelen ser coronadas; y
pues muchas vezes se hazen—y las avés vysto—no cale que
dyga como se haze: baste que sepáys que fue coronada con todas
las çerymonyas acostunbradas. Era tanto el rruydo de los
istrumentos y el traquedo de la artyllerya que ensordava la
gente.

Acabadas las çerymonyas y cortes, tornaron a palacyo donde
comyeron a una mesa el rrey y rreyna y el señor Rroger, y en
otras tres mesas en la sala comyeron muchos grandes y señores
de Inglaterra y de Polonya—muy suntuosa y de muchos
manjares, y en gran abundancya, asy de cuaresma como de
carnal.[1]

Al alçar de los manteles, entravan por la sala mucha gente
huyendo; todos se levantaron en pye por saber qué fuese y
nynguno lo dezya. Vyeron venyr por la sala, hazya la mesa del
rrey, un gygante—el mayor que nunca se vyó, una vara mayor
que nyngún otro honbre: espalhdudo; la barba grande y rraxa,[2]
unas coraças hasta la rodylla, hechas de conchas de tortugas, de
más de palmo cada una; una cabeça de elefante—dygo la
caranela[3] lynpya por capaçete,[4] con la tronpa que salya sobre
la cara. Una gran maça en las manos—que hera la rrays de un
gran árbol—con XV palmos del tronco por asta;[5] los braços y
pyernas syn nynguna vestydura, los pelos y vellones luengos de
a palmo, rruvyos y negros; un gran elefante por el cabestro, que
mucho su tronpa y dyentes aguzava. Mostrava querer arremeter
a la gente: la que de myedo mucho se apartava; encyma del
elefante, una pequeña caseta como gavya[6] de nao, cubyerta de
un paño negro.

---

[1] *de cuaresma como de carnal*: both fish and meat.
[2] *raja*: "coarse."
[3] *caranela*: caratela is defined as mask by Covarrubias.
[4] *capaçete*: "helmet."
[5] ms=por asta (excised un gran elefante por el cabestro) los
[6] *gavya*: "topsail."

El gygante hizo rreverencya al rrey, el qual le dyxo que fuese byen venydo. Detrás del arca o caseta venya una muger sentada, la que, tomada del gygante y puesta en tierra, un tafetán delante la cara, vyno delante la rreyna, y, hecha gran rreverencya, le dyxo: "Rreyna, sábete que al terçero dya después de casada (h)a plazido [a Dyos], Aquél syn la voluntá del qual nada es hecho—que se hyzyese en tus entrañas y vyentre una cryatura, la qual será muy hermosa. Paryrásla y cryarásla el fruto que por ella terná,⁷ tienpo ay para que lo sepas. Traemos su ymagen y fygura tan propy(a) como ella será para que la veas, y cómo nasçerá y será. Y sy hallarés a su parto agora estar preñada, byen podrás creer después qual quier cosa que te sea dycha." Buelta a la caseta, dyxo: "Señora, saca esa infanta." Luego se descubryó en la caseta una dama /LXᵛ/ con otro tafetán delante la cara. Quitó un paño negro con que la casa venya cubyerta; sacó un bulto blanco, tamaño como una cryatura quando nace: venya vestyda de una vestydura como vexiga, o como otras cryaturas suelen naçer. Llegó el elefante junto a la mesa; vyan que la cryatura bullya dentro. Hizo tanto que sacó los braços y manos por (en)cyma de la cabeça, rronpyendo la vestydura o vexiga. Saltó del agua que venya llena, sobre el rrey y sobre la rreyna y sobre el señor Rroger y sobre otros que llegaron a ver, en especyal sobre el duque d'Ater, que muy junto estava—que fue casy tanta como sobre todos—de lo qual muy maravyllados todos quedaron. La cryatura hera nyña; abyertos los braços los tendyó hazya sus padres y rrezio los tyró asy, y puestas las manos delante los ojos se rebolvyó las espaldas y se dexó caer sobre el pescueço y honbro de la dama—lo que, hecho, la dama se tornó a su caseta y la tornó a cubryr con el paño que venya cubyerta.

La dama que a la mesa avya llegado dyxo: "Señores, con esto no ay más que dezyr ny hazer: vos, señor Rroger, estad aparejado para partyr al terçero dya—que os vendrá un correo con mucha priesa. Será por cosas de gran inportancya: no tardés

---

⁷ ms=tenerna

de partyr, que mucho daño vendrya de la tardança. El correo os
dará muy larga cuenta y otros os la ovyeran dado dyas ha, sy los
dexaran pasar." ("Vuestra señorya," dyxo a la rreyna, "sea
nuestra procuradora y advoga para esta petycyón: el rrey la
mande hazer como en ella se contyene, que justa es." Dyo la
petycyón al rrey[8]:) "Yo he dycho a lo que m'enbyaron; no
puedo estar más aquy." Quitado el tafetán delante la cara, hizo
una gran rreverencya: luego fue de muchos conoscyda ser la
dama de la galeaça, la qual tomada del gygante, fue puesta
adonde primero venya. Buelto el gygante con el elefante,
salyeron de la sala syn que persona le pudyese hablar, tan
maravyllados todos estavan, y de la dama y de sus señoras [muy
espantados estavan] del cuydado que tenyan en vysytar y avysar
tan a menudo, dyziendo todos al rrey y a la rreyna que s'acorda-
sen sus señoryas de tales y tantos servycyos al tienpo que la
dama dezya que le podryan hazer mercedes. Sobre todos el señor
Rroger, que muy afycyonadamente lo suplycó al rrey, dyziendo
que sy jamás ovyese cosa que la dama les ovyese menester, que
hiziesen por ella y por sus señoras lo que por él haryan, sy en
trabajo y necesydad le vyesen ally. Se tornaron a rrelatar todas
las cosas pasadas, muy por estenso.

El rrey dyxo: "Mañana en las cortes la primera cosa que se
proporná y se proveerá será ésta, muy cunplydamente."
Acabando el rrey, hablaron mucho por querer saber y entender
lo que la nynaña[9] synyfycava, y no vyendo camyno para ello,
dexaronlo al tienpo. Luego se despydyeron todos; el rrey y la
rreyna y tyo se rretraxeron.

---

[8]This insertion seems to belong here, but appears at bottom of
page without placement arrow.

[9] nynaña: "nini nana" (from Italian ninnananna) "voces sin
significación alguna, de que se vale el que canta para seguir algún
son, sin pronunciar palabras. Usase para significar alguna cosa
impertinente y frecuentemente repetida sin conocido intento"
(Autoridades).

Capítulo III. De la petycyón que la dama dio al rrey y la confirmación della

«Muy magnífico rrey y noble rreyna: lo que nuestras senoras, las sabyas Sebylas, querryan, y nosotros suplycamos, es que las vezes /LXIʳ/ que avemos venydo y vendremos a servyros sean puestas en escryto, y en qué tienpo y a qué, mescladas con algunas cosas plazibles, de buenos rrazonamientos y dotrynas y amores, cosas de cavallerías[1] y grandes hazañas dynas de memorya y de las grandes cosas que por el mundo ay dinas de notar; y de todas se haga un libro, el qual sea inprimydo,[2] porque por muchas partes se rreparta y venga a notycya de todos; en el qual an de mandar y proveer que sus suçesores, en sabyendo leer, lean y no se ocupen en otra escrytura, tanto en ella lean, que nuestros servycyos sepan y dellos tengan memorya; y queryendo uno dañar nosotros, gelo inpiden y estorven, ponyéndole delante nuestros servycyos pasados: lo qual, señores, sy os plaze, para mejor ligar y atar vuestros suçesores, avés de jurar y prometer públycamente por vos otros, señores, y por ellos[3]—so grandes penas y maldycyones—y sy, señores, mandáredes, por más seguridad y fyrmeza, que los grandes y señores y del rreyno juren lo mysmo, y tanbyén que os lo acuerden y trayan a la memorya, y para mantener y hazer mantener pongan sus fuerças, estados y personas, haziendo lo mysmo los procuradores de cortes y rreyno, pondrá espanto y myedo a los que quebrallo querrán. Haziendo esto, creen nuestras señoras que mucho les aprovechará y estorvará lo que en su mal y daño podrá venyr; las quales se encomyendan a vuestras señoryas, cuyas servydoras muy afycyonadas son.

---

[1] This self- referential passage describes the book itself.
[2] Printing was taken up in Spain in the 1470's.
[3] ms=ellos (excised vuestros suçesores y para mejor lo guarden)
so

LA CONFYRMACYON

Leyda la petycyón el primer dya de las cortes—y la primera cosa—luego el rrey y la rreyna la juraron y prometyeron de la guardar y mantener en todo y por todo, de la manera que la dama la pedya; y la hizieron jurar a los grandes y señores del rreyno y procuradores de cortes; no solamente que gelo rrecordasen, mas queryendo hazer el contraryo él o sus suçesores, que ellos y sus suçesores y decendyentes fuesen oblygados a defendellas y ayudallas, y ser contra quien el contraryo quisyese hazer, y que haziendo esto no fuesen inputados por desleales ny traydores, aunque contra el rrey fuese, y mas por muy fyeles y leales servydores y vasallos, y no lo cunplyendo, fuesen tenydos al contraryo: lo qual fue jurado y prometydo públycamente y hechas escryturas fortysymas y hechas muchas copyas dellas; las quales rrepartyeron por muchos señores y partes del rreyno, tomándolos so su protecyón y amparo etc. No se escryven *de verbo ad verbum* por ser muy luengas: baste que sepáys la sustancya.

Luego en presencya de todos, mandó a uno que de todo lo qual la dama pedya hizies' un lybro, el qual lo puso en efecto— haziendo éste que veys.

Capítulo IIII. En que dize del correo que vyno de Ingla tierra

Aquellos dos dyas pasaron en mucho plazer; al terçero dya—como la dama dyxo—estando comyendo, entró un correo, el qual, hecha rreverencya al rrey y a la rreyna, se fue al señor Rroger y le dyo un enboltoryo de cartas. Tomándolas, lo myró y conoscyó y dyxo: "Byen seas venydo, amygo Palmerán:[1] ¿qué nuevas ay allá?"

"Señor, muchas y no todas buenas."

"¿Qué son?"

---

[1] *Palmeran*: The resemblance to Palmerín is discussed in the introduction.

"Que el rrey de Francya haze gran /LXI^v/ guerra a Inglaterra—la mayor que nunca hizo—y a Bretaña, tal que en gran aprieto la tyene. El conde de Flandes s'a tornado de su parte porque no le quesystes dar a Madama Aurelya por muger. Es maravylla el mal y daño que hazen por toda aquella tierra."

"¿Cómo no m'an dado avyso hasta agora?"

"No, señor—sy an, por cyerto, y muchas vezes, mas an tomado todos los correos y an ahorcado tres, y nynguno osa pasar, y vyendo la gran necesydad que allá ay de vuestra señoría—tenyendo muchos amygos y parientes—me he puesto a lo que me vynyera. He hecho lo que he podydo; vuestra señoría haga lo que mejor le parescyere."

"¿Olmerán,[2] no traes cartas para el rrey ny para la rreya en ese enboltoryo? Deven venyr, aunque paresçe pequeño."

"Muy grande me parescya y hazya a my encubryllo y escondello." "¿Cómo queda el rrey, my señor?" dyxo la rreyna.

"Señora, muy bueno, y toda la guerra tendrya en nada sy el señor allá estuvyese."

Abyerto el enboltoryo, leyó alto la carta que para él venya y dyo otra al rrey y otra a la rreyna. La carta que leyó hera dyziéndole de la guerra y llamándole que luego fuese y que myrase por donde tornavan. Alçaron los manteles; rretraxéronse todos tres. Dycho el señor quanto convenya su yda, dyxo el rrey: "Señor, yo quyero yr con vuestra merced en persona, con todo my rreyno y poder, y gastar my tesoro—que más es que nadye pyensa—y tanbyén tornará la rreyna a ver al rrey, my señor."

Rrespondyó: "Señor, no es menester para que Inglaterra esté segura, y aunque nos rrueguen y paguen por que estemos en pas, sy no es que sepan que yo estoy en el rreyno y no ausente," y dyole tantas y tales rrazones para yr que el rrey, fue fuerça dexallo yr, y que callase todas rrazones y causas que dyo aprobadas y confyrmadas por la rreyna.

---

[2] *Olmeran*: the scribal corruption of the previously mentioned Palmerán suggests the name is not well-known.

"Que yr vuestra señorya—según la guerra está ençendyda— sería mucha la costa y el daño. En este medyo suçederyan cosas que podryan dar mucho daño. Yo avré de pasar solo y desco- noscydo, y como sepan que yo estoy en el rreyno mucho çesará y afloxará la guerra, y my gente estando en los confynes de Bretaña tenerse {h}a manera que pasen por fuerça o por grado."

"Señor," dyxo el rrey, "pues *vuestra merced* asy lo manda y quyere y dyze que esto es lo mejor, hágase como ha dycho— que no creo que en cosa que tanto va desymulase comygo. Por tanto vea *vuestra merced* en este rreyno que gente, que dynero ay, y quanto en él está es para el rrey my señor y para vuestra merced—yrvanse dello que más merced que sy mucho a my me fuese dado, señor."

Dyxo el señor Rroger: "Para my, que tan conoscydo tengo a *vuestra señoría*, no cunple profertas syno que entre nosotros él que algo quysyere, que lo dyga, y en esto concluyo. En lo demás: luego quiero partyr con este correo, y my gente que parta d'aqui a II o III dyas; dyráse por la corte que estoy algo malo y no sean avysados que soy partydo, que grandes guardas pornán por averme. El partyr {h}a de ser II horas después de medya noche syn dar parte nynguna persona."

Como lo acordaron todos tres, asy lo pusyeron por obra: otro dya yvan a preguntar por él; dezyan que dormya—que toda la noche avya esta{do} escryvyendo por despachar a Palmerán. El rrey lo fue a ver, y entró en la cámara, y al salyr dyxo: "Del no dormyr y mucho escrevyr tyene un poco de alteracyón con cámaras." Hizo llamar al camarero- dyxole: "No dexés entrar allá a nadye, aunque sea la rreyna: rrepose y descanse que no será nada."

La presta partyda deste señor atajó y desbarató to /LXIIʳ/ das las justas y torneos y barra y todas las fyestas y juegos y plazeres; y por tener el suegro tanta guerra y por sus cosas— quando trystes quando alegres—pasaron, hasta ver como le yva en su camyno: lo que no pudyeron saber tan presto.

Después de la partyda del señor Rroger—III dyas—el rrey mandó que los que se quysyesen tornar a sus casas se tornasen: lo que hizieron procuradores de cortes y del rreyno y grandes

señores—que el rrey holgó mucho de quedar solo y con poca
gente según la pena tenya, hasta saber en que paravan las cosas
del suegro. Al quinto dya el rrey mandó llamar a los ingleses,
(a) los quales—aunque lo pensavan—hizo saber de la partyda del
señor Rroger y la causa grande, porque s'avya partydo syn
dezilles nada; y como todos sabyan quanto inportava su yda,
todos holgaron y lo tuvyeron por bueno. Dyxo el rrey, aunque
el señor Rroger se (h)a partydo, que estuvyesen a su plazer hasta
que les parescyese yr en Inglaterra; que aquel rreyno y quanto
en él estava hera para el menor de quantos ally estavan, y
sabydas las nuevas de la llegada del señor Rroger, se podryan
tornar a su plazer.

Entre los señores ingleses se rrogaron para rresponder.
Rrespondyó Severyano, veedor del señor Rroger y su pariente,
el qual dyxo: "De las profertas de *vuestra señoría* y a vuestros
le damos infynytas gracyas y lo tenemos en merced—asy de las
hechas como de las que nos quiere hazer. Querer adyvynar de
lo que avemos de hazer—pues el señor Rroger no nos mandó
nada. Podryamos acertar lo que, açertado, su *señoría* serya muy
contento; herrando, podrya ser tal el hierro que mucho castygo
y pena merecyésemos. Por esto, señor, este acertar o herrar
cargue sobre las espaldas de *vuestra señoría*, porque syendo por
su mandado y voluntá todo lo que podrá suçeder, terná su
señoría por bueno—quanto mas que, creo yo, señor, que el
señor Rroger no se partyrá syn dezyr qué avya de ser de
nosotros. Por esto my parescer es, y tengo por bueno, que lo que
haremos sea por mandamiento de *vuestra señoría* y aun por el
escryto para que allá gelo mostremos."

Capítulo V. De lo que el rrey rrespondió a los ingleses

"Parientes y verdaderos amygos: al tienpo que el señor
Rroger se partyó me dyxo que los señores que aquy quedávades
y toda la gente podrya estar aquy V o VI dyas y yrse para
Bretaña, y estando ally se tendrya manera para vuestro pasaje.
Otra cosa nynguna me dyxo, y la causa, creo que fue 'que donde

yo esto{y}, está su merced' y por esto y por su breve partyda no tuvo tienpo para más."

Rrespondyó: "Esto solo basta para nuestro descargo, escryvyéndoselo *vuestra señoría* que nos mandó yr allá."

"Eso haré yo de grado," dyxo el rrey.

"Pues, señor, esta noche tomaremos lycencya de la rreyna, nuestra señora, y de *vuestra señoría*—y la carta—el partyr será mañana, byen de mañana"

El rrey dyxo: "No sea tan breve."

"No, señor—que asy cunple," rrespondyeron todos. Por mucho que el rrey porfyó no aprovechó nada; que como le dyxeron asy se hizo: que otro dya de mañana tomaron su camyno syn querer rrecebyr ny del rrey ny de la rreyna cosa alguna, aunque muchas le davan.

Partyda la gente del señor Rroger—y muchos del rreyno—el rrey quedó con poca /LXIIʳ/ gente. Pocas vezes salya de palacyo, y menos de la vylla. Mostrava mucho sentimiento de no saber ny hallar camyno para ayudar al rrey su suegro. Byen es dexar pensar al rrey, que es lo que en lo dycho hará.

Agora os acordaremos como, sabyendo el duque d'Ater que el rrey mandava venyr algunos señores para tener conpañya a la rreyna, enbyó por Teodora, duquesa d'Ater, su muger, y por Hynaryo, su primogényto; lo mysmo hizo el conde del valle de la escura entrada, que enbyó por su muger y por Gedual, su mayorasgo.

El rrey pasava tienpo en oyr leer, y en ver jugar la pelota y hablar con algunos grandes; la rreyna entendya en oracyones y devocyones, vysytando monesteryos y yglesyas y emparedadas, dándoles muchas lymosnas que rrogasen por el padre y por el tyo. El mayor descanso que la rreyna tenya hera estar con algunas señoras principales que en palacyo y en la vylla estavan; sobre todas hera con la duquesa d'Ater—que jamás de sy la dexava partyr—y muchas vezes estando fatygada de la prenés, y queriendo estar, comer y dormyr syn el rrey, la duquesa hera su conpañya: que muy especyal, y muy sabya y honesta señora hera.

Pasaron muchos dyas que nunca ovyeron nuevas del señor

Rroger. Dos meses pasados, vyno un correo que traxo las nuevas muy por estenso, asy de la yda como del pasaje salvo y en paz. Como de todas las cosas de la guerra no ay para qué redatallas[1] pues son muchas. Fueron tales que el rrey enpeçó a sobyr y conversar y cavalgar a cavallo y correr lanças y yr a caça y hazer muchos vanquetes y enbyar a llamar muchos grandes y señores; la rreyna, muchos vanquetes y fyestas a señoras y damas de la vylla y de palacyo, y en ellas asás presentes y dádyvas—fue uno que turó III dyas de dya y de noche, de cuaresma y de carnal, a quantos venyr quisyeron.

El dya deste vanquete acordaron el duque d'Ater y el conde del valle de la escura entrada de dar a sus hijos al rrey para que su *señoría* los dyese a la rreyna por pajes. Avyendo hecha esta delyberacyón, llegaron al rrey en salyendo de mysa: rrogados quien hablarya, dyxo el duque, el chapeo en la mano—se quiso poner de rrodyllas; el rrey no lo consyntyó ny quiso oyrle hasta que se puso el chapeo. "Señor, por el deseo que el conde, my primo, y yo tenemos de servyr a *vuestra señoría*—no por lo servydo—confyando en su grandeza[2] aunque mal comedydos seamos, venymos a suplycar a *vuestra señoría* nos haga una merced, y es tal que no sé cómo la dyga."

"¿Qué cosa puede ser, primo—la que vos y el conde queráys de my—que yo no la haga?—que sy yo supyera qué hera, no esperara que vos tomárades trabajo de me la dezyr. Y sy pena rrecybys de dezillo, pensando que no se {h}a de hazer—de lo qual podés estar byen descuydados—enbyamelo a dezyr, que no tardaré más en hazello que en sabello."

"Pues la grandeza y lyberalydad es tanta que conbyda a pedyr merced; lo que deseamos y suplycamos a *vuestra señoría* es..." y buelto atrás tomó a su hijo por una mano y /LXIIIʳ/ al del conde por la otra, "que *vuestra señoría* rrecyba estos noveles servydores y los dé a la rreyna, my señora, para que la syrvan de pajes: y la merced es tal que ny ellos ny sus padres la

---

[1] *redatallas*: "redactarlas."
[2] ms=grandeza (excised venymos) aunque

podrán servyr."

Como el duque acabó el rrey se fue para él y lo abraçó con mucho plazer; asy hizo al conde. "Primo, esto tengo yo en tan gran don y presente que sy os dyese a Rrogena sería poco, que yo os dygo de verdad que no creo de dar a la rreyna, en toda my vyda, dádyva que con ésta yguale." Tomó los nyños por las manos; aconpañado de muchos grandes y de sus padres se fue a la cámara de la rreyna.

Capítulo VI. Como el rrey dió a la rreyna el hijo del duque y del conde por pajes

Entrando, el rrey dyxo: "Señora, después que me levanté [esta mañana] he avydo estos dos hijos, y por que mejor cryados serán y con mejor dotryna y cryança por mano de vuestra merced que por la mya, y por ser de tyerna edad los trayo para que vuestra merced los mande cryar y mostrar todas buenas costunbres que a hijos de altos honbres conbyene,[1] hasta tanto que sean para tomar armas y exercytar la cavallerya, que a la hora serán armados cavalleros y puestos en cosas de las quales sacarán honrra syguyendo el camyno de donde vyenen [de sus esforçados y valerosos padres]. Tomaldes, señora, a cada uno por su mano y tomándoles vuestra merced por sus hijos, dexarán de ser mys parientes [y] vasallos."

La rreyna dyxo: "Señor, yo aceto el presente y con el mandamiento que vuestra merced me lo da para lo poner en obra, sepa quien son por que conforme a su mereçer y valor sean tratados y cryados." Tendyendo las manos, los tomó a entranbos por las suyas.

El rrey dyxo: "Syéntese vuestra merced, por my vyda, y esamynelos, que dellos sabrá todo lo que quysyere."

El rrey se apartó poquito; la rreyna, sentada con los nyños,

---

[1] Here we see emphasis on doctrine and proper upbringing for the noble youth.

dyxo: "¿Cúyos seys,[2] hijos?"

Las madres estavan junto con la rreyna y los padres con el rrey. Los nyños, con vergüença, myravan a las madres y bolvyan las cabeças a myrar los padres. La rreyna gelo preguntava muchas vezes; los niños davan el callar por rrespuesta. La rreyna dyxo: "Señor, no me quieren dezyr cuyos hijos son, syno que buelven a myrar a *vuestra* merced; queriendo dezyr que son suyos, o que sabe cuyos son, y querryan que *vuestra* merced lo dyga, que muy vergonçosos están. Sáquenos a my y a ellos de pena."

"Señora," dyxo el rrey, "no tengo, ny sé qué dezyr más de lo dycho."

Los padres y el rrey rreyan y muchos otros señores, pues la duquesa y la condesa los myravan con un desdén como sy nunca los ovyeran vysto, y con mucha rrisa los nyños estavan, tales que a las madres no osavan myrar ny alçar los ojos.

"Válame Nuestra Señora, y no sabremos cúyos son." Buelta a la duquesa, le dyxo: "Prima: [que les] pregunte cúyos hijos son."

Con un desden dyxo: "¿Cúyos pueden ser syno de algún rromero?" y myrando al hijo de la condesa le dyxo: "Dezy, rrapás, ¿por qué no dezys a su *señoría* cúyo soys? Por cyerto que yo os mandaré dar d'açotes."

El nyño querya llorar; la /LXIIIʳ/ rreyna dyxo a la duquesa: "Jhesu, Jhesu, tan buena despartydora soys de rruydos." La duquesa se synava de rrisa y les dezya myll injuryas; buelta a la condesa dyxo: "Por my vyda que sepáys cuyos son."

La condesa, buelta al hijo del duque dyxo: "Rrapás mal cryado y descortés, ¿por qué no rrespondés a su *señoría*? Sy estuvyésedes entre los turroneros y melcocheros[3] no os faltarya lengua. ¡Por my vyda que no quedés syn buenos açotes!"

La rreyna myrava los nyños y estava tan confusa que no sabya qué se hazer. Vya la condesa que estava tan rrebuelta en

---

[2] ms=seys (excised niños) hijos
[3] *melcochero*: "molasses candy seller."

dezylles mal y amenazallos, y los nyños querer llorar y corridos. Myrava al rrey y a los señores que rreyan y burlavan—no sabya tomar partydo. Dezya: "Esto s'a hecho por me poner en confusyón." Pensó un poco; dyxo al hijo del duque: "Hijo: myrá aquellos cavalleros." El nyño myró. "¿Está ally vuestro padre?" El nyño señaló con la cabeça que sy. "Pues, id, hijo, y tomaldo por la mano y traeldo aquy."

El nyño se levantó, y se fue derecho al rrey, y tomó por la mano al duque d'Ater; el rrey y todos mucho rreyan y lo traxo a la rreyna:

"¿Es vuestro hijo, primo?"

"Sy, señora, a servycyo de *vuestra señoría*"

"¿Legytymo?"

"La duquesa lo dyrá."

"¿Prima, es hijo del duque?"

"Sy, señora, legytymo."

"¿Otra ves {h}a sydo casado el duque?" dyxo la rreyna.

"No, señora."

"¿Luego vuestro hijo es?"

"Sy señora."

"¡Válame la Vyrgen Marya! ¿Cómo os podyades mostrar tan fyera y des sabryda a una tan gentyl cryatura y tan bonyta?"

Buelta la rreyna al otro nyño, dyxo: "Hijo, myrá sy está ally vuestro padre."

El nyño myró y el conde s'avya escondydo: señaló que no.

La duquesa dyxo: "Señora, engaño ay—que el padre se {h}a escondydo. Mándele *vuestra señoría* buscar a su madre."

Dyxo la rreyna: "Hijo, ¿está aquí vuestra madre?"

El nyño señaló que sy.

"Pues yd y tomalda por la mano y traelda aquy."

El nyño se levantó y fue a la condesa que junto estava. Echándole los braços al cuello, la empeçó a besar. El rreyr fue tanto de todos que no se oyan.

"Señor," dyxo la rreyna, "byen m'a hecho volar el altanerya con mys nuevos hijos." Luego mandó a Olyver, su mayordomo, honbre sabyo y de noble sangre y rrico, que los cryase y dotrynase como sy propyos hijos suyos fuesen. El duque y el conde y otros grandes y señores le besaron las manos por la merced que les hizo. Después, la duquesa[4] y condesa y otros muchas señoras hizieron lo mysmo.

El rrey se fue por palacyo; la rreyna se quedó en su aposentamiento. Poco tardaron a venyr los mastresalas con el manjar. El rrey comyó en una sala con los grandes señores; la rreyna con las señoras y damas en otra, y por todo el palacyo y plaça quantos quisyeron venyr.

Al medyo comer syntyeron gran rruydo por la plaça y por palacyo; corryendo todos a las ventanas, vyeron en la plaça— que presto quedó desenbaraçada—un gran gygante, el mayor que nunca fue vysto, byen armado con una gran maça en las manos, los vestydos negros; y al cabo de la plaça un xymyo, el qual se vyno para el gygante, que poca cuenta hazía dél. Con una mançana en la mano, jugando, rrodava al gygante y por detrás arremetya y lo mordya de las /LXIIIIr/ pantorillas; el gygante sacudya la pierna y dava con él lexos. El xymyo tornava; estando en esto, vynyeron infynytos gavylanes, y puestos por los tejados y alas dellos, parescya que cada ves que el xymyo mordya al gygante que chillavan y se despeluz{n}avan y sacudyan las alas. Myrando esto, vyeron venyr por el ayre cuervos, corvachas, mylanos, çernycalos:[5] tantos que quitavan el sol, y abatyéndose sobre los gavylanes muy mal los tratavan—tal que muchos dellos cayan por el suelo muertos; otros desplumados se metyan por las casas. Turó esta rrebuelta—que ya nyngún gavylán parescya—eran tantas las otras aves que la plaça, tejados y ayre estavan lleno. Vyeron venyr del cyelo un rreburojón[6] como nublo o nublado escuro y muy çerrado. Como llegó entre dos ayres, parescyó que el nublo empeçó a derramarse y tronar y echar rrelámpagos y luego dyó un gran trueno: el nublo[7] se abryó y salyeron muchos gyryfaltes, sacres,

---

[4] ms=duquesa (excised y otros) y condesa
[5] *cernícalo*: "sparrow hawk."
[6] *rreburojon*: "covering."
[7] *nublo*: "storm cloud."

neblys[8] y bornys[9] y otras aves de rrapyña; en medyo de todas
un águyla caudal muy grande y muy hermosa. Començaron a
heryr tan rrezio en los que abaxo estavan, que en poco rrato
fueron desbaratadas y muertas. Los gavylanes—que en las casas
estavan metydos y escondydos—salyan y ayudavan a los que a
la postre vynyeron.

Fue la batalla tan mesclada y de tanta multytud d'aves que
el gygante y el xymyo desaparescyeron—que nynguno los vyo
yr. Luego se fueron los que byvos quedaron, y los muertos, que
el suelo y tejados estavan cubyerto—no parescya nynguno—de
lo qual estavan todos muy maravyllados; y cada uno jusgava y
dezya lo que le parescya. Mas a todos en general parescyó mala
señal y aguero, y con mucha sospecha y turbacyón tornaron a
comer.

Acabado el vanquete, cada uno se fue a su posada; la
declaracyón destas señales,[10] el efeto las declara a su tienpo y
lugar.

Capítulo VII. Como la rreyna partyó una infanta

Por las buenas nuevas d'Inglaterra se hizieron grandes
fyestas que turaron muchos dyas. Vynyeron enbaxadores de
Inglaterra, con los quales se tornaron a rrefrescar las fyestas.
Todos los grandes y señores se juntaron para ellas; estando en
tanto plazer, a la rreyna lé dyeron los dolores de parto; pasadas
VI horas paryó una nyña en la forma y grandeza que la dama la
traxo en la caseta a Rrogena. Luego la batyzaron en palacyo:
pusyéronle nonbre Tudoryna; a los XXX dyas fue batyzada en
la yglesya mayor, con grandysymo triunfo y solenydad. Fue
proveyda de ama, y una gran señora por aya, y otras muchas

---

[8] *neblí* : "falcon."

[9] *borní*: "laneret."

[10] This passage suggests that an allegorical interpretation of
these events will be suggested by later developments.

dueñas y damas, donzellas y mugeres, como a hija de tan altos señores convenya.

Dos meses estuvo en la cama, y quando se levantó para yr a mysa tomó su hija en los braços y besávala y myrávala mucho. El rrey estava myrando y muchos señores y señoras delante; entró una pobre con un papel en la mano—púsose de rrodyllas delante la rreyna—la qual le dyxo:

"Amyga, lymosna devés querer—id a my lymosnero, que yo os la mandaré dar."

La muger dyxo: "Señora, no so tan pobre que tenga neçesydad de vuestra lymosna, mas vengo a pedyros cosa que más a vos que a my convyene: y es que vos y el rrey leáys esta escrita, y que lo sepan todos los que presentes están."

"Por cyerto, amyga, eso haré yo de grado." Tomando la carta, la muger se levantó /LXIIIIᵛ/ y se puso a la puerta de la cámara. La rreyna tomó el papel y, {a}byerto, enpeçó a leer, y dezía «Noble rreyna y señora: no besés ny myrés tanto esa nyña, que poca rrazón tené{s}. Guardad dellos,[1] pues tenés a quien los dar: que es el hijo que ya en el cuerpo tenés engendrado, que sy nacydo fuese y supiésedes lo que yo, ál se harya que se haze» no dezya más.

Lo escrito acabado de leer, la rreyna myró la muger, la qual—baxado un rreboço que en la cara traya—dyxo: "Señora, yo he esperado para que conoscyésedes y sepáys quien so. A Dyos seáys."

La rreyna la conoscyó, y muchos dyxeron que hera la dama de la galeaça. El rrey salyó presto tras ella, y otros muchos cavalleros: nunca la pudyeron hallar, ny persona que la ovyese vysto.

Tornados a la cámara, el rrey tornó a leer muchas vezes la carta, y querya entender qué querya dezyr, mas no açertavan. El rrey y todos tenyan tanta alegrya de la nueva de la preñés del hijo que no cabya en sy. En lo demás fue acordado de lo dexar al tienpo.

---

[1] *dellos*: refers to "los besos."

Los cavalleros que otras vezes avyan vysto y oydo a la dama
tenyan sus dycho{s} y palabras por muy cyertas, tanto que
nynguna duda les quedava. Muchos cavalleros dyxeron:
"Señores, mucha rrazón es—que pues esta dama tanto y tan
byen syrve—que vea que a sus palabras se da crédyto y las
tenemos por cyertas: y es que como sy el príncipe fuese
nacydo—nos alegremos y rregozigemos, haziendo todas maneras
de fyestas que nos será posyble, pues las pasadas ya se van
enfryando, la dama holgará y por sus palabras el rrey y todos
nos alegramos."

Lo concluyeron que asy se hiziese: hiziéronlo saber al rrey
y fue muy contento[2] dello. Luego se pregonaron las fyestas—
que muy grandes fueron—las quales dexaré de dezyr, porque
presto vernán otras que harto avrán qué dezyr.

Acabadas las fyestas, y partydos los huespedes un mes, a la
rreyna le dyeron dolores de parto: turáronle VIII horas; plugo a
Dyos que paryó un hijo muy grande: a la hora lo batyzaron en
la cámara—pusyéronle nonbre Latancyo. Fuele dada ama: una
gran señora que se llamava Olysa, muger de Orsano, señor de
dos buenas vyllas, y a Polydoro, gran señor, por ayo y los
ofycyales que conbenya. El ama—fuele dadas damas donzellas
y mugeres.

La manera de su nacymiento os dyremos: que nacyó
vestydo de una vestydura como otras cryaturas suelen nacer. El
rrey estava con muchos señores en el tienpo del parto; luego
que fue parida, entró en la cámara, llevando por la mano al
duque d'Ater y tras ellos el mayordomo mayor y Ynaryo, hijo
del duque d'Ater, que de paje syrvya a la rreyna. Entre ellos la
partera tenya la cryatura en el rregaço.

El rrey le preguntó: "Hermana—¿qué tenemos?"

"Señor," dyxo la parterra, "aun no lo sé, porque {h}a nacydo
vestido."

El rrey se llegó, y por mejor lo myrar se hincó de rrodyllas,
y llamó al duque y al mayordomo; los quales, hyncados de

---

[2] ms=conto

rrodyllas, la cryatura sacudyó los braços, y rrompiendo la vexiga o vestydura, saltó tanta sangre della sobre el rrey y sobre los otros—y mucha o casy toda sobre Ynaryo: que toda la cara mojó,[3] y ojos atapó—el qual lynpyando los ojos y cara se salyó de la cámara.[4] /LXVᵗ/

El rrey y los otros mucho rrieron, no pensando en más, y vyendo el hijo, se fueron a la rreyna y le dyeron la buena prohaga del príncipe, y mostráronle la sangre, dyziendo como los avya mojado.

La rreyna—aunque del parto mucho dolor sentya—sabyendo ser hijo y estar byvo y syn mal, mucho se alegró y rryó algo. Dezyr con el rregalo que se cryó es demasyado dezillo. De ay a XXX dyas fue batyzado con mucha solenydad y tryunfo y fuele confyrmado el nonbre de Latancyo. Dexaremos de hablar en él por agora, que harto avrán que dezyr dél.

Capítulo VIII. Como rreyna se syntyó preñada y partió

Después del parto del príncipe, estuvo la rreyna doze años que no paryó, en el qual tienpo muchas cosas acaescyeron, asy de prosperidades como de adversidades: muchas fyestas, tryunfos y plazeres, las quales—pues an sydo y serán otras tan buenas—pasaremos adelante, syn enpeçar a dezyr nada dellos.

A la infanta pusyeron casa de todos los ofycyales que hera usanca tener los infantes; al príncipe pusyeron casa de grandes y hijos de grandes, entre los quales—por ser ya grandes—la rreyna le dyo a Ynaryo, hijo del duque d'Ater, para que le syrvyese de las fuentes y a Gedual para que le dyese la copa—a los quales dyeron posada juntos, aunque antes en servycyo de la rreyna lo estavan. Comyan y estavan juntos, salyan devysados y vestydos de una manera; hera tanta su amystad y amor

---

[3] This episode prefigures the bloodshed and civil war led by Ynaryo.

[4] *de la camara* repeats on next folio

que hera más que sy hermanos fueran. Nyçeto, hijo del duque de Foya, paje de cámara de la rreyna—la que mucho lo amava—los tenya conpañya y amystad, y hera tanta que jamás entre ellos se vyó dyferencya ny palabras.

Desta manera byvyeron hasta que la fortuna movyó su rrueda. Pasados los doze años, la rreyna se syntyó preñada y—por abrevyar—paryó un hijo harto gentyl y grande, y fue desta manera: que la rreyna delyberó de yr a un monesteryo de monjas—muy devoto y asás rrico—a pie. Hazía calor y la gente hazya mucho polvo: mandaron que la gente fuese mucho adelante o quedase atrás. La rreyna yva a pye y quedaron con ella una duena y una donzella que era de la cámara.

Casy al medyo camyno le dyeron los dolores del parto: tales que ny podya pasar adelante ny tornar atrás. Acordaron apartarse a una casa que çerca del camyno estava, en la qual pensaron hallar buen rrecaudo. Llegadas, hallaron la ortelana—que muy pobre hera—con un hijito en los braços, de dos meses. Ella y su marido byvyan en la vylla: no hallaron otra cosa en toda la casa syno dos atadas y unos arcaduzes y un serón y un albarda.[1] La rreyna—que ya sufryr no se podya—dyxo a la ortelana: "¡Amyga mya, ayúdame por Dyos!"

"¿A qué?" dyxo la ortelana.

"A paryr, que me muero."

La hortolana /LXVᵛ/ la myró y le dyxo: "¿Allá donde os cavalgastes no pudystes yr a paryr, syno después de hechos vuestros malos rrecaudos, salys os a paryr por los campos, y myentra estarés mala que os den de comer de mogollón?[2] Aquí no ay qué comáys—poné vuestras haldas encyerra y tornaos a la vylla para paryr en hora mala. Apretá los dyentes; apretá y enpuxá rrezyo—que en ese serón pary yo sola este hijo myo y de my marydo—y no hecho a hurtadyllas."

La donzella—que más muerta estava que byva, que no sabya que hazer—dyxo: "¡Callá, vyllana maldyta!—danos en qué

---

[1] *arcaduz*: bucket; *seron*: pannier; *albarda*: packsaddle.
[2] *de mogollón*: "gratis."

podamos echar esta señora."

"¡Vyllana soys vos, y vellaca! —que venys a paryr los hijos por los campos: ¡que par Dyos, sy tomo un palo, yo os do{y} a todas tres tantos de palos quantos podrés llevar!"

La dueña le dyxo: "¡Hermana mya, no os enojés—que quando sabrás quién es esta señora os ternés por byen aventurada que sea venyda a vuestra casa!"

"¡Sy, par Dyos," dyxo la ortolana, "vos otras soys las primeras rrameras y alcauetas que aquí an venydo!"[3]

La rreyna desmayó, y arrymóse al albarda, puesta de pyes sobre el serón. Dyó un gran gryto, llamando a nuestra Señora—luego syntyeron la cryatura llorar. Dyxo la dueña: "¡O rrey Dyonis! ¿y qué harás quando sepas que la rreyna esta en tanto trabajo y está perdyda y cómo está?" y enpeçó a llorar ella y la donzella, que no sabya qué se hazer. La dueña tomó el nyño y enbolvyólo en el manto que llevava cubyjado; al enbolver, vyó que tenya sobre el morzillo derrecho un castillo y sobre el morzillo del braço ysquierdo un león y en medyo de los pechos una flor de lys: estas cosas eran las más propyas y naturales que se pudyeran hazer, ny de pyntura, ny de esmalte—tan luzientes que parescya que byvo fuego saltase dellos. Puesto el infante a los pyes de la rreyna desnudó a la donzella una loba que llevava vestyda y tornólo a enbolver en ella. Al llanto que la duena y donzella tenyan—que muy grande hera y grandes bozes davan— el nyño llorava con lloros que parescya un cordero: hera la música tal que la rreyna—aunque traspasada estava—tornó en sy.

Vyéndose cómo estava y dónde, preguntó: "¿Qué se avya hecho la cryatura?"

Dyxo la dueña: "Señora, a vuestras pyes está—¿no la syente vuestra señorya llorar?"

"Sy syento, amyga, que me muero. Saly al camyno y llamá

---

[3] This humor seems Corbacho-esque/Celestinesque in that it stems from real speech. It certainly fits into the fifteenth—century mould.

a qualquiera que pase que venga aquy."

La ortolana rrespondyó: "¡Par Dyos, salyos vos luego, que quiero çerrar la puerta!"

"¡La puerta," dyxo la dueña, "no çerrarés por cyerto! ¡O rrey Dyonys, ven por la rreyna, que se muere!" /LXVIᵛ/

"¿Este es el dyablo de la rreyna? ¡Asy va la otra!" (dyxo la ortolana).

La dueña, desesperada, se levantó y arremetyó a la ortolana, llamando la donzella que le ayudase, diziendo: "¡Ésta es la rreyna, vyllana falsa—que aquí serés muerta, vos y vuestro hijo!"

Vyéndola venyr la vyllana tan determynada y enojada, saltó por la puerta afuera y enpyeça a huyr hazia el camyno por donde la gente pasava; yva dando bozes que la ayudasen. Quando llegó al camyno, la duquesa d'Ater y la condesa muy aconpañadas llegavan.

Dyxo la duquesa: "¿Qué avés, amyga?"

"Señora, unas vellacas an entrado aquella casa mya, y una (h)a parido ally. An me querido matar porque no les doy en qué la echen—y dyzen que es la rreyna."

En esto tornavan algunos, y el mayordomo mayor, vyendo que la rreyna tanto tardava, (fue) a buscalla.

Dyxo la duquesa: "Vamos allá, vamos allá—que syn duda es la rreyna."

Todos más que de paso fueron a la casa: hallaron la rreyna amortecyda y la dueña y donzella llorando y al infante que les tenya conpañya. Luego las unas tomaron al infante, otras a la madre, y con capas, mantyllos y sayas le hizieron una cama. En aquel tienpo pasavan las azémylas y el fardaje de la rreyna. Llamadas, hizieron dos camas: en la una echaron a la madre, y en la otra pusyeron al nyño y una dueña principal que cryava un hijo suyo—que le dyó la leche. Sacaron muchas conservas, con qué esforçaron y tornaron a la rreyna. Y aquí la trysteza y pelygro hera pasado y tenyan alegrya con el nuevo infante, que hera muy bella cryatura: nacyó con un vello rruvyo en la cabeça que parescya de un año. La vestytura con que nacyó—despedaçada; fue lavado y vystas las señales, fue enpañado y dávanle de mamar.

Estando con tanto plazer, entró el rrey: fuese a la rreyna; abraçóla y besóla y preguntó cómo estava. Ella dyxo que para el mal pasado, byen estava, a Dyos gracyas. Dyxeron al rrey del infante y de sus señales.

"Señora mya," dyxo el rrey, "quiero yr a ver a nuestro hijo." Fue a la cama y sobre ella estava una dueña que le dava la leche; el rrey lo myró, y hablando con algunos señores, el nyño abryó los ogitos y dexó la teta y myró al rrey, de lo qual él y todos quedaron maravyllados.

Mandólo desenbolver; desenbuelto, el ama lo alçó en los braços. El nyño abryó la mano ysquierda y tendyóla hazia la pierna, y la derrecha çerró el puño y alçóla hazia arriba, los ojos abyertos, myrando al padre. El rrey le dyxo: "Hijo myo chiquito, Dyos todo padre poderoso te guarde y dé su bendycyón—que yo te doy la mya—y te haga tal que le syrvas y ames y conosças mejor que ha hecho tu padre."

El rrey lo mandó tornar a enbolver y tornóse a la rreyna, la qual pusyeron en unas andas y al infante y ama en otras, y en onbros de personas los llevaron a la vylla. Antes que d'ally partyesen, mandó el rrey al obispo de Neda que batyzase al infante y le pusyese nonbre Adramón: lo que luego fue hecho. Puestos en palacyo, venyan muchas grandes señoras a vysytar a la rreyna, a las quales contavan cómo avya sydo, y tanbyen lo que con la ortolana/LXVIʳ/ avya pasado. El rrey mandava que fuese presa; uno dyxo: "Señor, no es menester: que como el marydo lo supo, le tomó el nyño de los braços y la hechó en una norya, y aunque la acorrieron, no fue tan presto que ya no estava ahogada."

Unos dezyan: "Vaya con el dyablo."

Otros: "Perdónela Dyos, que no sabya lo que se dezya."

Dyéronle una ama y dueñas y donzellas y los ofycyales que los infantes hera usança tener, y un ayo que se llamava Fedrique: honbre de XXXV años, de gran lynaje y muy sabyo y byen cryado; tenya dos myll pesos de oro de rrenta. Mandó el rrey que dyesen muy cunplydamente todas las cosas que Fedryque pydyese.

Capítulo IX. De muchas grandes cosas

Otro dya después que la rreyna parió, llegó un correo de Inglaterra con cartas para el rrey y para la rreyna en que le hazía saber como la prinçesa avya parido una hija, a la qual avya puesto nonbre Casilda: las quales nuevas—juntas con la del infante—mucho alegraron y rregozijaron la corte, y muchas fyestas se hizieron—las quales dexadas—sabrés que en aquellos dyas pusyeron casa al príncipe y a la infanta: los quales se cryavan en palacyo, cada uno en su aposentamiento, muy servydos y proveydos de todo lo que avyan menester, con gran ponpa y triunfo, especyalmente el príncipe, que para la edad que avya, muy especyal persona hera, y gran esperança tenyan que serya muy maravylloso señor y que sería cunplydo de todas buenas costunbres que al rrey pertenecyan.

Al príncipe dyéronle todos los ofycyales y otros muchos para su servycyo: hijos de grandes, entre los quales le dyeron a Ynaryo, hijo del duque d'Ater y a Gedual, hijo del conde del valle: los que con mucha solycytud y dylygencya le servyan y aconpañavan. Y como el príncipe muchas vezes fuese a ver a la infanta, su hermana, que mucho se amavan—y ella lo merecya, porque cabyan en ella todas las virtudes y bondades que a una gran señora convenyan: hera hermosa syn conparacyón, la más honesta y cortés que nunca se vyó.

De las muchas y contynuas entradas del principe nacyó que Ynaryo s'enamoró della—tanto que morya por sus amores. Y aunque moço, encubrya byen sus amores y deseo. Muchas vezes, estando el príncipe y la infanta hablando o jugando y pasando tienpo, él se llegava y hablava y burlava con ellos. La infanta—que syn el pensamiento de Ynaryo estava—hablávale muy byen, y rreya con él más que con otro: y la causa hera por ser hijo del duque d'Ater, a quien el rrey y la rreyna mucho amavan y favoreçyan en tanta manera, que sy el nonbre de rrey—no otra cosa—no le faltava, que el rrey querya que fuese obedecydo como él./LXVIIʳ/ El—que moço hera y de poca espirencya—tomava aquel rreyr y burlar y buena cara al propósyto de lo que deseava. Desta manera anduvo dos años muy flaco y amarillo; mucho sus padres y otros muchos le preguntavan la causa de su flaqueza y enfermedad—dezía que no sabya. El segundo año que él tenya este pensamiento y amores de la infanta, mucho se vestya y devysava y dava lybreas; Gedual le tenya conpañya en las mysmas galas y gastos.

En este tienpo el duque d'Ater súbyto adolescyó de prolesya y setullo,[1] de tal manera que no se podya mover ny ayudar ny comer por sus manos. El rrey mostró gran sentymiento y pesar y hizo venyr muchos fisicos para le curar, y fue hecho quanto fue posyble, como sy el rrey fuera el enfermo, y nada le aprovechava.

Los fysycos—que nyngún esperança les quedava de su salud syno fuesen los ayres y mantemientos y aguas de su tierra: que aquello le podrya ayudar y no otra cosa. Como el rrey desease tanto la salud del duque como la suya, acordó que se fuese a las ásperas montañas. El rrey lo aconpañó tres jornadas. A la rreyna le parescyó quedar sola syn la duquesa—que mucho la amava y ella lo merescya.

Al fyn de las tres jornadas el rrey se tornó muy tryste y el duque se fue a su casa. Ynaryo no quysyera yr con el padre, sy el rrey no gelo mandara. Llegado a las montañas, halló muchos de los cysmátycos—que les pesava de tanta y tan luenga paz por que con ellas no ganavan los socorros y mercedes que los rreyes solyan hazer generalmente a todos. Tanbyén halló malas voluntades y deseos para quebrallas[2] tanbyén, que ya el duque ny estava para mandar ny para vedar. De ay a pocos dyas Ynaryo se tornó a la corte, syenpre en su mal pensamiento.

Capítulo X. Como el rrey fue a ver al duque y de una gran traycyón

Pasado un año que el duque hera partydo, el rrey tenya gran

---

[1] *prolesya*: "palsy"; *setullo*: unknown.
[2] *quebrallas*: quebrar las paces.

deseo de lo ver. Partyó y llevó la rreyna y sus hijos y toda la corte para yr a las montañas. Llegó a Sygysmunda adonde estuvo caçando más de dos meses. En llegando, mandó a Ynaryo que fuese al duque, su padre, y le hiziese saber como hera venydo, no a otra cosa syno para lo yr a ver. Ynaryo se fue al padre y le hizo rrelacyón como el rrey gelo mandó.

En el tienpo que estuvo esperando al rrey, syenpre le crecya el amor y afycyón que al infanta tenya, y descubrya más de las malas voluntades que los cysmátycos a las pazes tenyan; y tanto conversava y hablava con ellos que un dya dyxo a un pariente suyo—harto pobre de hazienda y de dyneros, y muy rrico y abundado de malycya y de maldad—que estava enamorado de la infanta y tanto que esperava moryr presto syn nynguna falta.

El pariente le rrespondyó: "No dygáys eso; que todas las cosas tyenen rremedyo. Yo pensaré algún medyo y hablaremos mañana ." Asy se partyeron.

Aquel traydor—que Çentylo avya nonbre—habló lo que Ynaryo le avya dycho con cynco otros sus semejantes, dyziendo que sy Ynaryo en ello les hablase lo que avyan de rresponder; conçertados se partyeron./LXVIIᵛ/

Tornó otro dya Çentylo a ver a Ynaryo: rreplycó en su cancyón y planto. Çentylo dyxo: "Yo querrya que se rremedyase vuestra vyda—que tal os veo que no sé que dyga—y pues vuestra vyda va en este negocyo, que lo comunycásemos con algunos de nuestros parientes y amygos porque muchos saben muchas cosas y quiçá se hallara algún buen medyo."

"¿A quién podrya comunycar tan gran caso?"

"Yo os dyré cyento, más agora tengo en la memorya al tal y al tal," y nonbróle los cynco con quyen él avya hablado, dyziendo: "Destos os podés fyar syn nynguna duda, y buscarán todos los medyos que serán posybles para vuestro descanso: por eso hablades."

"Sy haré," dyxo Ynaryo—y como todos venyan a vysytalle y tenelle conpañya estavan ally los tres, él los llamó y les hizo un rrazonamiento dyziendo en la fyn: "Señores parientes, yo me quiero fyar de vosotros de un negocyo en que mucho me va..."

estando hablando, llegaron los otros. Llamados, les tornó a
dezyr lo que a los otros avya dycho, dyziendo: "Quiero que
jurés de tener secreto."

Çentylo dyxo: "Señor Ynaryo, hag'os saber que no les podés
tomar más seguridad ny fyrmeza que es conoscer ellos y yo, que
os toca y saber vuestra voluntá y ¿qué? ¿de dezillo rreçebyrés
pena y de callar honrra y provecho? Pues vuestro byen es
nuestro; vuestro daño nuestro. Dezí, señor, a estos, vuestros
parientes y amygos, sobre my, lo que querrés—que yo quedo por
fyador."

"Pues, asy os pareçe," dyxo Ynaryo, "sabed que yo estoy en
un tan gran pelygro y trabajo que no sé hallar rremedyo, y
porque el caso es tal que yo rrecybo pena de lo dezyr—por no
me pareçer justo ny onesto—vos, Çentylo: ge lo dezid de la
manera que yo os lo he dycho; y vos otros señores, pensad y
hazed en ello como yo harya en vuestras cosas—que yo os
prometo, a fe de quien so, que entre nosotros no aya cosa
partyda." Y él les dexó y se fue atrás.

{Los} cavalleros que heran venydos—los seys—hablaron en
lo que Ynaryo querya. Dyxo uno: "Yo he pensado en ello
después que vos, señor Çentylo, me lo dexystes—y mucho más
en ver quan perdydos y pobres estamos después que las pazes se
hizieron. Y hallo que Dyos mylagrosamente {h}a puesto esto en
la cabeça de Ynaryo para que ayamos rremedyo a tanto mal. El
duque—podemos dezyr que es muerto; Ynaryo nos queda para
rregyr y mandar. Yo hallaré rremedyo para sanalle de su mal y
aun para muchos más cosas, sy él será tal que las sepa conoscer
y poner en obra."

Luego les dyxo lo que tenya pensado muy por estenso: a
todos los otros les plugo en gran manera. Delybraron que
Ynaryo tomase su consejo: con este acuerdo se partyeron. Luego
Çentylo se fue a Ynaryo, el qual se apartó con él y le preguntó:
"Hermano, ¿qué avés hecho?"

"Lo que avemos acordado es tanto que serés rremedyado y
saldrás de pena y gozarés della."

"Eso aya yo, y tomare quanto my padre me dexara—que
goze yo della: eso se fuese y muryese a la hora."

"No curés de moryr, syno byvyr y gozalla."

"¿Qué avés acordado?"

"Mañana lo sabrés." /LXVIIIʳ/

"Sea byen tenprano," dyxo Ynaryo.

Rrespondyó Çentylo: "Tened mandado que nos dexen entrar."

"Yo lo haré."

Partydo, Çentylo fue a buscar a los otros y les hizo saber lo que quedava conçertado.

PROSIGUE LA TRAICIÓN

Otro dya Çentylo se fue a palaçio: halló por los corredores dos de sus conpañeros. Uno le dyxo: "Çentylo, entrá vos, que nosotros esperaremos. Que para que venga en efecto nuestra voluntá y su deseo, es menester que no nos vean con Ynaryo."

En secreto entró en la cámara y, dados los buenos dyas a Ynaryo y rreçebeyda su rrespuesta, le dyxo a qué venya, el qual holgó mucho dello y luego llamó a su camarero. Dyxole: "Baxá, en salyendo Çentylo, y abry la puerta que baxa por los entre suelos al juego de pelota; y en llegando Çentylo, abrilde y venyos y saly{d} en la ante cámara y no consyntáys que nynguno entre. Dyrés que no me syento bueno."

Salydo Çentylo, el camarero mandó a los pajes de cámara lo que le fue mandado; luego baxó y abryó la puerta y la dexó a Çentylo. El se subyó y salyó a la quadra; çerró la puerta y echó un ante puerta. En entrando Çentylo, luego entraron los otros dos; poco tardaron a venyr los otros. Luego subyeron todos a la cámara; hallaron a Ynaryo, que los estava esperando.

Hecha rreverencya los que entraron, y dél syendo byen rreçebydos, dyxo Çentylo: "Señor, métase vuestra merced en esta rrecámara que no syentan que estamos acá ny lo que hablamos."

"Muy byen dezys—vamos."

Entrados, dyxo: "Vea vuestra merced quien manda que enpyeçe la habla."

"Yo no sé," dyxo Ynaryo, "qué más pueda dezyr de lo que vos les avés dycho de my parte—por ende, entre vosotros escoge quien tome la mano."

"Señor," dyxo Çentylo, "mucha rrazón es que a quien a tantos males y penas vuestras y nuestras (h)a hallado rremedyo y manera para salyr dellos, que él las dyga—porque mejor las sabrá dezyr y dárnoslas a entender: y éste es Rriçeto, vuestro pariente, que mucho en esto (h)a pensado, y crea *vuestra merced* que (h)a sydo espyrado de Dyos para vuestro y nuestro rremedyo. Por ende, primo Rriçeto, enpeçá y hazed saber a su merced lo que ayer a nosotros avés dycho."

"Señor," dyxo Rryçeto, "Dyos sabe quanto yo deseo vuestro byen y honrra y provecho y sobre todo vuestra vyda y descanso; y para lo que querés no ay otro rremedyo syno el que yo os daré: que será para que gozes della y creçáys y subáys en mayor estado que esperáys; que seáys querido y amado y temydo—y tan gran señor que podáys hazer mayores señores que vos esperáys de ser, y estas montañas y los buenos dellas rrestaurados y rremedyados, y el pueblo ayndado[1] y tornado en lo que antes solya ser. Sy lo querés saber yo lo dyré."

"Mucho me alegro con el esperança que me days de gozar aquella señora que tanto amo, y con esto seré contento. Lo demás no soy tan codycyoso que quiera ny desee ser más que fue el duque, my señor, ny sus anteçesores. Mas, mucho plazer, Rriçeto, me harés que me declaréys estas cosas que me avés dycho; que syendo onestas y buenas, syn hazer cosa que no deva, no las dexaré de hazer, aunque en ellas /LXVIIIᵛ/ pusyese my vyda en pelygro y quanto tengo. Por ende, dezildo, que mucho me paresçe tardar en sabello."

"Señor," dyxo Rriçeto, "avés puesto una talanquera[2] y baluarte a my razonamiento, que no sé qué dyga."

"¿En qué?" dyxo Ynaryo.

"En que, señor, dezys que sean cosas justas y onestas: y sy me days lycencya que dyga lo que devo y querrya dezyr, dyré my parescer."

---

[1] *ayndado*: this word has proven elusive.
[2] *talanquera*: in this context means obstacle.

"Dezy, Rriçeto, por amor de my, lo que quisyerdes."

"Señor, donde un principyo es malo, ¿creese que todo lo que en aquel caso se hará[3] que será malo? Vos, señor, amáys y quieres gozar de la infanta, que es hija del rrey, vuestro señor, que os cryó y a quien vuestro padre os dyo por vasallo—que no puede ser cosa más fea ny mala—¿y querés para avella que el rremedyo sea santo y justo? Y el rremedyo para lo que querés (h)a de ser injusto como es vuestro deseo. ¿Rremedyo justo para vuestra vyda sería casaros con ella?—desto podés estar descuydado que el rrey os la dé—que sería locura pensar en ello. Y—desconfyado deste rremedyo, como, señor, lo podés estar—no ay nynguno justo ny onesto como lo querés. Y por esto será escusado que yo dyga my parescer. Estos mys parientes y vuestros servydores dyrán lo que les paresçe, que yo estaré a oyr lo que dyrán."

"No devés de dexar de declarar a su merced lo que a nosotros dexystes—que sabyéndolo su merced quiçá tomará nuestro parescer—que es el vuestro—y sy no syguyrá el suyo, nosotros avremos hecho lo que somos oblygados. No dexe vuestra merced de saber su paresçer, que el hazer está después en vuestra mano."

"Por my vyda, Rriçeto—que me dygáys vuestro paresçer y no esté con tanta pena y deseo por sabello."

"Señor, lo que yo he pensado es hazérosla aver por muger, y con esto daros manera que seáys rrey de Polonya, syn nynguna contradycyón: esto es lo que yo he pensado, sy tenés coraçón para rrecebyr en vuestra casa tanto byen. Y sy lo querés, yo os daré la manera para ello."

"Son dos cosas tan grandes y dependen dellas tantas que estoy atónyto," dyxo Ynaryo. "¿Cómo puede ser? porque vos avés dycho que por muger puedo perder cuydado de la aver. Agora dezys que me la darés—declaraos más."

"Señor, vuestra merced tyene una cosa de gran estyma y valor y la estymáys y querés syn conparacyón, ny me la avés de

---

[3] ms=hare

vender ny dármela en nynguna manera. Para que yo la aya—
¿cómo haré?

"No sé," dyxo Ynaryo.

"¿No? Señor," dyxo Çentylo, "pues yo byen lo sé."

"¿Cómo?" dyxo Ynaryo, "¿hurtalla o tomalla por fuerça?"

"Vos avés dycho la verdad," dyxo Rriçeto, "sy ay coraçón
para hazello."

"Gran cosa avés dycho," dyxo Ynaryo, "mas sería muy
mala y fea cosa."

"¿Pues la que vos, señor, querrés," dyxo Rriçeto, "es muy
santa y buena?—estaos asy—que con pésame os pagaremos."

Mucho altercaron. Dyxo Çentylo: "Mejor, señor, fuera
nunca aver hablado en ello, pues tan fuera de vuestro byen y
rremedyo estáys. Ya esto está en boca de seys y el dyablo es
sotyl y podrya descubryrse, y de sólo aver hablado en ello
merecemos tanta pena como sy en obra lo /LXIXʳ/ ovyésemos
puesto. Vos, señor, estarés byen lybrado que se sepa que amáys
la infanta y buscáys rremedyo para avella. My parescer es que
mal por acá mal por allá: que provemos la ventura. Syendo
próspera, vos, señor, quedáys con lo que querés, y rrey de
Polonya. Syendo la fortuna contrarya, ¿avés de hazer otra cosa
syno tornaros a estas montañas y dalles tanta guerra que no los
dexés byvyr?—lo que, sy se sabe vuestro pensamiento, esto
mysmo avés de hazer, sy os escapardes, que no os tomen."

Ynaryo baxó la cabeça y estava pensando.

Rriçeto dyxo: "Señor, concluyamos esta habla por agora y
quando v*uestra* m*erced* avrá pensado, nos lo hará saber; y sy lo
dycho no le paresçe byen: poner sylencyo en ello. Y sy querrá
que se ponga en efeto: manos a la obra—porque dyzen que
quien tienpo tyene y tienpo atyende[4] etc. Agora se puede poner
en efecto lo que en toda nuestra vyda vendrá otro tal tienpo."

Çentylo dyxo: "Byen es. Asy v*uestra* m*erced* pyense y

---

[4]"Quien tiempo tiene, tiempo atiende, tiempo viene que se
arrepiente" Luis Martínez Kleiser, *Refranero general ideológico
español* , (Madrid: Real Academia Española, MCMLIII)

quando mandardes tornaremos por la rrespuesta. Mas no lo dylatéys porque después será escusado hablar en ello; y sy en efecto no se pone—a fe de quien so—que yo no pare en esta tierra, porque el dyablo es sotyl y sienpre estaré con sospecha que se descubra, y no quiero andar a sonbra de tejados."

"Hora id, en buen hora," dyxo Ynaryo, "y mañana a esta hora torná y hablaremos; que el camarero os esperará—el qual más pena tyene de my mal que yo mysmo. Que a él solo m'avya descubyerto, que según la vyda tenya no fuera posyble negalle la verdad, y con su consuelo y consejo he byvydo hasta agora. Id con Dyos." Ellos hizieron rreverencya. Luego llamó su camarero y le mandó çerrar la puerta; queryale dezyr de la plátyca pasada. Llamó a la puerta uno de los IIII capitanes; abyerta {la puerta}, se saludaron y tomaron de los braços, se fueron a mysa.

PROSIGUE LA TRAYCYÓN

Salidos los seys del consejo, se fueron al campo; dyxo Çentylo: "Hora veremos qué acuerda. Es mucho menester que—por myedo que le pongamos o por rrazones que le demos—le hagamos venyr en lo que queremos."

"Una cosa dyxo al tienpo que nos partymos," dyxo Rriçeto, "que se avya descubyerto al camarero—que ha sydo mucho byen que lo sepamos, por que me paresçe que vos, Çentylo, bolváys luego a palacyo, y, syendo como es vuestro pariente y amygo, que le habléys antes que Ynaryo torne del yglesya, y tengáys manera como lo tengamos de nuestra parte, y que venga en nuestro voto, ponyéndole myedo por avello tenydo cubyerto, y, tanbyén, quan gran señor será, vynyendo en efecto, syendo la persona en quien Ynaryo más se fya, y verés lo que os dyrá—encargalde mucho el secreto."

Muy byen paresçyó a todos y acordaron que se tornase Çentylo; lo hizo, y entrando en palacyo topó al camarero, dyxole: "Señor primo Marçelo, yo querrya hablaros sobre un negocyo de gran inportancya," y luego:

"Como, señor, mandardes."

Tomándolo por la mano, se metyeron en una sala y se

pusyeron a una ventana; /LXIXᵛ/ enpeçó a dezille la causa de su
venyda y la pena que sentya del mal de Ynaryo y el poco
rremedyo que para él tenya; y que él y otros sus parientes avyan
hallado una manera para su descanso y salud, y para aquellas
montañas y para los buenos dellas, y para el mysmo camarero
gran honrra y provecho: esto por muy estenso, con muchas
rrazones byen compuesta para su maldad.

El camarero rrespondyó: "Señor primo, Dyos sabe sy la vyda
de Ynaryo yo la amo y quiero como la mya, pues su honrra,
descanso y provecho mucho más que el myo. Pues el provecho
y byen desta tierra: ya veys, primo quanto me toca, tenyendo
tantos parientes pobres y estas pazes perpétuas los tyenen a
todos destruydos. Sobre my alma os dygo que sy el duque fuese
muerto que Ynaryo no pasarya por ellas; antes las quebrarya por
el byen desta tierra, y tanbyén por apartarse de la corte—que
con el ausencya podrya ser olvydar la que de otra es inposyble
que no muera."

"Primo Marçelo, ¿d'ese parescer seríades vos de tornar a los
tienpos pasados?"

"Sy, par Dyos," rrespondyó el camarero, "porque éste es el
rremedyo de su vyda."

"Pues d'ese parescer seys, primo, deziros he como se podrán
hazer mayores y mejores cosas: y son que la aya por muger y
más que sea rrey de Polonya syn contraste ny contradycyón."

El camarero se santyguó, dyziendo: "Eso es inposyble."

"¿Inposyble dezys, primo? No lo creáys, mas posyble y poco
de hazer," y contóle la manera, la qual oyda, se levantó y lo
abraçó, dyziendo:

"Primo Çentylo, sy eso es verdad vos serés gran señor, y yo
os servyré toda my vyda: que no es éste bocado de perder. ¿Avés
dycho algo d'esto a Ynaryo?"

"Sy, mas está muy fryo, y creo que ny lo hará ny aun osará
pensar en ello."

"¿Que no?" dyxo el camarero. "Dexáme a my el cargo: que
él lo hará o yo moriré sobre ello."

"Avés d'esperar," dyxo Çentylo, "que él os hable en ello y
avés de fengyr que no sabes nada. Sy lo querrá hazer, confyrma-

lle en él; y sy no, poné vuestras fuerças y yngenyo para que lo haga."

"El lo hará o el dyablo será. Yos, primo, que ya es hora que torne de mysa y no nos vea juntos; que creo que él me hablará en ello y sy me habla yo me saldré luego a la plaça y hablaremos, y creo llevaros buena rrespuesta."

PROSIGUE LA TRAYCYÓN

Ynaryo tornó de mysa con muchos cavalleros; parte quedaron a comer. Luego se fueron; él se entró en la cámara. Mandó salyr a todos, y sy alguno vynyese que dyxesen que estava escryvyendo para la corte y que no le dyxesen nada. Dyxo: "Camarero, çerrá esa puerta y entrá a la rrecámara.[5] Quando oy vyne de misa estávades a las varandas. Mucho os rreyades y estando alegre, ¿qué hera la causa, por my vyda?"

"Como, señor, os vy venyr con tanto cavallo y tanta gente me parescyó que érades otro que solyades: que parescya corte de un rrey. Agora dygo que es verdad que ése es rrey quyen rrey no vee: que en la corte ny sonáys ny tronáys syno como los otros. Dyos os dyo estado—y no pequeño—y poder para mandar y vedar, y querés andar donde soys mandado,[6] y el byen que sacarés será la muerte. Verdad, señor, es que la infanta no tyene par, y que mereçe ser amada y querida: no solamente de vuestra merced, mas de quantos príncipes ay en el mundo. Mas, avés de pensar que moryr podés, mas avella no. Pues qué locura es pensar en lo inposyble. Tanbyén avés, señor, de pensar que sy al duque, my señor, le estava byen andar en la corte, hera por el gran amor que el rrey le tenya y porque hera el más sabyo y astuto y esforçado príncipe de todos estos rreynos—lo que por ser vuestra merced moço y no esperymentado, a todos está escondydo vuestro valor y vyrtudes. Estaos, señor, en vuestra casa y no /LXXʳ/ venys a buscar la muerte."

---

[5] ms=rrecamara (excised dyxo Ynaryo) quando
[6] Repetition of the theme of first part of text: the leader answers only to God.

Muchas cosas le dyxo; Ynaryo callava y sospyrava. El camarero le dyxo: "Señor, aun *estás en vuestras treze.*"[7]

"O Marçelo, Marçelo, en más estoy que en veynte y cynco."

"Señor, no os entyendo"

"Dygo que estoy en un tan gran caso que no sé cómo os lo enpyeçe a dezyr, mas como en este mundo tenga honbre, pariente ny amygo que más me ame ny en quien osase fyar my persona y estado que a vos, dezyros he lo que pasa. Sabed que ay persona que quiere hazer—y harálo, con verdad—que yo me case con la infanta y que la goze a todo my plazer y voluntá."

"¡O Santa Marya, y valme, y que gran desconcyerto! ¿Anda *vuestra merced* enbuelto con algún nygromante o encantador para que os la traya por los ayres? ¡Dexá, señor, esos pensamientos vanos!"

"No son vanos, de verdad, que aun esto es poco para lo que os puedo y quiero dezyr."

"Dyga, dyga, señor, que nunca un espada se sacó sola, ny cosa semejante syno byen aconpañada, que para ser la burla verdadera (h)a de ser una sobre otra. Myrá, señor, lo que hazés y no deys causa que se burlen y rryan de vos."

"No es cosa por la qual se devan burlar de my, mas sy yo no lo creyese sería el burlado."

"Dygamelo, señor, presto, que ya me congoxo."

"Esperá un poco, que es menester que primero sepáys otras cosas."

"Dexá, señor, los açesoryos: dygame la principal."

"Sabed que allende de me la dar por muger, me quieren hazer rrey de Polonya—pacyfico y syn gran contraste."

"Señor, querés me provar—¿creeys que soy loco?"

"No lo dygo syno de verdad, por vyda de la infanta, my señora; y no falta para que aya efecto syno que yo quiera y consenta. Ved ¿qué os pareçe?"

"¿Que me (h)a de paresçer de lo inposyble hablar? En esto

---

[7] *estas en vuestras treze:*"persistir con pertinacia" or "mantener a todo trance su opinión" (Real Academia).

es açotar el vyento, que yo ny hallo ny sé ny lo ay camyno para tan gran—¿dyrélo, dyrélo?"

"Dezy."

"¡Tan gran desconcyerto!"

"¿No me quieres creer? Yo os lo dyré..." Contóle toda la manera que le avyan dycho. Marçelo estava escuchando, baxa la cabeça y callando—de ay a un poco dyxo: "Marçelo, ¿qué dezys?"

"Señor, que estoy atónyto y espantado de pensar en un tan gran caso, y vysta la manera como s'a de hazer, me paresçe que no es nada. ¿Pues en que está *vuestra merced*? ¿Quién os a puesto en esto?"

"Quyen lo podrá poner en efecto y salyr con ello."

"Pues ¿qué delyberáys, señor, hazer en ello?"

"De no lo hazer ny consentyr que se haga: que antes quiero moryr por ser cosa tan mal hecha. Y a vos, Marçelo ¿qué os paresçe?"

"Parésçeme que está hecho—sy querés. Los sabyos dyzen que no ay cosa mal hecha, y que todo se deve de hazer por rreynar: que claro está que no ay rrey traydor ny papa descomulgado. Morys y penáys por esta señora, y por la aver os pusyérades a todo pelygro y afruenta—y por avella y ser rrey, sacudys las orejas y os faltan coraçón y esfuerço para lo poner en efecto: mayormente de la manera que dezys—en lo qual ny hallo estorvo ny contradyçyón ny pelygro. ¡Myrá, señor, que la fortuna una ves llama a la puerta para ensalçar la persona[8] y sy no ge la oyerran, nunca más buelve! ¿Qué daño os puede venyr? ¿Es más de tornaros a vuestra casa y cada dya hazelles guerra y estar muy seguro y a plazer como an estado vuestros anteçesores?"

"¿Qué se dyrá por el mundo?" dyxo Ynaryo.

"Que tomastes una gran enpresa y que salystes /LXXᵛ/ con

---

[8]We see a similar depiction of seizing Fortune in Machiavelli's *The Prince*, where she is portrayed as a woman with a single lock of hair that must be seized with decisiveness.

ella, y quando avrán dycho lo que querrán, ¿quitaros an la infanta de la cama ny de la mesa ny a vos que no mandés ny vedés? ¡Dexaos, señor, d'eso y cerrá los ojos!—y sepa yo quién son los que tan gran servycyo os quieren hazer, que yo me juntaré con ellos—y syn vos poner las manos ny entender en ello, os lo daremos hecho."

"¿Vos, Marçelo, de paresçer soys que se haga?"

"¡Yo sy, señor! Hora byen no tengamos priesa: que *la gata que es muy presurosa haze las hijas cyegas.*[9] Mas dylataldo, señor, tanto que pase este tienpo en que se puede hazer, y quedaremos soplando las manos, y podrá ser que después se sabrá y qualquier mal y daño que nos vynyese sería byen enpleado. Cosa es que rrehuséys de escapar la vyda y de byvyr contento y con la cosa del mundo que más amáys y ser rrey y por no os saber determynar y faltaros coraçón y esfuerço lo perdáys."

"No más," dyxo Ynaryo. "Esta noche hablaremos. Saly fuera y myrad quién es venydo."

Salyendo, vyo muchos cavalleros y señores; dyxole los que estavan ally. Ynaryo salyó, y hechas muchas cortesyas, enpeçaron a hablar en cosas de plazer. Marçelo se salyó a la plaça donde halló muchos cavalleros que se juntaron con él.

Çentylo llegó; dyxo: "Señor Marçelo: yo he ydo cynco o seys vezes por hablaros sobre un negocyo myo en que mucho me va y nunca os he podydo hablar: agora ternemos tienpo," apartados le hizo saber lo syguyente.

PROSIGUE LA TRAYCYÓN

"Señor primo, Ynaryo me habla desta manera..." y contóle todo lo que avya pasado.

Dyxole: "Estarés sobre el avyso de apartalle mucho, que creo que él me llamará. N'os partyrés de ally, que quedará conçertado. Yd mucho de mañana, y bástame."

---

[9] *la gata...cyegas:* Belongs to the family of proverbs "cosa hecha aprisa, cosa de risa"; see Kleiser.

"¿Quién son los otros?"

"El tal y el tal..." etc.

"¿Estos son?" dyxo el camarero. "Agora os dygo yo que soy muy contento, que syendo esas personas, sé que no se moverán de lygero. Lo otro que no dexará nada por mengua de fuerça. Enpeçemos adereçar las cosas que serán menester y pensar las personas que se an de meter en ello. Que él consyenta y meta las manos—yo lo haré."

"Esforçaos," dyxo Çentylo, "que mañana quede conçertado y dyga que se haga—que otra cosa no queremos dél."

"No os descuydés," dyxo Marçelo, "de yr tenprano y hablalde como a un perro, sy estuvyere suspeso—que no creo que lo que estará."

Tornáronse a los otros cavalleros; Marçelo anduvo hablando, quando con uno quando con otro, hasta que tornó a palaçyo. Esa noche después que Ynaryo estava echado, y salydos todos, llamó al camarero y enpeçóse a rreyr.

Dyxole: "Marcelo, ¿estáys fyrme en la locura de oy?"

"Señor, quando en esto hablaremos hablaros he como sy fuésedes my ygual, y fuera desto servyros he como syenpre he hecho."

"Hora soy contento—dezy lo que quysyerdes."

"Pues señor, que dezys 'sy estays costante en la locura de oy.' Locura será, señor, la vuestra, sy este negocyo os pasa por alto y lo dysymuláys. Paresçe que estáys burlando /LXXIʳ/ de my—mas mejor dyré que burláys de vos—que no creo, señor, que soys él que solyades; que muy sabyo y esforçado erades: agora todo os falta. ¡Estaos en vuestra casa, que aquí os la traeremos! sy no os atrevés a sabello hazer, dexános el cuydado. Quando se herrare, enpózame y dezy que no sabyades tal cosa, que asy lo dyré yo. No conoscan estos—que en esto os an puesto—que no tenés coraçón para vuestra honrra y provecho— que byen pensarán y tendrán rrazón que no lo serés para otro. Suplicoos, señor, que en hablandoos en esto, que dygáys 'hermanos y paryentes yo he dysymulado, pensando que burlávades, mas veo que es verdad: ordenad y ved lo que querés que yo haga, que my persona: hela aquí, presta para lo que os pareçerá. Pues dyneros—pedy los que querrés, que yo os los mandaré dar luego.' Harés muchas cosas: saldrás de pena, serés gran señor, teneros han por sabyo y esforçado y tendrés qué dar y qué tener."

"Por my vyda," dyxo Ynaryo, "que fuérades bueno para predycar: que atónyto me tenés, que no sé qué os dyga."

"¿Qué avés de dezyr," dyxo Marçelo, "syno consentyr en lo que os dyxeren? Hora baste por esta noche—que mañana vernán, y yo os llamaré y hablaremos. No me llaméys, señor, syno conçertaldo sy{n} my y después me llamad, por que no pyensen que para cosa en que tanto os va {h}a sydo menester tyraros con maromas."[10]

"No curés, que yo lo haré. Yd con Dyos."

Marçelo se fue a dormyr muy alegre. Çentylo, después que Marçelo se partyó, fue a buscar a sus conpañeros y les hizo saber lo que avya pasado y lo que quedava conçertado: de ser en palacyo muy de mañana, lo que en syendo de dya fueron. Ya el camarero estava paseando por los corredores. Dyxoles: "Señores, paseaos por el juego de la pelota, que yo entraré y le haré saber que estáys aquy; no dygáys que sé nada, aunque dyga de no y ponga muchos inconvynyentes, no le dexés de apartar, que saldremos con la nuestra."

Entró en la cámara; al entrar, dyxo Ynaryo: "Quyén anda ay?"

"Señor, Marçelo"

"¿A qué dyablo os levantáys tan de mañana?"

"Que no he podydo dormyr pensando en lo de anoche, que ya querrya estar puesto en ello, dygo en el hecho, no en palabras."

"¡O dyablo, y qué presto os determynáys!"

"Yo os dyré, señor, quan presto; que sy el tienpo fuera llegado, yo con mys parientes os la traxera aquí a la cama."

---

[10] *maromas*: hemp rope, or acrobatics, such as tight-rope walking. Here it suggests lowering oneself by resorting to seeking help from an inferior.

"Oxalá," dyxo Ynaryo, "y costáseme quanto tengo."

"Pues, que señor, n'os piden nada syno que callés y consyntáys que esperáys ally. Fuera está Çentylo y el tal y el tal. Yo os juro señor, que sy ellos (no) vyesen la cosa hecha y syn pelygro que no se pusyesen en ello."

"Cerrá esa puerta y baxá y hazeldes subyr."

Marçelo les abryó y todos subyeron. Dyxoles: "Sacudylde, que buena está la cosa."

Subydos, lo saludaron con gran acatamiento y rreverencya; el los rrecybyó muy alegremente. /LXXIᵛ/ Marçelo se salyó y çerró la puerta. Enpeçaron a hablar en[11] sus cosas quando querya, quando no querya.

Ellos le dyxeron: "Señor, tomá una persona de quien os fyáys y hazed a su parescer y consejo, tanto que todos estemos presentes para que sea informado del todo."

"Byen sería, mas no sé quién me pueda fyar."

"Sea qualquier que, señor, querrés."

"Sea my camarero."

"Señor, el camarero es moço y es vuestro y no osará dezyr syno lo que vos, señor, dyrés."

Rriçeto dyxo: "Sea quien quiera—que asás será de symple y ynorante que no conosça quanto byen es éste."

Los otros dyxeron: "Sea, señor, el camarero."

Ynaryo llamó: "Marçelo, Marçelo."

El, que atento estava, luego entró; dyxole: "Çerrá esa puerta: llegaos acá. Çentylo, dezy a Marçelo en lo que estamos hablando. Y vos, Marçelo: ny por amor ny temor ny interese dygáys syno lo que os parescyere—asy Dyos os cunpla de su gracya."

"No sé por qué quiere vuestra merced tomar my pareçer donde están estos hidalgos, y sobre todos, señor, el vuestro. Que basta dar consejo a otros más sabydos y espy(ri)mentados que yo; mas, pues que, señor, me lo mandáys, rrecyba la voluntá y no lo que dyré."

---

[11] ms=en (excised muchas) sus

"Estamos en esto..." dyxo Çentylo, y rrelató todo lo que avés oydo hasta dezyr de casalle con ella y hazelle rrey de Polonya, "y porque veáys quan poco será, dezyros he como..."

PROSIGUE LA TRAIÇIÓN Y LA MANERA DELLA

"La manera como se {h}a de hazer es ésta: el rrey está en Sygysmunda y quiere venyr y traer la rreyna y los hijos para que vea el lago y la pesquerya y abundancya de pescados; y {h}ase de aposentar en Verdas o en Sofyna. En qualquier dellos que se aposente {h}a de salyr a pescar al lago. Saldrán en una barca el rrey y la rreyna y príncipe y infanta con dyes o doze honbres que sepan rremar y en otras seys o syete barcas cavalleros y cortesanos y gente para guyar las barcas. Estos nynguna arma llevan: los cortesanos y señores no llevan otras armas syno rrallones y harpones, y esto—los honbres principales—mandarés aparejar X o XII barcas y con gente que sepa guyallas, dyziendo que para rreçebyr al rrey.

"Venydo él a qualquier de las dos vyllas que venga, veremos a qué hora sale y quánto está pescando. Esto sabydo, vos os yrés. En vynyendo con II o IIII barcas y quando el rrey saldrá al lago, veremos sy va la rreyna y el príncipe y la infanta, y en salyendo ellos en sus barcas—vos en las vuestras—luego partyrá un correo a las barcas que quedarán esperando. Luego partyrán, en las quales en cada una yrá uno de nosotros con L paryentes, muy byen armados, debaxo de las rropas, y en cada barca X vallestas y X escopetas.[12] Éstos que llevaremos serán tales que sy lo supyesen, vendryan de mejor gana que todos—están perdydos por las pazes. Las barcas que yrán con vos estarés çerca de la del rrey y más os juntarés con ella quando verés venyr las nuestras; llegadas, saltaremos con las armas en la mano dando bozes '¡A muerte, a muerte!'; luego prendermos al

---

[12] Corominas first lists "escopetero" from 1480. Escopetas were used throughout the fifteenth century, and in fact date back to the late 14th century.

rrey y a la rreyna, príncipe y ynfanta, y sy menester fuere poner las manos en quien lo quisyese defender, lo harán—mas no avrá quien.

"Vos, señor, estaos quedo y callá; luego les pasaremos a nuestras barcas y nos ver /LXXII^r/ con ellos, y sy vendrá algún obispo, traedlo emos, para que por su mano seáys desposado antes que entréys en las montañas, y entrados serés velados y gozarés della a todo vuestro plazer. Velado, podés salyr con ella y con C myll honbres de guerra y hazella a fuego y a sangre a todos los que no os querrán obedeçer y dar obydyencya. El rrey y rreyna y príncipe y infante dexarés en la fortaleza con gran guarda y rrecaudo—asy para los guardas como para que el duque ny la duquesa sepan nada—porque vuestra madre sola bastarya hazer el dyablo. Mandándoles dar todo lo que avrán menester muy largamente, y aun hazelles rrenuncyar en vos y en vuestra muger toda la aucyón¹³ y derecho que al rreyno tyenen, mandando al rreyno que os obedeçan y syrvan como a rrey. Y tenyendo en prisyón al príncipe y al infante poco costará dalles sendos bocados. Quedará la infanta por prinçesa y por rreyna aunque pese a todo el mundo.

"Yo, señor Ynaryo, os he dycho la manera en que claro paresçe que está hecho syn peligro ny contradycyón. Sy lo querés hazer o consentyr, póngase por obra. Sy no, desde agora os pydo lyçençya para me yr adonde Dyos me llevare: lo uno por my seguridad, lo otro por que me paresçerya perder tienpo y pecar, servyr a personá que para sy no es, menos devo de esperar que lo sea para my," y calló.

Ynaryo dyxo: "¿Marçelo, qué dezys a esto?"

El qual estava la cabeça baxa: "Señor, que estoy atónyto y envelesado: suplyco'os que me dexés pensar un poco."

"Soy contento: andá y no tardés."

Entróse en la rrecámara y estuvo un poco, y tornó.

Ynaryo dyxo: "Marçelo, ¿qué dezys?"

"Que se {h}a de hazer, aunque pese a todo el mundo," dyxo

---

¹³ *aucción*: "acción o derecho a una cosa" (Real Academia).

Marçelo, "y a quien lo estorvase, yo lo mataré. Venga después lo que venyr pudyere—y veaos yo rrey y después mandáme hazer pedaços."

Dyxo Çentylo: "Señor, de tales servydores querrya yo que tuvyésedes muchos. ¿Qué delybera vuestra merced?"

"Señores, parientes y amygos," dyxo Marçelo, "Dé, hagáys y ordenés lo que querrés, que su merced no saldrá dello."

"Pues elegy a Marçelo por jues," dyxo Ynaryo, "y delybera por fuerça o por grado que venga en ello; hordenad con él vos otros lo que querrés—que a vuestras concyencyas lo rremyto y con ellas descargo. Él os dará todo lo que avrás menester—y de my no hagáys más cuenta syno enbyarme a dezyr con él lo que querés que yo haga. Ya es tarde y vendrán muchos, yos en buen hora."

"Señor," dyxeron, "Dyos dé a vuestra merced tanta alegrya quanta consolacyón y plazer {como} nos ha dado." Hizieron gran rreverencya y se partyeron.

Hecha la delyberacyón que oystes, los seys con el camarero aparejaron todas las cosas que avyan menester. El rrey se vyno a Sofyna y cada dya entrava en el lago con la rreyna, príncipe y infanta; hizieron que Ynaryo se fuese con III barcas por lago a Sofyna y llegó a tienpo que ya la pesquerya hera enpecada. El rrey le mandó que se llegase con su barca; preguntóle mucho por el duque, mostrando que de su mal mucho le pesava.

Dyxole: "Mañana nos pasaremos a Verdas y pescaremos IIII o V dyas, y yo me yré por el lago, camyno de las montañas, a ver al duque, y la rreyna se quedará en Verdas." Contynuaron su pesquerya y tornaron a Sofyna.   Otro dya, oyda mysa y almorzado, tornaron a su pesquerya; /LXXII'/ el rrey enbyó a dezyr a Fedrique que llevase el infante a Verdas. Después de partydo el rrey, a medyo dya, Fedrique metyó al infante en una barca con poca gente—y otra que le tenya conpañya—al tienpo que el rrey salyó al lago.

Marçelo, syn más dezyr a Ynaryo, despachó a tres correos: el uno tras el otro, a los seys que en la barca quedavan esperando. Vysto que el camarero los llamava, luego partyeron y en poco tienpo llegaron a las barcas del rrey. Como Ynaryo los vyo, se demudó tanto que algunos cavalleros y cortesanos que en su barca venyan lo conoscyeron, y le dyxeron: "¿Señor Ynaryo, sentys algún mal? —que mucho tenés mudada la color."

Antes que el rrespondyese, dyxo Marçelo: "Señores, en entrando en agua haze esto, y está mal IIII o V dyas y syenpre porfya."

"No lo devés, señor, hazer," dyxeron los otros.

Ya en este tienpo las barcas venyan çerca; preguntó el rrey: "¿Cúyas son estas barcas?"

Marçelo rrespondyó: "Señor, son del duque d'Ater, que vyenen por aconpañar a vuestra señorya."

"Sean byen venydas."

Capítulo XI. Como pusieron en efecto la traycyón

Llegadas las barcas y puestas al derredor de la del rrey, en la que Çentylo venya enparejó, y puesta mano al espada y tras él cyncuenta parientes que llevava, saltaron en la del rrey, dyziendo: "¡A muerte, a muerte!"

El rrey quedó muy espantado; la rreyna s'amortecyó de manera que syn nyngún contraste... el príncipe tenya puesto un papahygo.[1] Uno tenya tomado al rrey por un braço; sacó una daga y dyole una heryda por un honbro, que cayó. Otro hermano suyo, que cabe él estava, no conoscyendo al príncipe, le dyo un estocada que lo pasó más de un palmo, y cayó muerto.

Luego fueron pasados—rrey y rreyna y infante—a la barca de Çentylo. En este tienpo el camarero hizo apartar la barca de Ynaryo. Dos cavalleros cortesanos, que en ella venyan, le rreprochavan de tan mal caso, con feas palabras. El camarero los mandó echar en el lago[2] adonde muryeron. Las barcas de las montañas se fueron con su presa y llevaron al obispo de Sygysmunda. Las barcas que con el rrey estavan se fueron

---

[1] There is evidently a lacuna of one or two lines here.
[2] ms=lago (excised mar) adonde

huyendo—cada una por su parte—una dellas se tornava a Sofyna; huyendo, topó con las barcas en que Fedrique llevava al infante y conoscyóla.

Dyxo: "Señor Fedrique, no paséys adelante: sabed que el rrey y el príncipe son muertos y la rreyna y la ynfanta presas."

"¡Válame Dyos todo poderoso!" dyxo Fedrique, "¿quién ha hecho tan gran traycyón?"

"Los de las ásperas montañas—¿no veys la barcas cómo se tornan?"

"Ya las veo, hermanos—id con Dyos y no os llegaos en parte que os puedan tomar."

"No harán, señor—que guardarnos emos."

Fedrique dyxo a sus barqueros: "¡Hermanos myos, ya veys la gran traycyón!" —llorava en gran manera. "Ya veys que sy el rrey y príncipe son muertos, que a este nyño vyene todo el rreyno y será rrey. Hazed como fyeles vasallos lo que yo os dyré, que yo os juro y prometo, a fe de cavallero y por Dyos todo padre poderoso, de hazeros hazer tantas mercedes que dexés el ofycyo que traes y seáys rricos y honrrados vos otros y los que de vos otros vynyeren."

Todos, quien llorando, quyen grytando, /LXXIIIᵛ/ le dyxeron: "Mandá, señor, lo que querrés, que lo haremos aunque nos cueste la vyda."

"O Nuestra Señora bendyta, que con tanta fatyga y peligro huyste con tu hijo chiquito: acorre y guarda a esta cryatura para que se salve y no venga en poder de sus enemygos y que hagan dél lo que an hecho de su padre y hermano. Hermanos, torná la barca camyno de Sygysmunda por que nos apartemos de las ásperas montañas."

"Asy lo haremos, señor."

Buelta la barca, dyéronse tanta prisa en rremar que en poco tienpo llegaron al cabo del lago; hallaron dos carros del rrey con cada IIII cavallos, cada uno. Mandó Fedrique a los barqueros y a los que con él venyan que a nadye dyxesen lo que avya acaescydo.

Baxó en tierra y llamó a uno de los carreteros; dyxole: "Tomá dos cavallos desotro carro y poneldes en el vuestro, porque el rrey m'enbya a Sygysmunda con el infante, que se {h}a sentydo malo."

El carretero dyxo: "Yo lo haré de grado."

Puestos seys cavallos en el carro, sacó al infante de la barca y dos cofres pequeños y uno algo mayor, con muchas joyas de gran valor. Puestos en el carro, a una dueña y tres mugeres que venyan en la barca mandó que las llevasen en el otro carro, y de los suyos y de los del infante—los que pudyesen llevar: los otros que se fuesen a pye o esperasen otros carros. Mandó al carretero que tyrase camyno de Sygysmunda; quando fue tres leguas del lago, dyxo: "Amygo, por amor myo que tomes el camyno más corto para Rrogena, porque en Sygysmunda quiçá no avrá fysicos ny botycaryos tales quales serán menester ny el servy-cyo como en Rrogena."

Rrespondyó: "Mandá, señor, lo que querrés: que yo lo haré de grado."

"¡Vamos en nonbre de Dyos!" y con seys cavallos parescya que el carro volase; a la meytad del camyno de Rrogena topó con un carro en que un hermano suyo venya, con IIII cavallos muy buenos.

Como lo conoscyó, dyxo: "Hermano, dadme este carro hasta Rrogena, y vos yrés en este carro del rrey que yo trayo."

Baxando de los carros, apartó al hermano; dyxole: "Andad quanto pudyerdes, que hallarés hechos muchos males y traycyones; y sy os preguntaren por my, no dygáys que me avés vysto en nynguna manera. Id en buen hora y rrogá a Dyos que nos guye y encamyne."

El hermano quisyera yr con él, o saber algo.

Fedrique le dyxo: "Id presto: que allá serés menester. No curés de saber más."

Fedrique pasó al infante al carro y los cofres—que muy buena cama traya—y algunas cosas de comer. Puestos en el carro, dyxo al carretero: "Hermano, tyra camyno de Rrogena." Asy lo hizo.

Llegando çerca de Faconya topó con un carro bueno y byen cubyerto con IIII cavallos muy buenos: su ofycyo hera llevar y traer mercaderes. Enparejando los carros, Fedrique dyxo al carretero: "Amygo, descavalgá sy os plaze, que os quiero hablar."

Rrespondyó: "Soy contento," y descavalgando, Fedrique lo apartó: "¿Hios alguna parte que seáys oblygado o ys a buscar dónde ganéys?"

"Señor, voy a buscar la vyda."

"¿Querésme llevar hasta Letamer, que es el postrer lugar de Polonya?—que son d'aquí allá ocho jornadas, y sy byen andamos no serán seys."

"¿La paga será tal que lo haré?" /LXXIIIʳ/

"¿Qué querés que os dé?"

"Señor, byen meresco por yr en cynco dyas, como querés, XX pesos de horo."

"Por my fe," dyxo Fedrique, "que soy contento, porque me parecés onbre de byen, aunque es mucho."

Tomó un portacartas—luego ge los dyo. Pasó la cama que traya y los cofres aquel carro, y después al infante: antes que lo metyese en el carro le dyo de comer—una tetylla de un capón fyambre, y pasas y higos que traya—y dexólo andar un poco por un prado. Dyo al carretero del hermano VI pesos de oro y mandóle que fuese bolando a buscar a su amo a Sygysmunda o al lago. Puso el infante en el carro.

Dyxo: "Amygo, vos hazed toda la dylygencya que pudyerdes: que yo os pagaré el vyno; y donde supyerdes que ay buenas cosas para comer y buen vyno comprarés a todos, que yo os daré el dynero. Las noches querrya que durmyésemos en poblado por este nyño."

"Asy lo haremos—en lo de las provysyones dexadme el cargo."

Fedrique le dyó dyes monedas de oro para conprar, dyziendo: "No dexés de conprar lo bueno por escaseza."

Dyéronse tanta priesa en andar que al sesto dya, a las dyes, llegaron a Letamer; una legua antes que llegasen, dyxo: "Amygo, ¿conoçés aquí algún carretero que sea honbre de byen, que me lleve hasta Buda, adonde el rrey de Ungrya está?—que yo lo pagaré cortesmente."

"Señor," dyxo el carretero, "sy estáys contento de my

conpañya yo os llevaré de grado."

"Por cyerto," dyxo Fedrique, "sy estoy, y más querrya dar a vos dyes que a otro cynco."

"Pues, señor, llegaremos: çerca de la vylla está un buen mesón y tomaremos lo que avremos menester y syguyremos nuestro camyno."

"Soy contento. ¿Qué querés que os dé hasta Buda?"

"Señor, aunque no me deys nada os llevaré alegremente."

"No es rrazón, mas ved lo que querés."

"Señor, no más de lo que mandardes."

"¿Contentarés os con otro tanto como os dy hasta aquí?"

"Señor, mucho es."

"No es," dyxo Fedrique.

"Señor, a vos lo rremyto—hazed como mandardes."

Llegaron al mesón: el carretero descendyó y conpró todo lo que le parescyó que avya menester; el infante comyó y Fedrique a la puerta del mesón. El infante vyo estar otros hijos del mesonero—fuese para ellos: uno algo mayor que el infante lo rrenpuxava y echava de tasa—el infante rriendo, le dava pasas y higos.

Fedrique, en vyendo que lo rrepuxava, enpeçó a llorar, como muchas vezes hazya. El carretero le dyxo: "¿Señor, por qué lloráys?"

"Acuérdome de su madre, y del tryste nyño que tan chico me lo dexó, y por su muerte yo vengo por acá: a traello a su auelo que está en la corte del rrey de Ungrya," y tomando al infante muchas vezes le besó en las manos, que en la cara ny boca jamás. Púsolo en el carro; syguyeron su camyno.

En seys jornadas llegaron al rryo, que es el Denubyo. Çerca de Buda halló cynco carros con IIII cavallos cada uno. Baxó del carro; el carretero dyo de comer a sus cavallos. Fedrique se fue a los carros y preguntó a los dueños: "Hermanos, ¿de dónde seys?"

Rrespondyeron: "Somos de Seña."

"¿Dónde es Seña?"

"Es un puerto de mar del rreyno de Ungrya—que no tyene otro—en el golfo de Venecya, de donde vyenen estas mercaderyas: /LXXIIII'/ de ally las traemos donde nos pagan."

"¿Avés de tornar tan presto?"

"Luego avemos de tornar—que no avemos de estar a comer lo que ganamos."

"Dezyme la verdad—¿sería buen camyno ése por que yo querrya yr a Venecya?"

"No podés hazer otro sy no querés yr por tierra—que son quinze jornadas grandes y de mala camyno. Y por acá de aquí, a Seña, estaremos IIII dyas, y de ay a Venecya os ys por barca en dos dyas."

"¿Qué querés que os dé por llevarme de aquy a Seña?"

"Myrá en qual carro querés yr y mostraros emos el dueño."

Dyxo: "En éste yré."

El dueño dyxo: "¿Que querés que os lleve hasta allá?"

"A my," rrespondyó Fedrique, "y a un hijito myo chiquito y una cama y otras cosas de poco peso y volume."

"Señor, la usança es dos ducados por persona, mas, pues el hijo es chiquito, pague uno y por la rropa—pues es poca, pagá lo que querrés."

"Yo soy contento de os dar IIII ducados."

"Pues traed el nyño y la rropa antes que la barca pase."

Capítulo (XII). Como Fedrique pasó con el infante a Seña

Fedrique se fue al carro que lo avya traydo, y le dyxo: "Amygo myo, vos avés cunplydo comygo: tomá esto poco para cevada," y dyole XXX pesos de oro. No los querya rreçebyr, que dezya que hera mucho—fue fuerça que los tomase. Hizo llevar la rropa al otro carro y tomó al infante en braços. Dyxole: "Hermano, por vuestra vyda—que luego, syn más esperar, os partáys." Luego puso los cavallos en el carro, y en poco tienpo desaparescyó.

Fedrique puso su rropa en el carro, y al infante, y él subyó en él; poco tardaron a partyr; en IIII dyas llegaron a Seña. Descendyó del carro; s'entró en una posada. Fue muy byen servydo; él lo pagó mejor.

Otro dya, dexó el nyño en la cama y salyó a la rribera. Halló tres mercaderes que tomavan una barca sotyl con VI maryneros para que en poco tienpo los pusyesen en Venecya. Preguntóles sy le queryan llevar en su conpañya; que pagarya su parte, por él y por un hijito y una cama; dyxéronle que sy.

"¿Qué me costará?"

"Dos ducados os costará."

"Soy contento," dyxo Fedrique, y sacados, gelos dyo, y hizo traer su rropa y él traxo al infante.

Partyeron a medyo dya, y otro dya—aquella hora—ya estavan en Venecya. Todos los pasajeros se fueron juntos a un mesón. Fedrique rrogó al huesped que le dyese buen aposentamiento y buen rrecaudo, el qual lo hizo de grado. Otro dya de mañana Fedrique dexó al infante durmyendo, çerró la puerta, y fuese a la plaça[1] de San Marco y conpró una rropita a la venecyana, y un bonetyco y unas calçytas de aguja y un jubón y dos camysytas y para sy un bonete y una rropa negra [luenga] a la venecyana. Tornóse con aquellas cosas y el infante dormya; despertólo y dyole de almorzar y tornólo a echar; el nyño venya quebrantado y enojado[2] de la mar; luego se tornó a dormyr.

Fedrique se vystyó su rropa y bonete, çerró la puerta y fuese a casa de un barbero. Hízose la barba y rrapóle la cabeça; hecho esto, tomó un espejo y myróse en él: mucho se alegró, y dezya entre sy: "No avrá honbre del mundo que me conosça—pues yo no me conosço." Pagó al barbero muy byen y dyxole: "Maestro, ¿sabryades vos /LXXIIIIv/ alguna casa de persona de byen, en que no aya mucho trato, que me quisiesen alquilar dos o tres estancyas?—que sean muy buenas con todas las cosas que serán menester—que yo las pagaré byen."

"¿Para qué, señor, las querés?"

"Para estar yo y un hijito myo."

"¿Por quánto tienpo?" dyxo el barbero.

"Por un año o por medyo."

---

[1] ms=plaça (excised barca) de
[2] ms=enjoyado

Rrespondyó: "My madre solya dar posada a dos otros mercaderes; después que un hermana mya crecyó y otra—que hera casada—enbyudó y se tornó a casa, no ha querido rreçebyr a nynguno. Más lo dexa por los malos servydores que por los amos. ¿Quántos moços traes?"

"Nynguno."

"Vuestro hijo—¿qué tan grande es?"

"Chiquito."

"Por my fe, señor, que querrya que my madre os dyese un aposentamiento—que tyene escusado que de casa y fornimento no lo hallarés mejor en toda Venecya. Pues el servycyo lynpyeza y guysar de comer—no quiero dezyrlo. Yo le hablaré, y veré lo que dyze."

"No," dyxo Fedrique, "veny comygo y lleguemos a my posada y después yremos juntos; que lo que perderás en la tyenda yo os lo pagaré doblado."

Tomó su rropa y fueron juntos; entraron en la cámara y hallaron el nyño despierto; como vyo Fedrique se levantó, los braços abyertos. Tomólo y vystyólo; llamó al huesped, mandóle que les traxiese de comer muy byen—el qual lo hizo. Después tomó el barbero el nyño en braços; el infante le echó los braços al cuello, besándolo.

Entrados en casa de la madre del barbero, pusyeron el nyño en tierra: como vyo las mugeres, fuese a ellas, los braços abyertos. Ellas, viendo tan hermosa cryatura, lo abraçaron y besavan; sacaron cosytas de comer que le dyeron, preguntaron cuyo hera. El barbero les dyxo que hera hijo d'aquel gentyl honbre. Dyxole la causa por que yvan, y como no hera más dél y el nyño, se conçertaron. Dexó el nyño—fue a traer su rropa.

Los de la posada se hallavan byen con Fedrique porque hera muy cortés y byen cryado y lyberal. Él se hallava muy byen con las huéspedas, que más cuydado tenyan del infante que sy suyo fuera. Preguntáronle cómo se llamava el nyño; dyxo que Venturyn: asy se llamó mucho tienpo.

Dexemos a Fedrique, que para el mal en que se hallava muy byen avya topado. Yvase cada dya a Rryalto—que es la plaça o lugar adonde se juntan los mercaderes a la mañana y a la tarde—por saber nuevas: hallávalas, tales que se tornava a su posada; metydo en una cámara, no hazía syno llorar.

Capítulo XIII. Como llevaron al rrey y Hynaryo se deposó con la infanta

Tornemos a los cysmátycos que al rrey y a la rreyna llevavan presos; llegando en tierra pusyeron a cada uno en su carro. El rrey yva tan tryste y pensatyvo que nynguna cosa hablava. La rreyna dyxo que metyesen a la infanta en su carro; fuele dycho que no curase, que en otro carro yva, y por más que lo dezya dávanle el callar por rrespuesta. A la entrada de las ásperas montañas Marçelo avya mandado que los carros del rrey y de la rreyna tyrasen su camyno para Ater, y él de la infanta, que esperase hasta que el carro de Ynaryo llegase que detrás venya, porque Marçelo /LXXVᵉ/ avya hordenado que Ynaryo jamás fuese donde pudyese ver al rrey ny el rrey a él. Llegado el carro de Ynaryo, salyó dél, y la infanta fue sacada del suyo. Llamaron al obispo de Neda: dyxéronle que los desposase.

"Heso haré yo de grado sy ellos son contentos—y aunque lo sean, sería menester el consentymiento del rrey."

Fuele dycho: "Hazed lo que os dyzen y no busqués vuestro mal—que no os faltará sy más rreplycáys."

Él se llegó a la infanta con gran rreverencya, tenblando. La infanta, en vyendo a Ynaryo, se amortecyó. Çentylo le tomó la mano: dyxo al obispo que la tomase él: de myedo la tomó. Luego le dyxo que tomase la mano de Ynaryo. Él la tomó.

Dyxeron: "Dezí las palabras que se an de dezyr."

El obispo dyxo: "¿Señora infanta, quiere *vuestra señoría* al señor Ynaryo por marido y por esposo como manda la santa madre yglesya?"

Estava amortecyda—¡ved como rresponderya!

Dyxeron algunos: "Ya veys que dyze que sy."

El obispo dyxo: "Yo no lo oyo."

Uno puso mano a una daga, dyziendo: "Hazed lo que avés de hazer. Sy nó, muerto soys."

El obispo dyxo: "¿Dezys que la señora infanta dyze que sy?"
"Sy," dyxeron muchos.

"Pues, señor Ynaryo, ¿querrés..." etc.

Rrespondyó.

"Pues Dyos..." etc.

Echóles la bendycyón; el obispo y todos se salyeron. Con
agua y con otros rremedyos la tornaron y pusyeron en su carro;
anduvyeron tanto que alcançaron a los otros; llegaron a Ater.

Estava puesto tanto rrecaudo que hera inposible venyr a
orejas del duque ny de la duquesa. Llegaron a tres horas de la
noche por una puerta falsa de la fortaleza; subyéronlos a un
quarto del [la fortaleza] omenaje que hera apartado de todo el
trato de la fortaleza; ally los metyeron.

La rreyna preguntó por su hija: fuele dycho que no curase
della; que ya estava desposada con Ynaryo. Podés pensar el
pesar que los padres sentyryan de la tal nueva; pasaron por ella
por no poder hazer[1] más.

Adereçaron la torre: pusyeron en una cámara dos camas
para el rrey y para la rreyna, y en una rrecámara otras dos para
en que durmyesen algunas dueñas que traxieron; en la ante
cámara pusyeron quatro camas para los servydores. En una sala
grande, que antes de todas estas estava, avyan d'estar contynuo
cyncuenta honbres a la guarda. La torre hera tal que çerrada la
puerta hera inposible salyr della: que las ventanas tenyan muy
gruesas y espesas rrejas. Asy que syn guarda estavan seguros y
byen guardados.

Capítulo XIIII. Como velaron a la infanta y Nyçeto entró en prisyón

La infanta fue llevada al aposentamiento de Ynaryo, y por
mucho que con ella hizieron nunca quiso comer. Después
procuraron que se desnudase y echase: no quiso, syno sobre un

---

[1] ms= har

alhonbra, llorando agramente. En dexándole las manos, se dava
de puñadas y se mesava. Vysta su voluntá, acordaron de los
velar. Enbyaron por el obispo: nunca lo hallaron, /LXXVᵛ/
porque se avya ydo huyendo. Llamaron el acypreste de Ater: el
qual puesto un altar en la cámara, la infanta llevada y tenyda
por fuerça, y Ynaryo çerca della, los veló. Acabada la mysa,
traxeron un almuerzo: ny comello ny myrallo nunca quiso.
Acabado, todos se fueron.

Las mugeres de los traydores quedaron a tenelle conpañya—
vyendo que ny desnudarse ny echarse querya, la desnudaron y
echaron por fuerça. Luego vyno Ynaryo y echóse cabe ella, y por
muchos halagos que le hazía, nunca pudyeron con ella que lo
myrase ny hablase. Vysta su deliberacyón, las malvadas
mugeres de los malos ge la tuvyeron y hizieron de muchas
maneras—tanto que quedó hecha dueña contra toda su voluntá.
Después turó muchos dyas que para llegar a ella hera menester
ser ayudado. Asy pasó más de VI meses que no comya syno
quando ya querya pereçer de hanbre. Ya en fyn de los VI meses,
vysto que nyngún rremedyo tenya, enpeçó a comer y a sosegar
algo de su dolor y de su llanto; no por eso que mostrase cara
alegre a Ynaryo. Ya que algo estava más sosegada, dyéronle a
entender que el rrey y la rreyna heran muertos y el príncipe
hera tanbyén muerto, y el infante Adramon fue echado en el
lago: que su señorya hera heredera del rreyno. Pues que el mal
hera hecho, que se consolase; que Ynaryo la servyrya y obede-
çerya muy mejor que antès, y que querya salyr fuera de las
montañas con C myll honbres de guerra para destruyr y quemar
a los que no la quisyesen obedeçer por su rreyna y señora. Ella
vyno en que se hiziese, pensando que, salyda d'ally, ternya
algún rremedyo.

El terçero dya que el rrey y la rreyna fueron presos, entró en
Ater Nyçeto, hijo mayor del duque de Foya, con un paje sólo.
Llegó a la plaça al tienpo que Ynaryo venya de mysa muy
aconpañado, y como lo vyo, descavalgó Ynaryo; como lo vyo, se
fue a él, los braços abyertos, dyziendo: "Señor hermano: vos
seáys el byen llegado." Yva a echalle los braços encyma.

Nyçeto se tyró atras, dyziendo: "Ynaryo, no vengo a que

m'abraçés, mas a rrogaros que de dos cosas hagáys: la una o que me matés o me pongáys en prisyón con la rreyna my señora."

"No haré yo cosa tan fea ny mal hecha," dyxo Ynaryo.

Rrespondyó Nyçeto: "Por cyerto, las que vos avés hecho son muy peores."

Rriçeto le dyxo: "¡Callá!—sy no, en mal hora acá venystes."

"No vengo a otra cosa syno para que me maten tan mal como fue muerto el príncipe."

"Sobre my fe," dyxo Ynaryo, "señor hermano, que a my m'a pesado mucho, y fue syn yo sabello ny mandarlo."

"Aunque no lo fuera allá lo fuera acá para cunplyr vuestro mal deseo y voluntá."

Dyxéronle muchos que callase, y él no curava syno dezyr.

Dyxeron en secreto a Ynaryo que cunplyese su voluntá y lo metyesen en prisyón con el rrey y con la rreyna, y que su padre, por rrespeto del hijo, ny harya guerra, mas darya la obydyençya.

"Señor Nyçeto," dyxo Ynaryo, "pues querés entrar a ver esos señores, soy /LXXVIʳ/ contento que los veáys, lo que a persona del mundo lo consyntyera. El estar y el salyr y yros será a todo vuestro plazer y rrequesta."

"¿Entre yo?" dyxo Nyçeto, "¿que el salyr byen verés quándo será?"

"Pues quando querrés podrés yr: que yo enbyaré quien os mande dexar entrar. Venga luego," dyole por conpañya y guya a Rriçeto, el qual le hizo abryr la puerta.

Él se entró; Rriçeto se tornó, dyziendo: "Loco as sydo, que jamás de ay saldrás."

Aquel mysmo dya vynyeron nuevas a Ynaryo como el conde de Modançon, mayordomo mayor del rrey, estando en Verdas—sabyendo de la prisyón del rrey—dyo tres grandes bozes, dyziendo: "¡O que gran tracyón!" y cayó de su estado, muerto.

De ay a pocos dyas, Ynaryo salyó fuera de las montañas y enpeçó a hazer guerra muy cruda; algunos lugares y vyllas y señores, avyendo oydo que el rrey y rreyna y príncipe heran muertos y el infante y su ayo ahogados, le dyeron obydyencya, de manera que mucha parte del rreyno les obedycyó y dyeron obybyencya.

Capítulo XV. Como Niçeto entró en prision y Ynaryo salyó a hazer guerra

Entrado Nyçeto donde sus señores estavan, aunque moço, rrefrenó su llanto y el lloro que venya haziendo. Hyncado de rrodyllas delante de entranbos, que estavan sentados en una ventana, dyxo:

"Muy nobles señores: los coraçones de los grandes príncipes an de ser tanto mayores que de los otros honbres, quanto lo son en estado y dynydad, y por esto deven tener vuestra señoría pacyencya; pues no ay cosa que en este mundo se haga, ny las hojas de los arbores no se mueven syn la voluntá de Dyos:[1] que todas las hizo y él solo sabe quál es mejor para el alma y para el cuerpo; que en este mundo tan poco (h)a de durar—y eso poco tan lleno y aconpañado de trabajos, enojos, dolores y fatygas. Yo, por cyerto tengo, que vyendo Nuestro Señor tomar las cosas y trabajos que a los suyos vyenen, con alegre cara— pues de su mano vyenen o al menos las permyte que vengan— que syendo Él, fuente de mysericordya y de pyadad, que mudará los trabajos en plazeres, consolacyón y alegrya. Y pues vuestras señoryas son syervos, amygos y devotos de Nuestro Señor, crean que él los rremedyará y serán rrestituydos en sus estados y lybertad. Y asy suplico à Dyos Todo Padre poderoso, que medyante la pasyón de Jhesu Xpo, su hijo, me lo dexe ver y gozar de tan gran plazer."

Dycho esto, llegó y besóles las manos. El rrey y la rreyna quedaron muy maravyllados y pesóles, pensando que lo trayan preso; y tanbyén quedaron admyrados de su habla y consuelo y con tanto ánymo y coraçón hecha.

---

[1] The text here touches on the issue of free will and God's omnipotence, covered in depth in such works as the *Corbacho* , and through the later fifteenth century.

Dyxo el rrey: "¿Cómo o para qué os prendyeron?"

"Señor, muchos años ha que lo estoy, mas de vuestra señorya, por las muchas y contynas mercedes que m'an hecho y por aver sydo cryado con sus mygajas en su corte y casa y por los muchos favores que m'an dado—/LXXVIv/ aunque otro no fuese, bastarya rrecordarme el dya que *vuestra señoría* me dyo a la rreyna, my señora, por paje: ésta es la causa que aquí m'a traydo."

"¿Vos os avés venydo?"

"Sy, señor."

"¿Para qué?"

"Para servyr a vuestras señorías en los trabajos y fatygas, como fuy honrrado y favorescydo quando abundavan de prosperidades y plazeres."[2]

"Tornaos a yr," dyxo el rrey, "que mejor nos servyrés desde allá que aquí—porque vuestro padre terná atadas las manos, syn osar hazer nada, estando vos preso."

"Mas, antes, señor, es al contraryo: que sy él byen me quiere, por darme libertad y sacarme de prisyón hará todo lo a él posyble, quanto más que para que él trabaje noche y dya en el servycyo y liberacyón de vuestras señoryas. Yo soy poca parte, según el amor que es oblygado a tener y tyene, por las muchas mercedes que syenpre de sus manos ha rreçebydo."

"No quiero," dyxo el rrey, "syno que os tornés en todo caso."

"Por cyerto, señor, que yo conosço al duque my padre, y no sería él quien yo creo, sy me fuese quedando mys señores en prisyón que con sus propyas manos no me matase. Y pues conosço su condycyón, y lo que es oblygado y devrya[3] de hazer. Hallo, señores, que en servyros y tener la prisyon—quanto Dyos quisyere—me será más sano y seguro y mucho más a my

---

[2] Nyçeto is a selfless, loyal servant, and functions as an "exemplo" in opposition to the "malos consejeros" seen throughout.

[3] ms=devryan

contentamiento. "

"Mucho me pesa, hijo, que escojáys tanto trabajo," dyxo le rreyna, "mas como es cyerto que las cosas que voluntaryamente se hazen sean de menos pena y congoxa que las que por fuerça y contra voluntá se hazen, algo m'alegra, y pues la vuestra es voluntarya y la nuestra forçada, menos congoxa sentyres; y cyerto Dyos os {h}a puesto en coraçón esto para nuestro descanso y consuelo y buena conpañya: que en las mugeres que para servyrnos an puesto poca habla y menos consuelo tuvyéramos. Asy que, hijo mio, byvamos quanto y como Dyos fuere servydo: nos otros con vos, como con hijo, y vos con nosotros, como con padres."

"¿Después que aquí nos metyeron," dyxo el rrey "qué {h}a sydo y se {h}a hecho por allá?"

"Señor, no sé nada; mas aunque algo supiese, no lo dyrya— pues no pueden ser syno de enojo pena y fatyga. Es menester que vuestras señoryas, de aquy adelante, no piensen en quien fueron ny lo que tuvyeron ny en lo que pudyeron, syno que crean[4] y tengan que fue un sueño, como lo son todas las cosas de este mundo. El pensar y hablar de aquy adelante an de ser en cosas de plazer y pasatienpo hasta que Dyos quiera; y esta merced suplyco a vuestras señoryas me otorguen, pues de una manera o otra es menester pasar por ello."

"Niçeto," dyxo el rrey, "Dyos os ha traydo para vuestra pena y mal y para nuestro descanso y consuelo."

"Asy quyera, señor, Dyos," dyxo Nyçeto, y enpeçó a hablar en otras cosas fuera de sus trabajos.

Dexemos estar al rrey y la rreyna presos y a Nyçeto en su servycyo hasta que la muerte o la ventura los saque. Tornemos a Ynaryo, que salyó de las montañas con la nueva rreyna; fue hasta Sygysmunda, donde no lo quisyeron rreçebyr ny dar obydyencya, mas puesto en el canpo, esperava los que venyan a dalle obydyencya: que muchos señores vyllas y lugares fueron creyendo que el rrey y la rreyna heran muertos y el príncipe y

---

[4] ms=crea

el infante. Hasta Rrogena fue obedecydo y jurado—/LXXVIIʳ/ de ally adelante no.

Desta manera estuvo un año, y tornóse a las ásperas montañas adonde muy alegre y contento estava con su señora. Ella, por myedo y por no poder hazer más, no mostrava estar muy descontenta y desesperada. Ynaryo no pensava syno como la servyrya y contentarya, mas poco le aprovechava. Desta manera estuvyeron el tienpo que oyrés, y, por no aver cosa de inportancya y nueva, no hablaremos más dellos hasta su tienpo y lugar.

Libro quarto. Trata de lo que al infante Adramón y a Fedrique su ayo acaescyó

Capítulo primero como llegaron a Venecya y lo que hizieron

Tornemos a Fedrique, que con mucha dylygencya y secreto llegó con el infante a Venecya, al qual quitó el nonbre de Adramón, porque no fuese conoscydo, y púsole nonbre Venturyn. Estuvo en la posada que tomó—como os deximos muchos dyas pasados—tres meses. Delyberó tomar alguna manera de byvyr, porque en Venecya no dexan estar nyngún honbre baldyo, y tanbyén por lo que oyrés.

Un vezino de su posada, pariente de su huéspeda, çibdadano y honbre de byen y contyno, entrava en la posada y holgava y burlava con el nyño y syenpre le traya algunas golosynas y no tenya hijos. Oyó un dya Fedrique que preguntava aquel çibdadano a la uéspeda—que Nycolán se llamava—que qué hazia ally Fedrique tanto tienpo syn nyngún ofycyo ny trato, que sy le querya dar aquel nyño que él lo prohijarya y le harya mucho byen. Rrespondyéronle las uéspedas que no sabyan más de sus negocyos, syno que hera muy honbre de byen y byen cryado y onesto: en esto çesó la habla. Oyendo esto, Fedrique calló y pasó y muy quedo se salyó de casa y andúvose paseando çerca de la casa de aquel çibdadano, delyberando en salyendo de le hablar, porque no pensase que las huéspedas no le ovyesen avysado. D'ay a un poco salyó; Fedrique se vyno para él y lo saludó cortesmente. Él lo rrecybyó alegremente; dyxole: "Señor Nycolán, aunque sea mucha presuncyón la mya, syn averos hecho nyngún servycyo pedyros ny rrogaros nada, mas syendo yo forastero y no sabyendo ny tenyendo a quien—he os querido hablar muchos dyas ha un negocyo myo, y suplycaros que me dyxésedes vuestro paresçer, por el qual me guyarya—porque no sé qué me dyga ny que me haga."

"Por cyerto, señor Fedrique, en lo que yo supyere y pudyere, hallarés en my buen amygo."

"Yo, a tres meses que estoy en Venecya, gastando lo que tengo, syn saber en qué entender ny qué hazer, porque mercaderyas, no les sabrya dar buen rrecaudo—porque vyvyendo un suegro que tenya, no hazía otro ofycyo syno pasear. Muryó my suegro syn habla: no me mandó nada ny pudo. My muger murió /LXXVIIʳ/ de ay a un mes. Vyéndome syn el socorro que solya, cada dya venya a menos. Acordé de me venyr y traer my hijito; vendy vestidos y cosas de casa y algunas cosytas de oro y de plata y de todo saqué DCCC ducados que tengo, y poco más y lo que he gastado hasta agora. Querrya tratar con esto que tengo en cosa segura que yo supyese hazer, y ganar—si fuese posyble—para la costa: yo os rruego caramente que me dygáys y encamynés qué os paresçe que haga."

"En verdad os dygo," dyxo Nycolán, "que yo he plazer que no os descuydéys de lo que os cunple, porque esta tierra es muy costosa y quando pensarés que tenés algo no tendrés nada. Mercaderya en que vos podáys entender, es de dos; la una: podrés comprar alguna barca de trigo toda junta y poner el trygo en un almazén y vendello a menudo, lo que podrés hazer, tenyendo uno que lo myda al conprar y que lo myda al vender, a lo qual vos avés d'estar syenpre presente y a la tarde çerrar el almazen y traeros vos las llaves: desta manera no podrés ser engañado. Y sy esto no os contentare, podrés conprar cantydad de hierro y tornallo a vender a menudo. En estas dos cosas podrés entender con ese dynero que dezys y ganarés largamente lo que gastarés y al cabo del año ahorrar cyncuenta ducados."

"Por my fe," dyxo Fedrique, "que en lo del trigo entenderé

de mejor voluntá sy tuvyese persona de quien me fyase."

"No faltará," dyxo Nycolán, "y quando otro no se hallase,
serya propyo el hijo de vuestra huéspeda, Sylvestre, que es buen
moço y pobre, y en la barberya gana poco; es fiel. Yo quedo por
él, pues la costa asy como asy gela hazés poco, mas será dalle
algo para vestyr—creo que la madre lo vestyrá. Todos os
servyrán; yo por my parte os aconpañaré hasta que estéys byen
en puesto en el negocyo."

Fedrique le dyo muchas gracyas y quedaron de ponello por
obra; todo esto hazya por estar en Venecya donde cada dya
podya saber nuevas y tanbyén por cryar al infante, que por ser
tan chiquito no se osava poner en camyno. Aquella mysma
noche Fedrique habló a Silvestre lo que dyxymos, de lo que el
moço fue muy alegre y lo dyxo a su madre, la qual dyo muchas
gracyas a Dyos por dalle tan buena ventura.

Dos dyas después Fedrique dyxo: "Señor Nycolán, yo esto{y}
aparejado y no espero syno que me mandés lo que tengo de
hazer."

"A buen hora," dyxo Nycolán, "andad acá, vamos, llamad
a Sylvestre." Todos tres se fueron adonde están los almazenes
çerca de la plaça de Sant Marco. Nycolán habló con un gen-
tylhonbre que tenya almazenes y arendaron uno por un año.
Mandó a Sylvestre que lo hiziese lynpyar y ahumar con
rromero. De ay a V dyas vyno una barca cargada de trigo:
conprada, costó IIII cyentos ducados; luego la hizo descargar en
el almazén. En tienpo de veynte dyas la vendyó a menudo a
horneros y panaderos: ganó en ella CX ducados; de ally adelante
conprava y vendya syn myrar a ganancya ny pérdyda, mas que
las gentes vyesen que entendya en algo para se sustentar. En
aquel trato entendyó todo un año: al cabo dél avya CCL
ducados, y la /LXXVIII'/ costa dyo de vestyr a Sylvestre y dyo
una pieça de paño negro a la huéspeda, y dos pyecas de lyenço
para ella y para sus hijas, y mas dyes ducados para tocas y
chapines—y para la hechura mucho más les dyera sy se osara
soltar, según el plazer avya de ver cryar al infante. Tanbyén
pagó el alquiler de la casa hasta entonçes y tornó a tomalla por
otro año, por el mysmo precyo, aunque ellas no queryan paga.

Syenpre se loava a Nycolán de la buena conpañya que le hazian, en especyal en cryalle a Venturyn, al qual Nycolán muchas vezes llevava a su casa, y aunque a Fedrique le pesava mucho no le osava mostrar.

Otros VI años entendyó en aquella mercaderya, en la qual muy byen le yva, y a la huéspeda y hijos mejor. Dava secretamente muchas lymosnas y hazía dezyr muchas mysas. Pasados VIII años—el infante ya avya X años—a los VI años que estava en Venecya, delyberó hazer aprender a leer y a escrevyr al infante, y la huéspeda tenya un nyeto puesto con un clérigo, hermano suyo, honbre de buena vyda. El moço sabya leer y escrevyr; muchas vezes venya a ver a su madre y auela—de edad de XII años. Vyéndolo Fedrique ser byen cryado y vergonçoso, dyxo a su auela y a la madre que gelo dyesen para que fuese con Venturyn al escuela y lo cryase—de lo que ellas fueron muy contentas. El clérygo lo vystyó muy byen y gelo traxo y le pydyó por merced que lo ovyese por encomedado: Fedrique lo aceptó, y le prometyó de cryalle y hazelle todo el byen que él pudyese. Enpeçó a yr y venyr con Venturyn al escuela y en casa el moço le enseñava: aprendya tanto que hera maravylla.

Capítulo II. Como Fedrique partyó de Venecya con el infante

Estuvo Fedrique en Venecya VIII años: ya el infante avya X años. Parescyóle al ayo que aquella vyda ya no hera buena para ponelle en las cosas que a tal persona pertenecyan. Delyberó salyr de ally a tierra fyrme y yr a casa de algún gran señor seglar para le hazer aprender las maneras, servycyo y cryança de las cortes, y que podrya mostralle a cavalgar en todas syllas; y para esto conpró sedas y paños y otras cosas que le parescyó ser neçesaryas. Puestas en horden las cosas que avya de llevar, conbydó a comer a la madre y a las hijas y al clérigo, su hermano, con el qual avya tomado mucha amystad por que hera una santa persona, y muchas vezes lo solya conbydar. Después de aver comydo, dyxo:

"Rreverendo padre y nobles madonas: yo he estado en

vuestra casa VIII años, y sy por vuestra buena conpañya y virtud no fue̞ra, yo fuera muerto y my hijo no fuera byvo. El cargo que dello tenga no será posyble jamás pagallo: haré lo que pudyere para descargo de my concyençya y lo que faltare me perdonarés que no quedara syno por no poder más. Yo he deseado—muchos /LXXVIIIᵛ/ años ha—llegar a Rroma, porque siendo moço estuve en ella con un enbaxador de my tierra, y tanbyén por que my hijo la vea, porque creo tornarle a su tierra, porque—según somos los onbres mudables y movybles—todo nos cansa y todo nos harta; y para tornar alla tornaré por aquí y quiçá rreposaré algún dya y después llevalle y dexalle y tornarme he[1] por el mundo. Avyendo rrecebydo tanta honrra, servycyo y buenas obras en vuestra casa, paréçeme de daros parte para que dello seáys contentas y rrogués a Dyos me guye y aconseje y me guarde este nyño y me dé gracya de le ver grande, sano y syn pelygro. Porque sy yo muryese por acá el nyño quedarya perdydo, syn pariente y syn abrigo, que—según el mundo es malo y de poca caridad y lleno de tyranya—más procuraryan de quitalle que de le dar ny cuidalle."

Mucho les pesó a todos, mas vysta su voluntad determynada, le dyxeron que, sy fuese servydo y contento, ellos le aconpañaryan. Él le tornó las gracyas y les dyxo: "Yo llevarya conmygo de buena gana a Sylvestre y tanbyén a Adryano, porque yo los trataré ny más ny menos que sy fuesen mys hijos, y a la tornada, sy se querrán quedar, lo podrán hazer y yo partyré con ellos como con hijos."

Antes que la madre rrespondyese, dyxo Sylvestre: "Myçer Fedrique, yo no os dexaré hasta la muerte."

El nyeto de la huéspeda dyxo: "Yo quiero ser vuestro esclavo y catyvo todo el tienpo de my vyda, sy vos querrés, y sy no, tanbyén—que jamás de vos me partyré ny de my patrón Venturyn."

Fedrique dyxo: "Hijos myos, en esto es menester que consyentan vuestras madres: que de otra manera yo no os

---

[1] ms=tornarme horro

llevarya."

Ellas dyxeron: "Miçer Fedrique, nosotras mysmas yremos sy mandáys: vayan en buen hora con la bendycyón de Dyos y con la nuestra."

El clérigo dyxo: "Miçer Fedrique, mucha merced nos hazés a las madres y parientes en llevallos en vuestro servycyo y conpañya, porque somos cyerto que no les faltará dotryna y buena cryança, llevando tan buen orygynal donde lo saquen."

Conçertado esto, çesó la habla; de ay a V dyas conbydó a Nycolán, al qual hizo la mysma habla. Aunque le pesó, loó su intençyón. Muchas profertas y cortesyas pasaron; otro dya se partyó. La noche antes dyo a la madre y a las hijas cyncuenta ducados, y les rrogó que nadye lo supiese, y al clérigo XX ducados y que rrogase a Dyos por ellos. Fletó una barca en que metyó sus cosas y las que avya conprado: que muchas y muy delycadas cosas avya, con las quales pensava tomar amystad y conversacyón con algunas personas principales. Él y el infante con sus dos cryados se metyeron en la barca; dyxo al barquero: "Llévanos a Padua, que son XX myllas d'aquy." Salyeron de Venecya al rremo; después alçaron la vela. Hízoles tan buen tienpo que antes de la noche estavan en Padua. Salyeron en tierra; fueron con un huésped que le conbydó con su mesón, adonde estuvo tres dyas. Parescyóle byen la vylla y el asyento y abundançya della y la conversacyón de la gente plazible. Vyo muchos cavalleros y gente de/LXXVIIIIʳ/ byen y muchos buenos cavallos, que allende de los de la vylla estavan dos capitanyas de cada C honbres darmas. Vyo estudyantes y un medyano estudyo. Delyberó estar ally algún dya con escusa de asentar en alguna capitanya.

Alquiló en una casa un buen aposentamiento. Prynçipió a hablar con los capitanes que lo quisyesen rreçebyr. Ellos rrespondyeron que por entonçes no avya lugar, mas que presto avrían manera de le poder rreçebyr, de lo que Fedrique mucho holgó, por que él no querya syno un escusa para estar ally. Luego conpró dos cavallos buenos: el uno algo vyejo, muy seguro y sosegado y manso—con propósyto que en él aprenderya a cavalgar el infante. Fedrique enpeçó a cavalgar en el otro, que

hera turco y byen rrebuelto, lo que los cavallos turcos no suelen
ser. Hera gran cavallero: muy byen parescya a todos; los
capitanes deseavan tener lugar donde metelle.

Hizo principiar al infante: unas vezes andando, otros
trotando—asy s'enpeçó a soltar. Vyo que aquella tierra hera
aparejada para que el infante se soltase en la sylla, y tanbyén
que aprendyese gramátyca. Y asy lo hizo—que pryncypyase él
y Adryano, los quales aprendyan tanto que los maestros se
maravyllavan.

En esta vylla está el cuerpo del byen aventurado Sant
Antonyo de Padua en un monesteryo de San Francisco, muy
suntuoso, y está el cuerpo deste byen aventurado santo en el
coro en un rrico monumento con mucha veneracyón, y haze
muchos mylagros.[2]

Capitulo III. Como Fedrique abryó los cofres y lo que halló. y como partyó de Padua

Byen os acordáys que la dama de la galeaça suplycó al rrey
Dyonys en la puente d'Almeryn: que los servyçyos y venydas
que para servylle avyan venydo las mandase poner por escrito
y dar a quien él quysyese luego, y las por venyr, dyese cargo a
alguno que hiziese lo mysmo: lo que muy byen se cunplyó.[1]
Las copyas de lo pasado: una dyeron al rrey y otra a la rreyna y
al príncipe y a la infanta y en dando cargo a Fedrique del
infante, le dyeron otra y otras a algunos señores.

Un dya, estando Fedrique pensando en muchas cosas,
ençerrado en su cámara, abryó el cofre suyo en que traya

---

[2] This is the Basilica di San Antonio di Padua; however, San
Francisco seems to have nothing to do with this site. See Aldo
Gabrielli, *Saints and Shrines of Italy* (Rome: Holy Year 1950
Publishing Company, 1949) 36-37.

[1] The text referred to here is, of course, *La corónica de Adramón*.

dyneros y cosas suyas y algunas joyas del infante—las quales
myró mucho—y rrebolvyendo el cofre halló la copya que con el
infante le avyan dado y la causa para que ge la dyeron de las
cosas de la dama. Abyerta, y vysto lo que hera, se halló algo
turbado de no la aver dado al infante en que leyese. Leyda, cerró
el cofre, y con un puñal deçerrajó un cofre de la rreyna y otro
de la infanta, en los quales halló joyas de inestymable valor, y
en cada uno dellos una copya, de lo que mucho más pena
rrecybyó. Delyberó dalle una: tomóla y metyósela en el seno;
salyóse a pasear. Quando tornó, halló a Adryano a la puerta;
como lo vyo, sacóla del seno; dyxole: "Adryano, myra qué t'e
conprado de un librero, para que pases tienpo alguna ves en
estas boveryas." Dyógela; el moço le hizo /LXXVIIII²/ gran
rreverencya. Fuese corriendo a Venturyn; dyxo:
    "Micer myo, vuestro padre m'a dado esta estorya en que
lea: veamos qué cosa es."
    El infante la tomó y enpeçó a leer: hera tan byen hecha que
no avya quien ge la sacase de las manos.² Venyda la hora de
cenar, Fedrique le dyxo: "N'os enbeveçáys tanto en una
composycyón de mentyras."³
    "¿De mentyras?" dyxo el infante, "—antes parescen ser
muy verdaderas y yo por tales las tengo, porque no ay cosa que
no aya podydo ser, y no como otras estoryas que matan X de un
golpe. Y sy son verdad, gran cargo tuvo este rrey y todos los que
dél vyenen, para ayudar y favoreçer a las Sibylas, que tanto
cuydado an tenydo de le servyr." En esto acabó su habla.
Muchas vezes la leya, que gran plazer tomava en ella.
    Ally estuvo dos años, en los quales salyó buen gramátyco.
Avyase soltado tanto en la sylla que hera plazer de lo ver, que
hazía cosas que quien mucho tienpo ovyera usado la sylla no las
hiziera.

---

² The anonymous author is indulging in an ironic bit of self-
praise.
³ This echoes the criticism against these types of works that we
see dating back to the *Rimado de palacyo* .

Pasados dos años, delyberó Fedryque de se partyr. Hízolo saber a los capitanes, de lo que mucho les pesó; ellos le queryan dar de sus bolsas tanto sueldo como davan ál que más. Él les dyxo muchos gracyas y les dyxo que él querya llegar a Rroma; que quando tornase podrya ser que ovyese lugar donde pudyese entrar. Tanbyén se despydyó de todos cuantos conoscya. Partyeron él y el infante y sus dos cryados y dos cavallos y dos azémylas que conpró, y un azemylero: fuese camyno de Ferrara.

Capítulo IIII. Como llegaron a Ferrara y lo que hizieron

Llegado Fedrique a Ferrara: vyo la cibdad, que es muy hermosa cosa de muy buen asiento, de más de XII myll vezinos, cabe un gran rryo que se llama Pon,[1] que la mayor parte della çerca byen çercada y torreada, de que mucho se contentó. Vyo el palacyo del duque, y a él, byen aconpañado de señores y cavalleros; aunque otras çibdades tyene, en aquella está de asyento. Tyene CCC myll ducados de rrenta.

Acordó de estar ally algun dya, porque vyó que se hazían justas y corryan cada dya lanças: hazían muchas cosas de rregozijo. Estando myrando y vyendo VI o VII dyas tomó conoscymiento con algunos cavalleros de palacyo; vyéndolo byen adereçado y {con} buenos cavallos, y sus cryados byen vestydos y estar syn neçesidad, y syendo muy estremado cavallero de la bastarda y estradyota,[2] mucho holgavan con él y lo allegavan.

---

[1] *Pon*: "Po."

[2] *silla bastarda*: "La usada en tiempos antiguos... que en ella se llevaban las piernas menos estiradas que..a la jineta" (Real Academia) ;*estradyota*: "un género de cavallería, de que usan en la guerra los hombres de armas, los quales llevan los estrivos largos, tendidas las piernas, las sillas con borrenas, do encaxan los muslos y los frenos de los cavallos con las camas largas" (Covarrubias).

Un dya dyxo[3] a un cavallero, que se llamava Pontalym, que—sy le parescyese—que querya besar las manos al duque; el qual le rrespondyó: "Muy byen hecho será, porque ya el duque sabe que estáys aquí, y por la rrelacyón que de vuestra persona tyene os verá de buena gana; y aun no se perdrá nada, syendo como es tan valeroso y lyberal señor; y aun creo que sy querrá asentar en su servycyo que holgará dello."

"Eso, señor, sería para my muy gran merced, mas yo tengo por fuerça de llegar a Rroma por un negocyo que mucho me va, syn poder hazer otra cosa. Al tornar, rreçybyré yo merced que su señorya se quiera servyr de my."

"Pues cuando acordarés de lo ver, yo yré en vuestra conpañya y aun todos /LXXXᵗ/ quantos estamos en esta[4] corte, tan contentos están de vuestra buena conversacyón." Quedó conçertado que otro dya fuese.

Tornó a su posada y halló leyendo a Venturyn y a su cryado en la copya que oystes. Venturyn estava muy triste y lloroso; Fedrique le dyxo: "¿Qué avés, que tal gesto tenés?"

"Por vyda mya," dyxo Venturyn, "que me pesa por no poder entender estas cosas que dyze que an de ser: que son como profecyas."

"Dexaos d'eso," dyxo Fedrique. "¿Por patrañas os entrysteçéys y lloráys? ¿Qué haríades sy fuesen verdades?"

"Miçer myo," dyxo Venturyn, "por verdades las tengo, lo que vos haryades sy las ovyésedes leydo."

"Algo dello {h}e vysto ẏ por ver qué, os lo he dexado," dyxo Fedrique, "¿mas vos, si pudyésedes ayudar estas Sebylas, byen lo haríades?"

"Sy, por cyerto," dyxo Venturyn, "que byen lo mereçen."

"Eso os dygo," rrespondyó Fedrique, "que tenés rrazón, y asy os lo mando y rruego que seáys pyadoso, especyal con mugeres y personas que en neçesidad estarán, para les ayudar con vuestra persona y hazienda, ponyendo por ellas la vyda sy

---

[3] ms=dexo
[4] ms=esto

menester fuere. Porque de tales cosas Dyos es servydo y el alma rrecybe el galardón; y al[5] cuerpo y honbre que tal haze queda fama y memorya perpetua dél, y haziendo esto, Dyos Todo Padre poderoso os dé su bendycyón y guarde; que yo os doy la que os puedo dar—y sy no lo guardáys y mantenéys, nunca os quisyera aver conoscydo."

"No curés, miçer myo, que yo lo cunplyré."

Baxada la cabeça, enpeçó a llorar. Fedrique, que hizo que no lo veya, y fuese paseando. Asy pasó aquel dya.

Capítulo V. Como Fedrique vio al duque y lo que hizieron

Otro dya Fedrique topó con Pontalyn, con quien avya conçertado yr al duque; juntos se fueron a palacyo. Acabada la mysa, Pontalim llegó al duque y le hizo saber como Fedryque le querya besar las manos. El duque fue contento; llegado y hecho su acatamiento fue byen rreçebydo.

El duque le dyxo: "Vos seáys byen venydo, y ved sy algo de my querés o de my casa, hallallo éys, como sy mucho tienpo en ella ovyesedes estado por la rrelacyón que de vuestra persona muchos m'an dado. Y por que soy más amygo de obras que a palabras, a ellas me rremyto, y despúes hablaremos—que voy a dar audyençya."

Fedrique le dyo muchas graçyas; de ay a ocho dyas Fedrique salyó al campo con Venturyn a holgar, el qual yva en el cavallo turco, que maravyllas le hazía hazer. En el mysmo tienpo, el duque salya a pasearse con muchos señores y cavalleros; como Fedrique lo vyo, dyxo a Venturyn: "En llegando—que llegue más[1] aquella gente que ally vyene—venyos algo detrás de my, y sy vyerdes que yo hablo a alguno con el bonete en la mano, o os señalo o os llamo—saltá del cavallo lo más lygero que podrés y llegá a besalle la mano con mucha cortesya y rreve-

---

[5] ms=el
[1] ms=lleguemos

rencya, y no os dexéys de lo porfyar sy yo no os señalo que lo
dexés."

Siguyeron su camyno, y como llegaron çerca, dyxo el
duque: "Muy byen avés hecho de salyr a tomar el sol."

Fedrique llegó con el bonete en la mano; /LXXXᵛ/ hizole
reverencya. Ya el duque tenya rrelacyón de Venturyn. Dyxo a
Fedrique: "¿Quién es aquel donzel?"

"Es servydor de *vuestra señoría*." Señaló a Venturyn, el
qual saltó del cavallo tan ligero que todos se maravyllaron.
Llegó al duque con gran acatamiento: pidyó le la mano muchas
vezes. Nunca gela quiso dar, mas puesta la mano en la cabeça
lo hizo levantar, y mucho lo myrava, él y todos.

En este tienpo llegó el señor Hércoles, su hijo mayor.[2]
Fedrique dyxo a Venturyn: "Seguyme." Descavalgó; llegó a él,
queriéndole besar la mano: nunca lo consyntyó. Luego llegó
Venturyn; hizo como el padre: tanpoco quiso dárgela.

Venydo el señor Hércoles al padre, Fedrique y Venturyn con
él—el duque dyxo: "¿Cómo se llama vuestro hijo?"

"Señor, Venturyn."

"¿Quántos años ha?"

"Señor, algo más de doze."

"Hércoles {h}a XIII cunplydos. Hijo," dyxo el duque,
"allegad y honrrad a Venturyn—pues soys casy de una edad, y
juntos podrés aprender muchas cosas, porque muy ábyl y suelto
me paresçe." Dycho esto, dyeron una buelta por el campo y
tornaron a palacyo.

Muchas vezes yva Venturyn—con su padre y syn él—a ver
a Hércoles, el qual mucho holgava con él.

Un dya le dyxo: "¿Venturyn, por qué no os venys acá cada
dya y aprenderés a jugar de todas armas y a luchar y boltear y
a dançar y todas las cosas que yo aprendo?—que yo mandaré a
los maestros que os las enseñen como a my."

"Señor," rrespondyó, "no sé quándo pueda servyr tantas

---

[2] This character is reminiscent of Ercole I D'Este, the Duke of
Ferrara (1431-1505).

mercedes como son las que *vuestra* m*erced* me haze, y pues—
tan lyberalmente me las ofreçe y manda—yo, señor, las acepto
y las pondré por obra," y quiso besalle la mano; mas no lo
consyntyó. De ay adelante mucho contynava la corte; en
quantas cosas ponya mano parescya que mucho tienpo avya que
las usava. Hera tal que todos lo amavan y honrravan y de sus
cosas estavan admyradores. Muchas vezes le mandavan quedar
a comer y cenar.

Corrya algunas lanças pequeñas, que para Hércoles tenyan
hechas, que hera maravylla de lo ver. Muchos vestydos y armas
le dava Hércoles; el duque, sedas y paño: tenyanle tanto amor
como sy fuera un deudo muy çercano.

El duque tenya un cavallo saltador muy áspero, y por averse
muerto el cavalgador que lo tratava, no avya nynguno que en él
osase cavalgar. El duque lo mandó traer adereçado. Venydo, no
ovo nynguno que en él osase cavalgar, de lo que el duque
mucho se enojó.

Venturyn dyxo a Hércoles: "¿Quiere *vuestra* m*erced* que
cavalge en este cavallo?"

Hércoles echó mano dél—dyxole: "Hermano, ¿estáys
loco?"—mandaronlo tornar a la cavalleriza. Venturyn se fue por
otra calle; el moço tray{a} el cavallo de rrienda.

Dyxole: "El duque manda que me deys este cavallo."

"¿Para qué?" dyxo el moço.

"Sy me lo days, vello as—sy no, tornaré al duque."

"¿Querés cavalgar en él?"

"Sy, por cyerto," rrespondyó.

"Más loco," dyxo el moço, "es el duque en mandaros tal
cosa, que vos en hazella."

"Dexaos d'eso," dyxo Venturyn, "dádmelo, sy querés."

"Mucha priesa tenés, paje, por moryr. Llegaos a ese {a}poyo
y cavalgarés."

"Tené vos las rriendas junto a las camas, y dexáme a my."

El moço hizo lo que le mandó; él tomó un palo a uno en la
mano ysquierda y en la mysma mano las rriendas; puesta
aquella mano en el arzón de /LXXXI'/ lantero, puso la derecha
sobre la sylla. Dyo un salto; púsose en la sylla. Dyxo: "Dexá las

rriendas," syn poner los pyes en las estribas. Como el cavallo se vyo suelto, enpeçó a dar los mayores corcobos y saltos del mundo. Dexólo yr a todo su plazer más de CC pasos; el cavallo quiso rreparar y meter la cabeça entre la piernas. Entonçes enpeçó a dalle con el palo entre las orejas y por la cabeça, tan rrezio y tan a menudo, haziéndolo pasar adelante otro tanto como avya venydo. El cavallo, syn ser tenydo, paró, tenblando, cubyerto de sudor. Llamó al moço, dyziendo: "Ponme las espuelas," el que, santyguándose, gelas puso; lo mysmo hazían quantos presentes estavan.

Bolvyó el cavallo por donde avya venydo; fuese hasta donde el duque y Hércoles y muchos señores y cavalleros estavan myrando sus cavallos. Salyendo a la plaça enpeçó a dar bozes: "¡Apartá, apartá!" —la carrera fue desenbaraçada. Puso las piernas al cavallo, que muy byen y presto pasó la carrera. Tuvolo con tres saltos: el uno tras el otro, y dyo un salto rredondo, tornando la cara por donde avya venydo, y un saltó tras otro, tornó a pasar la carrera; después con un paso muy sosegado tornó hasta donde el duque estava.

Mucho avya qué myrar en el esfuerço y manera de Venturyn, mas quien myrara al duque y a Hércoles y a otros muchos, vyéralos tales que aunque muchas heridas les dyeran no les sacaran gota de sangre—tan {como} muertos. Fedrique— Dyos le hizo merced que no estava presente; que sy lo estuvyera, creed que cayera muerto de su estado.

"De verdad os dygo," dyxo el duque, "que jamás me harés tanto plazer que yguale con el pesar que me avés dado en hazer tan gran desvaryo y locura; y no os vea yo tentar jamás otra tal. Sy querrés moryr, sea donde yo no os vea."

"Sy yo, señor, supyera," rrespondyó Venturyn, "de enojar a *vuestra señoría*, nunca lo ovyera pensado, quanto más hecho; mas, señor, estas cosas son de tentar y provar a los moços—que los vyejos fuera están dellas. Mayormente que este cavallo no tyene otro mal sy no estar holgado, y pues tan bueno es, es pecado que se dexe perder, y pues agora, señor, no m'a hecho mal, menos lo hará de aquí adelante. Yo espero ponelle tan manso y sosegado que *vuestra señoría* lo pueda cavalgar."

"¿Cavalgar yo?" dyxo el duque, "d'eso me guardaré, mas antes, en descavalgando vos, le mandaré cortar las piernas," y buelto a sus moços d'espuelas gelo mandó.

Rrespondyeron: "En buen hora, señor."

"Mucha pena es la que *vuestra señoría* me da por errar, no pensando."

"¿Qué pena os doy?" dyxo el duque.

"Señor, que no descavalgaré en toda my vyda por escapar la vyda a tan buen cavallo, que es el mejor que jamás vy."

"Sy no pensase daros la muerte en dároslo, yo os lo darya, y por esto lo dexo."[3]

"El es tal," dyxo Venturyn, "que para[4] /LXXXI'/ gran señor conbyene."

"Pues tanto lo loáys, yo os lo doy, con tal condycyón que no cavalgéys en él syn voluntá y lycencya de vuestro padre."

"Mucha merced, señor, es ésta para quien poco {h}a servydo; mas es tal que no es rrazón de la rehusar," y saltó del cavallo.

Fue a besalle la mano; el duque no gela quiso dar, dyziendo: "Hasta que enmendés lo que avés hecho, no seremos amygos." Abraçólo—fuese ál Hércoles, el qual estava tan turbado y espantado que palabra no le pudo ny quiso hablar. El duque s'entró en palacyo y todos tras él. Venturyn cavalgó y estuvo tan manso y sosegado como sy fuera una haca.[5] Fuéronlo a dezyr al duque, el qual muchas vezes se santyguava. Todos dezían maravyllas dél: de su coraçon, soltura y abylidad. Venturyn se fue a la posada del padre, el qual ya sabya todo el caso y no sabya qué se hazer: sy rreprendelle ny sy loalle, lo que avya hecho Venturyn.

En descavalgando, hizo gran rreverencya al padre. Dyxole: "El duque m'a dado este cavallo. ¿Qué mandáys que haga dél?"

Fedrique le rrespondyó: "¿Para cavalgar en él y para tomalle

---

[3] Word-plays, such as the repetition of "dar" appear a few times in the text.
[4] *que para* repeated on next folio
[5] *haca*: "hacanea."

pedystesme lycencya ny paresçer? Allá es: aveny con él; buscá donde estéys vos y él."

Venturyn quedó muy avergonçado y tryste; Fedrique se entró, y mandó a Sylvestre: "Yd y tomad aquel cavallo y dalde buen rrecaudo, y no mostrés que yo sé nada; y consolad y rreprended a Venturyn de la locura que ha hecho." Luego hizo lo que le fue mandado: a Venturyn dava *una dura y otra madura*.[6]

Capítulo VI. Como se deliberó de partyrse y pidió licençya al duque y a su hijo

En las cosas que oystes, pasaron dos años; a Fedrique le parescyó pasar adelante. Estando con Venturyn, le dyxo:

"Aquí avemos estado tanto tienpo y gastado tanto que es fuerça que nos vamos; tanbyén que todo lo que podryades aprender ya lo sabéys. En otras partes avrán otras cosas que no sabéys, que podrés aprender; que lo que hago es porque—como sabéys—no tengo más de lo que trayo, que presto s'acabará y tanbyén que no sé quando moryré. Querrya—pues no os puedo dexar rrentas ny tesoros—que supiésedes tantas cosas, por las quales cupiésedes en qualquier corte; y avyendo vysto muchas, sabryades después en qual estarés más a vuestro plazer. Y por esto, quiero saber vuestra voluntá y pareçer."

Venturyn quitó el boñete, dyziendo: "Padre, no ay neçesydad de pedyrme paresçer ny saber my voluntá, que la vuestra es la mya. Por tanto dysponé y hazed a vuestra voluntad, que dello holgaré y seré muy contento."

"Pues asy es; yo enpeçaré adereçar y despedyrémonos del duque y de Hércoles. Byen creo que el padre o el hijo querrán que os dexe aquy: sy vos soys contento de quedar, yo seré muy alegre y aquí me podrés esperar."

---

[6] *una dura y otra madura*: " 'quien come las duras, come las maduras' porque uno sepa del bien y del mal" (Covarrubias).

"No querrya," dyxo Venturyn, "que por my mala cryança y desvaryos, que vos, padre, estéys tan enojado de my—como devryades—para que me queráys dexar; pues syn vuestra dotryna y castigo yo sería perdydo; /LXXXIIᵛ/ pues verme syn vos—soy cyerto no podría bivyr. Así que, padre," —púsose de rrodyllas, "—que por amor de Dyos, me queráys perdonar, que yo os prometo de jamás pensar ny hazer cosa syn vuestro mandado."

Fedrique le dyxo: "¿Pareçe os byen tan gran atrevimiento y locura como hezistes en el cavallo?—que os dygo de verdad que hasta aquí os tenyan por cuerdo y virtuoso y byen criado y obydyente a vuestro padre; agora os tyenen por loco, atrevydo y desvergonçado y por desobydyente, y a esta causa quiero salyr de aquy y dar una buelta, por que entre tanto este mal caso se ponga en olvydo. Por ende, enmendaos, y basteos esto para syenpre."

De ay a cynco dyas, dyxo Fedrique: "Quiero yr y hazer saber al duque y a Hércoles como me quiero partyr; sy tenés voluntá de quedar aquy no me lo negués: que no dyga yo uno y vos otro, que me será gran afruenta; que sy querés quedar yo soy contento."

"No cunple, padre, hablar ny pensar en tal cosa; hazé y dysponé a vuestra voluntá, que no saldré della."

"Pues vamos."

Llegaron a palacyo, que el duque estava comyendo. En alçando los manteles llegó Fedrique y su hijo y, dyxo la syguyentes palabras:

"Muy noble y magnífico señor, las mercedes y favores que yo y my hijo avemos rreçebydo de *vuestra señoría* y del noble señor Hércoles y de toda su corte no será posyble jamás servyllas, y no las atribuyo a my merecymiento, mas a la grandeza y continuo uso que de hazer mercedes *vuestra señoría* tyene; y siendo su usança y costunbre tal, no puede ser otra la de los señores y cavalleros de su casa y corte. Y pues no soy parte para las servyr, dexaré de gastar palabras. Yo, señor, he estado en vuestra corte dos años, esperando que llegase el tienpo que fuese llamado para yr a Rroma a un negocyo en que mucho me va; y hasta agora no {h}a sydo tienpo ny {h}a sydo menester. Soy llamado, y no puedo hazer otra cosa syno yr. Mucha pena llevo que no aya acaescydo cosa en que pudyera mostrar my deseo. Sy byvyere y supiere cosa en que pueda mostrar my deseo, no faltaré de lo poner por obra; y con lyçencya y consentimiento de *vuestra señoría* y del señor Hércoles, de aquy a dos dyas principyaré my vyaje," y dycho esto calló.

Al duque le pesó tanto, y se alteró en tanta manera, que, con pena le pudo rresponder: "Por cyerto, miçer Fedrique, que yo más por natural y pariente os tenya que por forastero, y pensava que vos estávades en este mysmo pensamiento. Agora oyo lo que nunca pudyera creer. Sy es porque no tenés sueldo ny acostamiento ny rracyón en my casa—lo que vos sabés que muchas vezes os lo an dycho de my parte, y sy el partydo no hera[1] tanto, yo lo acrecentara tanto que pudyérades byvyr honrradamente—no como vos mereçés, mas como yo mejor pudyera. Pues Venturyn—fuera él tan byen tratado y proveydo de Hércoles que nada le faltara—y yo tuvyera tanto cuydado dél como de my hijo. Teng'os por tan honbre de verdad y de buen agradecymiento, /LXXXIIᵛ/ que creo que es asy como lo dezys; y siendo d'esa manera sería descortesya y poco comedymiento deteneros. Una cosa querrya que por amor myo y contentamiento de Hércoles hiziesedes: y es que, pues vos soys forçado de yr, que nos dexés aquí a Venturyn—que jamas Hércoles y él partyrán mesa ny cama y vestyrán y andarán de una manera."

"Por cyerto, señor, sy no cayese en mal caso en no yr adonde escusar, que ny él ny yo partyéramos jamás del servycyo de *vuestra señoría*—mas yo syn él ny él syn my no aprovechar-ya nada, y yo caerya en dexallo en tan mal caso que quando *vuestra señoría* lo supiese no me ternya en aquel estyma y rreputacyón que dyze que me tyene; y pues *vuestra señoría* muchas mercedes y favores m'a hecho, no me consienta ny mande que haga lo que no devo, porque todo lo que tengo

---

[1] ms=hora

dycho a *vuestra señoría* es verdad, a fe de cavallero y de quien soy."

"*Donde fuerça ay,*" dyxo el duque, "*derecho se pierde.* No dyré que soy contento que vays, mas pues tanto os cunple, cunply con vos como quien soys y con quien soys oblygado, y acabado, mucho plazer y servycyo me harés que os tornés a estar aquí de conpañya; y pues dezys que me deseáys servyr, en esto lo veré."

"Eso, señor, haré yo de grado, y por tal merced quiero besar la mano a vuestra señorya."

"No es menester agora—quando cunplyrés lo que quiero y tornarés, os la daré."

En el tienpo que en este rrazonamiento estuvyeron, Hércoles se avya venydo casy llorando a Venturyn y le dezía: "Hermano, quieres me dexar—nunca tal pensara." Otras muchas cosas le dyxo, y rruegos que no se fuese le hazía.

Venturyn, llorando, le rrespondyó: "Señor myo: no crea *vuestra merced* que por interese ny persona del mundo my padre se partyera desta corte, mas tócale tanto en la honrra—como después, señor, sabrés—que sería el más deshonrrado honbre del mundo sy no fuese a Rroma y no me llevase consygo, y es el caso tal que medyo ny rremedyo tyene syno que parescamos, de lo que syento tanta pena que creo que en la muerte no syntyera tanta. Lo que my padre podrá, señor, hazer—y yo suplycalle y rrecordalle cada dya—cunplydo que aya con su honrra, que tornemos, para moryr y byvyr en vuestro servycyo y del duque, my señor."

El duque avya oydo todas las rrazones de Hércoles y las rrespuestas de Venturyn, a las quales palabras dyo más fe que a las del padre.

Dyxo: "Hijo, no curés de porfyar; que soy cyerto que es por fuerça: vayan en buen hora, que soy cyerto que tornarán y presto."

"Crea *vuestra señoría,*" dyxo Fedrique, "que despachado este negocyo que tornaremos."

Concluyeron en aquello; partyó de ay a tres dyas.

Capítulo VII. De como partyeron de Ferrara y lo que les acaecyó

Muchas cosas de vestyr enbyó el duque a Fedrique y algunas pieças de plata y dyneros. Hércoles no se olvydó de enbyar a Venturyn muchas cosas y dos cavallos, muy byen guarnecydos, y rropas de su persona, cyertas cosytas de oro, y un arnés y unas cubyertas—cuello y testera doradas—rrogándole que tornase presto, que entonces se cunplyrya lo que faltava. Con muchas /LXXXIIIʳ/ profertas Venturyn le dyo muchas mercedes y gracyas, certyficándole de la tornada. Pues Fedrique no quedó atras en mostrar gran alegrya y tener en mucho las mercedes que el duque le hizo. Despidyéronse de sus amygos, a los que mucho pesó de su partyda. Ally tomó un hijo de su huésped por escudero—que Forminelo se llamava—y un moço d'espuelas. Llevava V cavallos y IIII azémylas.

Partydo de Ferrara, fue a Rrevena, que es una çibdad del papa,[1] a la rribera de la mar—antygua—en la qual estuvo un dya y pasó adelante, por que ally no avya cosa para su propósyto.

Pasó a Rrymyne: otra cibdad tanbyén a la rribera de la mar—vyeja—en la qual halló un señor: delyberó d'estar ally algún dya. Estuvo X dyas, en los quales tomo plátyca con unos cantores muy buenos, del señor, que muy loco y tyrano hera. Como Fedrique lo vyo, casy adyvynó quien hera y mucho le pesó de averse detenydo. Un dya preguntó a un cantor—que buena persona hera—y él lo llegava y conbydava: "Hermano, deseo saber de vos una cosa que a otra persona no la osarya preguntar: y es—¿este señor, qué cosa es?"

"Señor," rrespondyó el cantor, "es la más mala persona del mundo, y no tyene cabe sy syno ladrones y rrufyanes y gente que le ponga en hazer mal,[2] y en muchas desonestydades, y por

---

[1] Papal cities are identified throughout: this is also a characteristic of the pilgrim manuals of this period.

[2] Repetition of the leitmotif of "malos consejeros."

cyerto que anoche en la cámara hablavan de vos... 'Este deve ser rrico—¿no veys quantos cavallos trae y que tales son? ¡Tomágelas, señor, que mucho horo y plata deve traer!' Él rrespondyó: 'Vamos a paso, que ya en casa está; descubryremos más de sus cosas y le pedyré el mejor cavallo que trae, y aunque me lo dé, dyré que no lo quiero, que me lo da de mala gana; y tomaré achaque de dezille alguna cosa o palabra fea, de la qual se sentyrá y no será posyble que no me rresponda. Yo lo mandaré meter en prysyón y le tomaré quanto trae junto, y no será menester pelallo poco a poco; que él, de lexos tierra deve ser, y no avrá quien por él dyga ny haga nada.' Yo, señor, avya pensado de os lo dezyr esta noche—mas, pues {h}a venydo a caso, suplyco'os que tengáys manera de salyr de aquy: que XII myllas d'aquí está el duque d'Urbyno, que es muy gentyl señor, y moço y muy rregozijado, muy leydo, amygo en estremo de forasteros. Para la rrenta que tyene tyene mucha gente y buena."

"¿Qué hazés aquí," dyxo Fedrique, "syendo tan exçelente en vuestro ofycyo?"

"Señor, estoy yo y mys conpañeros como en galera[3] por fuerça: que no nos dexa salyr de la çibdad."

"De verdad, os dygo que sy yo supiese la tierra que no anochecerya aquí mañana."

"Plugyese a Dyos que yo pudyese y tuvyese en qué yr: que yo os gyarya que muy byen: sé el camyno y toda la tierra."

"¿Querrés venyr de verdad?"

El cantor se le echó a los pyes; dyxo: "Por rreverencya de Dyos, os suplyco que me saqués de tanto catyveryo, que yo os servyré toda my vyda."

"Hora callá, y pensemos cómo se hara."

"Señor, yo me yré luego a palacyo y veré qué dyzen o qué ay, y según lo que hallaré asy nos governaremos. Vos, señor, no vays allá esta noche: /LXXXIIIᵛ/ dezí que os sentís mal porque no os dyga algo por donde ponga en efeto su mal propósyto."

---

[3] ms=galea

"Byen dezís," dyxo Fedrique, "asy lo haré. Id en buen hora
y no tardés a tornar."

Presto tornó, dyziendo: "Dyos os quiere byen: sabed es
venydo un correo de su suegro—que manda y es señor de
Boloña—y le haze saber que será seys myllas de aquy: en syendo
de dya que llegue ally porque cunple mucho que se vean. Él
acuerda de partyrse a medya noche. Él saldrá y algunos con él,
y después de mano en mano toda la casa y fardaje. Él partydo—
tenyendo vos ensyllado y cargadas las azémylas, podrás salyr
juntamente con ellos y yr una mylla en conpañya, y después
yrnos rreçagando hasta que no veamos nynguno. Ay muchos
camynos que atravyesan que van a salyr al de Urbyno. Podremos dexar él que ellos llevan, y tomar el nuestro y a medyano
andar seremos allá a un hora del dya, donde estarés seguro; y el
duque sabrá de my quien soys y lo qu'este traydor tenya
pensado, de que mucho plazer avrá, que mal le quiere por su
tyranya y malas costunbres, y (h)a mucho deseado y pensado
tenerme en su capilla, que muy buena es."[4]

Asy como lo acordaron, lo pusyeron en efecto; dyole un
cavallo al cantor en que fuese.

Capítulo VIII. Como partyó de Rrimyne y llegó a Urbyno

No fue partydo Fedrique de Rrymyne[1] que el señor

---

[4] The cantor, the barbero, etc. are not exotic figures, and yet are
mentioned in some detail, unlike the more exotic and aristocratic
world seen in the more developed works of chivalry. *Adramón* is
less stylized and fixed in form than its later counterparts.

[1] These references to Italy, as they are not exotic locations,
demonstrate the text's earlier origin. As the genre develops,
locations tend toward the exotic, as in Boemya in the first parts of
the book. The fact that Italy is presented in realistic terms, and
that Fedrique is really going from place to place and not wandering

(continued...)

Pandolfo de Malatesta[2] enbyó un correo que no le dexasen
salyr, mas que lo metyesen en la fortaleza, dyziendo que hera
espya. Ya él estava en Urbyn; el correo tornó con la nueva, de
que mucho le pesó, mas no pudo hazer más. Llegados a Urbyn,
el cantor fue a la capilla, y salyendo el duque a mysa, llegó a
tocalle la mano; el duque—que byen lo conosçya—le dyxo:
"¿Cómo os escapastes?"

El cantor le contó cómo, y todo lo de Fedrique y lo que el
señor tenya conçertado; y de quan especyal persona hera
Fedrique y demasyadamente loó a Venturyn. El duque tuvo
tanta voluntá de los ver que enbyó por ellos, y por la rrelacyón
del cantor y vystas sus personas, mucho holgó.

Dyxole: "Gentyl honbre: vos seáys byenvenydo en esta casa,
que es mesón y espital de forasteros. Podrés rreposar el tienpo
que os paresçerá syn pensamiento nynguno más que sy en
vuestra casa estuvyésedes. An de ser {byen} tratado,[3] como
verés por la obra; el estar y yr será a todo vuestro plazer y
rrequesta."

"Muchas mercedes, señor: yo soy muy alegre que hallo ser
verdad las nuevas que de *vuestra merced* m'an dado y lo que
my coraçón adyvynava; en todo lo a my posyble servyré a
vuestra merced."

El duque le mandó dar posada en el mejor mesón de la
çibdad; enbyó a mandar al huésped que syrvyese a él y a su
gente como harya a su persona, syn que[4] nyngún dynero ny
paga rrecybyese. Mandó a un cavallero que lo llevase a la
posada, dyziendole: "Yos a rreposar, que vendrés cansado de la

---

[1](...continued)
in an aimless fashion through fictitious lands, suggest an earlier
date.

[2] Sigismundo Pandolfo de Malatesta (1417-1468) was a notorious
evil nobleman.

[3] ms=un de seres tratado

[4] ms=que (excised blanca) nyngun

mala noche, y por ay no tornés mas acá syno rreposá y holgá,[5]
y de mañana adelante byvyrés y harés lo que más os contentare."

Despydyó del duque; fue llevado a la posada /LXXXIIII^r/
donde fue muy byen servydo.

Otro dya vyno a oyr mysa a palacyo; antes que salyese de
la posada mandó a Sylvestre que dyese veynte ducados al
huésped: que le dyxese que gastase lo que le parescyese, de
manera que fuese byen servydo—que no le faltase nada—que
aquellos gastados, que pydyese más.

En palacyo halló muchos señores y cavalleros que estavan
esperando al duque, que dellos fue muy byen rreçebydo.
Venturyn yva con una rropeta a la bastarda, de carmesy pelo,
forrada de tafetán verde escuro y un jubón de brocado de plata
syn bonete,[6] los cabellos rruvyos como oro, que parescyó muy
byen a todos. Llamado de un tyo del duque y su governador—
que el señor Otavyano se llamava, de hedad de LXX años—él se
llegó y le hizo gran acatamiento. Fedrique preguntó quién hera.
Fuele dycho; vyno con el bonete en la mano. Hízole gran
rreverençya, dyziendo: "Señor, perdóneme *vuestra merced*, que
por no conosceros he caydo en una gran descortesya, y syn
conoscer, vysta la persona y gran edad de *vuestra merced*,
devrya pensar lo que avya de hazer."

"Genty{l}honbre," dyxo el señor Otavyano, "yo—que estoy
aquí y sé los que vyenen—tenya más oblygacyón de hazer lo
que dezys; mas por encubŕyr my culpa—que más clara está—no
hablemos más en esto. Vos seáys byen venydo: de my rrecy-

---

[5] The scribe seems to have jumbled this sentence slightly. I
cannot propose a better reading, however.

[6] The sartorial details that we see throughout seem designed to
elicit the awe and admiration of the contemporary reader. I don't
believe that we see the same attention to detail in other "libros de
caballerías," because they are consciously archaic in tone and
flavor. Here the author betrays a naivete by going into great detail
about clothing of his own period.

byrés todo plazer por vuestro merecymiento y tanbyén por que
el señor duque holgó mucho con vuestra venyda, por la
rrelacyón que de vuestra persona tyene y por averos escapado
tan syn pérdyda ny daño, d'aquel señor que tan poco myra a su
conçyençya menos a su honrra—de lo que podrés dar gracyas a
Dyos. Aquí será vuestra estancya, el tienpo que vos serés
contento, y creed que no nos pesará syno quando estarés
enojado desta tierra y de nuestra mala conversacyón."

Queriendo rresponder Fedrique, salyó el duque, el qual, con
el bonete en la mano, se vyno al tyo y le dyo los buenos dyas.
Dados, se bolvyó a un hermano suyo—que el señor Antonyo se
llamava—y hizo lo mysmo. Bolvyó a los señores y cavalleros y
hizo otro tanto. Vyo a Fedrique; dyxole: "Buenos dyas ayáys,
gentyl honbre." Él ge los tornó con mucha cortesya y rreverencya.

"Señor," dyxo el duque al tyo, "vamos a mysa."

Fedrique señaló a Venturyn, el qual llegó al duque, hyncada
la rrodylla en el suelo. Dyxo: "Buenos dyas y muchos dé Dyos
a vuestra merced."

El duque lo myró; rryendo, dyxo: "Por cyertos los tengo,
sy[7] dados por tan buen mensajero. Tales y tantos os dé Dyos,
gentyl donzel, como yo para my querrya."

De todos fue muy loado y myrado; delante del duque yvan
dos sobrynos del duque, hijos de una hermana suya, que hera
muger del perfecto.

"Gentyl honbre, ¿cómo os llaman?"

Él rrespondyó: "Señor, Fedrique."

"¿Y a vuestro hijo?"

"Señor, Venturyn."

"Dyos ge la dé buena, que byen la meresçe.[8] Venturyn,"
dyxo el duque, "llegaos a esos donzeles que ay veys, que son de
vuestra hedad; que yo no podya daros otra mejor conpañya."

---

[7] ms= sy av dados

[8] *Dyos...mereçe:* A play on words is made based on "ventura"
being the source of Venturyn's name.

Ellos lo llamaron con mucho plazer: él se llegó con mucha
cortesya. Ellos lo queryan llevar en medyo: él no querya yr. El
duque le mandó que fuese, y no queriendo yr, Fedrique le dyxo:
"Id adonde os mandan, que por yr en /LXXXIIII'/ medyo ny vos
les quitáys su grandeza, ny vos subys en ella."

Él se metyó en medyo, ençendydo de vergüença, que más
gentyl parescya. Tornados de mysa, Fedrique vyo al cavallero
que lo avya llevado a su posada: rrogóle que se fuesen a comer
de conpañya, el qual, sabyendo que a costa del duque hera, fue
de buena gana.

**Capítulo IX. Como Fedrique vyo el palacyo[1] que es ma-
ravylloso**

Entrados en la posada, Fedrique llamó a Sylvestre; dyxole:
"Tenés hecho byen de comer. El huésped no quiso los
dyneros, que dyxo que el duque le enbyó a mandar que os
syrvyese como a su persona y que no tomase dyneros. Pre-
guntóme qué queryades comer. Yo—vysto que a costa del duque
avya de ser—dyxe que con qualquier cosa que os dyese os
contentárades."

"Muy byen hezystes en no dezyr nada, mas devyérades de
dalle los dyneros que nadye los vyera, y porfyalle que los
tomase."

"Todo eso hize, y no aprovechó nada."

El cavallero que con él avya venydo, que Nuncyo se
llamava, oyó todo el rrazonamiento; se llegó y dyxo: "Myser
Fedrique, no hagáys eso: que en cosa del mundo podés enojar
más al duque que no tomar syn contraste y rrespuesta lo que os
mandara dar, que se enoja tanto que dyze dyabluras."

"Yo me guardaré," rrespondyó, "en quanto pudyere de le

---

[1] This is the Palazzo Ducale at Urbino, built by Federigo de
Montefeltro (1422-1482). The Palazzo was begun in the 1460's by
the famous architect Luciano de Laurana.

enojar; mas creed, myser Nuncyo, que sy a costa de su m. tengo d'estar, que estaré poco en esta tierra."

"No curés," dyxo Nuncyo, "que estarés y verés quan contyno y anexo es al duque hazer la costa a quantos pasan."

"¿A quantos pasan?"

"Sy."

Dyxo Fedrique: "Por III o VI dyas, mas estar mucho tienpo—como yo creo estar—no es honesto. Vamos a comer, que Dyos dyxo lo que será."

Puestos a la mesa, fueles dado de comer tantos y tan buenos manjares que el duque no podya tener más ny ser mejor servydo.

Nuncyo le dyxo: "Sy el duque supiese que algo desto faltase un dya, aunque XX años aquí estuvyésedes, harya ahorcar al huésped, porque trae grandes espyas por los mesones, y todos los dyas vyene el veedor dos vezes y vee lo que tyenen para comer, y sy algo falta—que en la cibdad no se halla—enbya por ello a palacyo. Sy no {creys} mandad a un cryado vuestro que myre en ello: verá que dygo verdad."

"Sea en buen hora: que a todo se tomará rremedyo."

D'ay a un poco, dyxo Fedrique: "¿Qué haremos?"

"Vamos a palacyo, que ay hallaremos a algunos que juegan la pelota, que ay buenos jugadores—y sy no, verés la casa, que es la mejor del mundo. Sy no—¿creáys que bastara el padre del duque a hazella con toda la rrenta que tenya? Mas avyendo grandes dyferencyas en toda Ytalya[2] y grandes guerras, acordaron de hazer una liga todos juntos y de hazer al duque—que está en glorya—[3]capitán general, y asy le hizieron,[4] el qual hera jues de todas las dyferencyas que entre todos los estados y

---

[2] ms=Ytatalya

[3] Indicates that the composition of the text took place some time after 1482, the date of Federigo de Montefeltro's death.

[4] Federigo de Montefeltro was named chief of the allied forces of the Pope and the King of Naples against Lorenzo de Medici in 1478 (Enciclopedia Universal Ilustrada).

señoryas avya; y sy uno querya hazer guerra y no la querya
dexar, salya el duque con su exércyto y destruya al desobedyente: de manera que todos estavan muy contentos y en paz.
Delybró hazer una casa, y sabydo de todas las potencyas,
acordaron de hazer cada una su parte: el rrey de Nápoles hizo
una parte, el papa otra, el duque de Mylán otra, venecyanos
otra, /LXXXVʳ/ florentynes otra: que fue un estudyo, en el qual
ay muchas figuras de honbres y tanbyén de anymales y de aves
y de rrios[5] y de peces y de hiervas y de arbores, con todos los
synos y planetas[6] y estrellas notables del cyelo, de talla en
madera de nogal, tan perfecta y de tantas colores que sería
inposyble ser más perfectas y naturales de pynzel: que dyzen
que costó más XXV myll ducados seneses y luqueses. Otra{s}
son cosas de no se poder creer. Syete sobrados tyene: uno sobre
otro que todos son de bóvedas de ladrillo, sy que en toda la casa
aya un palmo de madera syno son puertas y ventanas; y sobre
estos syete sobrados ay otros dos de aposentamiento de la gente
y ofycyales de la casa. Debaxo de las primeras bóvedas—[7]que
toda la casa tyenen—ay cavalleriza para D cavallos; sobre la
cavalleriza lugar para tener feno[8] y paja para todo el año. Sobre
éste, lugar para tener trigo y cevada para toda la casa. Sobre esto
ay otras estancyas para la{s} vanderas, hornos y horneros, y
monycyón de leña y carbon y de haryna y de todas las cosas de
provysyón que son menester. En otra estancya está artyllerya—
mucha y buena—y pólvora y pelotas infynytas, y un patyo
donde están los maestros que hazen el artyllerya; y herreros,
fraguas y hornos y sobre todo esto está el patyo principal de la
casa. Y en aquel llano, a otra parte de la casa, un hermoso

---

[5] This description of the "trompe l'oeil" studio still is accurate
in almost every particular.

[6] ms=planetas (excised del cyelo) y

[7] ms=bovedas (excised ay) que

[8] The initial f is unusual. In this context, it does not seem to be
a conscious archaism, nor does it seem to be a dialectical influnece,
as this is a hapax.

jardyn—el qual está sobre quatro bóvedas, sobre la cavalleriza—
que rresponde con el llano del patyo de la casa y de la placa que
está delante de palacyo. Toda la piedra dél—de puertas y
ventanas y la delantera—son mármores tan duros que pareçe
inposyble podellos labrar. Todas las lavores hechas del rrelyeve
a la rromana—pues ver las chimyneas, es cosa de no se poder
creer. Muchas destas cosas se labraron aquy y muchas se
traxeron de Rroma y de Venecya, labradas en sus caxas; y
tanbyén de Genova—que hizo una loja muy grande y sobervya
y rrica cosa. Asy que, miser Fedrique, sy no hallaremos en qué
entender, pasearemos por palacyo: que verés maravyllas."

"Mucha merced,[9] myser Nuncyo, m'avés hecho en dezyr-
me esto, que mejor pasatienpo sera éste para my que ver jugar
la pelota: que tal casa en nynguna parte del mundo se hallará,
tal el jugar en muchas partes. Vamos, vamos."

Fuéronse todos tres a las honze: anduvyeron hasta la noche
y no pudyeron ver la meytad—que otro dya todo el dya tuvyeron que ver.

Capítulo X. Como Fedrique partyó de Urbin

Acabada de ver la casa, entraron adonde el duque estava;
hablaron en muchas cosas. El duque se entró a çenar con la
duquesa; todos se fueron. Fedrique estuvo en Urbyno VII meses.

El pasatienpo del infante hera dançar, saltar y boltear y
cavalgar a cavallo y correr lanças con los otros sobrynos del
duque. Hera tanta la ventaja que Venturyn les hazía a ellos
/LXXXV⁰/ y a todos de su edad, que los grandes vencydos, de
enbydya se ponyan a hazer todas las cosas con Venturyn y
quando alguno algo hazía mejor que los otros, entonçes hera la
escelencya de Venturyn, que hazía cosas de admyracyón. El
duque y el tyo y toda la corte lo amava, ho[n]rrava y allegava.

Fedrique dyxo un dya a Venturyn: "Ya en esta corte

---

[9] ms=merced (excised m'aves hecho) myser

parecemos mal, estando a costa del duque tanto tienpo, que ny
comemos ny gastamos syno a plazer y voluntá de otro, en gran
daño[1] del duque y mucha costa suya—demás desto, ya sabéys
quantas vezes el duque m'a enbyado a dezyr que tome partydo
dél y asyente en su servycyo. Yo, por seguyr my propósyto y
pensamiento no lo he querido tomar; pareçella ha que yo no lo
he querido aceptar por byvyr a su costa, pues sy tomara partydo
avya de byvyr a la mya: asy que my parescer es que nos vamos,
y pidamos licencya a él y a toda la corte, y con su buena gracya
nos partamos, y vamos a buscar la ventura donde Dyos nos
guyare. Por eso ¿qué dezys?"

Venturyn rrespondyó: "Miçer myo, no me hagáys de tanta
autoridad y saber en querer tomar my parescer; que lo que a my
toca, yo lo sabré muy byen hazer: que es calçarme las espuelas[2]
y ponerme un papa higo[3] y sonbrero y cavalgar en un cavallo
sy vuestra voluntá fuere; sy no, a pye seguyr las pisadas de
vuestros cavallos y carruajes; y por esto, padre myo, agora para
sienpre os suplyco que no me dygáys '¿qué avemos de hazer?'
syno mandar lo que querrés y no saber lo que quiero: pues no
(h)a de ser syno servyros y contentaros."

"Hijo myo, myentra vos me serés obydyente y humyllde,
Dyos será con vos y será que pagarés parte de mys deseos y
voluntá. Pues lo que hago y ando no espera más syno que antes
que muera os dexe tan rremedyado como yo querrya veros, que
gran descanso será para my alma. Y pues vuestra voluntá es esa,
mañana nos despyderemos, en acabando de oyr mysa, porque
estarán ally los principales de la corte."

Asy como lo conçertaron lo pusyeron por obra. En presencya del señor Otavyano y de muchos pydyó lyçencya
Fedrique al duque, con un hermoso rrazonamiento, dándole
muchas gracyas y mercedes de lo que por él avya hecho,
proferiéndose a servyr a su *merced* donde quyera que se hallase,

---

[1] ms=dano
[2] ms=espuelas (excised espuelas) y
[3] ms=papa hijo

dyziendo que hera fuerça de yr y no yendo que caya en mal caso
y su honrra venya en mucha dymynucyón. Y por lo que dyxo,
el duque ny otra persona procuró de le estorvar; mas con mucho
amor y voluntá le dyo lycencya, rrogándole que tornase aquella
casa suya—pues las profertas y palabras que el duque pasó con
Venturyn sería prolixidad.

Al tienpo del partyr, el duque enbyó al padre y al hijo
muchas cosas de vestyr y seda y paño y dyneros; y la duquesa
enbyó una hacanea blanca de Yrlanda a Venturyn, que mucho
lo allegava y honrrava. Partydos, fueron a Gobyo—otra cibdad
del duque—donde no paró, y de ay tomó el camyno de Perosa,[4]
que es muy nonbrada. /LXXXVIᵣ/

Capítulo XI. Como vyeron a Perosa y Asis y pasó a Espolito

Perosa es una cibdad muy antygua del yglesya, y por las
grandes cosas que en ella avya—en especyal un gran estudyo—
hera nonbrada. {H}a sydo destruyda por las parcyalydades y
vandos.[1] Fedrique estuvo ally la tarde que llegó, y vysta la
manera de la tierra, acordó de salyr por no se ver en lo de
Rrymyne.

Partyóse el camyno de Asys, y dos leguas de ally tornó al
camyno rromero a un monesteryo que dyzen Santa Marya de
Angel de los Descalços: un devoto y santo monesteryo.[2] En
l{l}egando, tanyan a mysa. Fedrique y Venturyn descavalgaron;
oyeron mysa, y acabada, parescyóle byen la manera de los
ofycyos. Fedrique quisyera quedar ally dos otros dyas. Hablando
con un flayre le dyxo su voluntá; el flayre le dyxo que en casa
no avya lugar donde pudyese estar, mas que media legua estava
una cibdad del papa que se llamava Asís: que ally podrya posar

---

    [4] *Perosa*: Perugia
    [1] *parcyalydades y vandos* : "factions."
    [2] The monastery referred to may be the Hermitage delle
Carceri, which is nearby.

y hallarya todo lo que ovyese menester, y que podrya yr y venyr a todas las horas como hazían los de la la cibdad, y verés un monesteryo de claostrados que solya ser muy escelente grande y rrico—que ya está casy caydo—donde está el cuerpo de nuestro padre San Francysco. En el yglesya—que está debaxo de tierra[3] y encyma—la en que dyzen las horas como esta en Santyago—un yglesya sobre otra—y el cuerpo de Santyago en la debaxo.

"Por cyerto, padre, que m'avés hecho la mayor merced del mundo, porque estando lexos, vynyera por ver lo que dezys, quanto más estando tan cerca. Yo me yré y mañana vendré a oyr mysa y a comer de conpañya y nos estaremos hasta la tarde."

Fuese Asys, y en comyendo, fueron a ver el monesteryo. Vyéronlo todo y muchas rrelyquias de cuerpos santos y el sepulcro o sepultura de nuestro padre San Francisco. Al tornar a la posada, dyo una buelta por la cibdad y quedó muy más descontento que de Perosa.[4] Otro dya, en syendo de dya, hizo cargar una azémyla de pan y vyno y pescado y fruta y fuese al monesteryo, donde oyeron mysa y comyó. Luego se partyó y llegó a Folyño, que es una cibdad pequeña del papa, adonde[5] estuvo aquella noche. Otro dya se partyó camyno d'Espolito— que es una cibdad del papa—en la qual ay una especyal fortaleza, de las mejores que el papa tenga. Está sobre un montezillo y la cibdad junto con ella: parte en lo llano y parte en cuesta; pasa por ella un gran rryo.

Antes que a Espolito llegasen—casy medya legua—vyeron

---

[3] This is correct: the church is bilevel, in effect, one church built over another. The saint's remains are in the lower crypt, as indicated here.

[4] Asissi is indeed much smaller and less impressive than Perugia.

[5] These cities certainly are mentioned for color, but also for verosimilitude—the reader had probably heard of these places, as there were located on an established pilgrim road to Rome.

pasar el rryo una gran culebra, que hera luenga más de dos braços grandes, y por la barriga más gruesa que un grueso honbre, la qual traya atada una muger, con una cuerda por el pescueço; la cabeça tan gruesa como un gran pato, y la muger que la traya parescya que andava sobre el agua. Salydos en tierra, soltó la culebra, la qual arremetyó a un ganado por tomar alguna rres y tomando /LXXXVIᵛ/ una ternera se tornó al agua y a la muger que la traya. Fedrique se paró y los que con él venyan a myrar, muy espantados. Venturyn venya detrás y, vysto llevar la ternera, da de las espuelas al cavallo tras la culebra. Fedrique le dava muchas bozes, llamándolo que se tornase; no lo oyendo, tyró su camyno. La culebra, llegando al agua, enpeçó a entrar por ella. Venturyn, vyendo que ya se entrava, saltó del cavallo y no pudyendo hazer otra cosa, hechó mano de la cola—lo que syntyendo la culebra estuvo tan queda como sy fuera madero o tabla. Venturyn la tenya con anbas manos y llamava y Sylvestre y a Adryano que le fuesen {a} ayudar. La muger que la traya se llegó algo más çerca, y dando bozes dezía: "Déxala, Adramón, déxala Adramón, que yo te daré el bezerro—cátame a my en prendas."

Fedrique s'avya llegado muy çerca y le dava bozes, dyziendo:"¡Dexalda, dexalda!"

Quando Venturyn lo oyó la dexó. La culebra se rrebuelva en el agua y echa el bezerro en[6] tierra. La muger se llegó çerca de Venturyn y le dyxo: "Ya tyenes el bezerro—¿quieres más?"

"Sy," dyxo Venturyn, "que me dygas quién eres, que tal dyablo infernal traes a tu mandar y en tu conpañya, que tan byen te obedeçe."

"Llévame," dyxo la muger, "a Fedrique—que ay te lo dyré"

"Vamos," dyxo.

Llegados, dyxo la muger: "Con vos solo querrya hablar en secreto."

Venturyn—queriéndose apartar Fedrique con ella—dyxo: "Padre, no os apartáys solo con esta muger, que no os haga

---

[6] ms=en (excised el agua) tierra

algún mal."

"No ayáys myedo," dyxo la muger, "que antes le servyré y
onrraré en todo lo a my posyble."

Fedrique, en oyendo llamar a Venturyn Adramón, luego
pensó que devya ser alguna dama de las sabyas Sevylas.
Dyxo: "Apartaos allá, hijo. No curés que mal me puede
hazer una muger. Sy lo avéys por saber lo que dyze, yo os lo
dyré después."

Apartado Venturyn y los otros, dyxo la muger:

"Miçer Fedrique, tened mucho cuydado deste infante en
cryallo y guardallo. Mys señoras os hazen saber que lo verés
mayor señor y con más estado y prosperidad que vystes a sus
padres, y que todas vuestras fatygas y trabajos se tornarán en
alegrya, consolacyón y rriqueza. Mys señoras os rruegan muy
afetuosamente se os encomyenden para que con todo vuestro
poder hagáys y encamynés al infante que les tenga amor y
buena voluntá y que deseche el pensamiento de les dañar y
hazer mal; y de aquí adelante todas las vezes que avrás menester nuestro servycyo y favor nos halla en llamándonos.
Hasta agora ny a su padre ny madre ny a otra persona avemos
podydo servyr, porque la voluntá de Dyos ha sydo que lo pasado
se pusyese en efecto. Mas de aquí adelante, avednos por
encomendadas, que verés quan byen y le /LXXXVIIʳ/ almente os
servyremos. Al infante dyrés lo que os paresçerá; byen sé que no
le darés parte desto. No tengo más que os dezyr syno que no
nos olvydés."   .

"No dudés, amyga mya; que yo haré mucho más que sy a
my tocase: lo que suplyco a vuestras señoras y a vos mucho
rruego que tengan mucho cuydado deste desanparado y deste-
rrado infante que va perdydo por el mundo."

"Myçer Fedrique," dyxo la dama, "no dygáys más, que en
la obra veremos quien tyene más cuydado del otro: vos de
nosotros o nosotros de vos y dél." Hizo la dama una gran
rreverencya, dyziendo: "Yo me voy: Dyos quede con vos."
Buelta al infante, a bozes le dyxo: "Gentyl donzel, Dyos sea en
vuestra guarda y conpañya."

Fuese camyno del rryo: como el infante vyo que se yva, dyo

d'espuelas al cavallo. En llegando al padre dyxo: "¿Y dexáysla yr? Mejor fuera llevalla."

Fedrique dyxo, "¿Qué queríades hazer della?—¿que la quemaran? ¿De su mal qué ganávades vos?"

"Que no hiziese más mal."

"¿Tenés ganado en esta tierra que os tome?" dyxo Fedrique. "Muy byen os acordáys de los castigos y consejos que os doy, y de lo que dezys y prometes. ¿No os rrogué y mandé que fuésedes muy piadoso en especyal con mugeres y que avyendo menester vuestro favor y ayuda que gelo dyésedes, aunque supyésedes aventurar la persona y perder los byenes? Por Dyos que lo hazés byen: vos me lo prometystes dos dyas ha—ya lo tenés olvydado. Buen esperança terné que después de muerto cunplyrés lo que mandare, aunque me lo prometáys."

Venturyn estava tan vergonçoso que no osava alçar los ojos del suelo. Luego rrespondyó: "Miçer padre, perdonáme, asy Dyos perdone el alma de my madre; que my poca hedad y nunca aver vysto cosa que afruenta ny pelygro sea m'a turbado tanto que de desatynado he hecho lo que avés vysto, como persona de poca espyrençya y saber."

En dyziendo de su madre Fedrique enpeçó a llorar; dyziendo: "Cavalgá, y sed más dyscreto y sufrido y no me mentés más a vuestra madre; que mucha pena m'avés dado y me darés." Syguyeron su camyno; llegaron a Espolito.

Capítulo XII. Como entraron en Espolito y lo que acaescyó

Entrados en una buena posada, los moços y servydores que llevavan dyxeron en la posada lo que a Venturyn avya acaescydo. Estando hablando, salyeron de la cámara—oyendo Fedrique la platyca en que estavan mucho le pesó por no averles mandado que no dyxesen nada. Vysto que ya lo avyan dycho, calló, y escuchó lo que dezían los de la tierra y de la posada.

"¿Qué?" dyxeron, "¿d'eso os maravylláys? Cada dya se veen cosas por esta tierra y al derredor de la montaña de Nores seys y syete leguas que nunca fueron vystas: que salen d'aquella

cueva tantas malas cosas que será forçado que esta tierra se
despueble y sea asolada. Todas las cosas que pareçen hablan y
dyzen: 'Nosotros tenemos sospecha de rreçebyr gran daño y de
ser sacadas de nuestra montaña, donde muy a plazer con
rreposo y sosyego estamos, mas antes que salgamos haremos
tanto mal que toda esta tierra quede asolada y la gente muerta
/XXXVIIᵛ/ destruyda y desterrada.' "

Venturyn dyxo: "¿Quánto tienpo ha que se veen estas
cosas?"

Rrespondyeron: "Puede aver XV años, poco más o menos."

"¿No se halla rremedyo?"

"No," dyxo el huésped, "que muchas personas son muertas
d'espanto y otras an muerto ellas mysmas. Gran maravylla fue
que vos, gentyl donzel, escapastes con la vyda o al menos que
no quedastes tan asonbrado que jamás quedárades honbre."

Fedrique dyxo: "Yo os dyré la causa: my hijo es nyño y no
conosçe qué es byen ny mal ny tanpoco quál es pelygro:
parescyóle que no hera nada. Sy él fuera honbre esperymentado
no lo osara pensar, quanto más hazer, que de solo pensar su
gran locura y poco temor, estoy atónyto y dudo que no me
venga algún mal, y él muerto de rrisa, pensando que hizo gran
valentya. Valentya fue y grande: dyna de muchos azotes.
Veamos, huésped: ¿no quieren hazer algo?"

"Paréçese, miçer, tyenen delyberado esta cibdad, con otras
comarcanas, de yr a la montaña y çerrar la puerta de la cueva."

"Mal rremedyo es ésé," dyxo Fedrique, "que gente encantada—¿no saldrá por do quisyere? Antes, vysta vuestra mala
voluntá, harán peor de aquy adelante."

"Por cyerto, miçer," rrespondyeron algunos ancyanos, "que
dezys verdad."

Rreplycó Fedrique: "Mejor serya que algún honbre de buen
esfuerço—que hablase con la primer fantasma que paresça, y le
preguntase qué quería que hiziésedes y os dexasen byvyr en
pas."

"Byen dezys," rrespondyeron, "mas ¿quién será ese honbre?"

"Cyerto, sy aquí estuvyese {yo} y alguna fantasma por aquí

parescyese, yo le hablarya syn nyngún temor ny myedo: que ayer yo hablé con la que os an dycho, syn nyngún alteraçyón un gran rrato."

"Lo que yo senty fue ver tener a my hijo una tan fyera cosa por la cola con anbas manos que sy la sacudyera, o lo matara o lo echara en medyo del rryo, que por otra cosa nyngún temor ternya."

El huésped dyxo: "Miçer myo, vos podés estar aquí todo el tienpo que os plazerá, que serés servydo como el papa—sy aquí estuvyese—que podrés hablar con alguna, que muchas salen, y hallando rremedyo por vuestra interçesyón, esta comarca toda echarya tal presente que no fuese menester yr a buscar sueldo, y allende del presente que luego os haryan todas las cibdades comarcanas os daryan tributo perpetuo cada año: tanto que byvyryades honrrado y descansado, pues el papa y cardenales os daryan tanto que no supiésedes qué hazer dello."

"De verdad os dygo, huésped, que quien esto quisyere hazer no {h}a de ser por codycya ny interese, syno por servyr a Dyos y por el byen y rreposo de tanta gente como dezys que anda perdyda y se espera que andara. A esta causa, y por que veáys que con este propósito que dygo, me porné a ello. El tienpo que aquí estaré os quiero pagar por my y por my hijo y cryados y cavallos y azémylas en pasto, cada noche lo que se suele pagar. Y con esta condycyón me deterné algun dya. Hora huesped: hazénos dar de çenar y buen aposentamiento para que rrepo /LXXXVIIIʳ/ semos," lo que el huésped hizo como ge lo mandó y byen, muy cunplidamente.

Después de cenar s'acostaron; el huésped quedó hablando con sus vezinos, y acordaron—vysta su voluntá—de esperar; y sy algún byen hiziese, hazelle hazer el servycyo conforme al benefycyo que hiziese.

Capítulo XIII. Como Fedrique habló con la dama de la galeaça

Otro dya fueron a mysa; venydos, ya les tenyan aparejado